金陵全書

乙編·史料類

南雍志（三）

（明）黄佐撰

南京出版社
南京出版傳媒集團

圖書在版編目（CIP）數據

南雍志 / (明) 黄佐撰. -- 南京：南京出版社，2016.5

（金陵全書）

ISBN 978-7-5533-1280-4

Ⅰ. ①南… Ⅱ. ①黄… Ⅲ. ①高等教育—教育史—中國—明代 Ⅳ. ①G649.29

中國版本圖書館CIP數據核字（2016）第066242號

書　　名　【金陵全書】（乙編·史料類）
　　　　　南雍志
編 著 者　（明）黄佐　撰
出版發行　南京出版傳媒集團
　　　　　南　京　出　版　社
　　　　　社址：南京市太平門街53號　　郵編：210016
　　　　　網址：http://www.njcbs.cn　　電子信箱：njcbs1988@163.com
　　　　　淘寶網店：http://njpress.taobao.com　　天猫網店：http://njcbcmjtts.tmall.com
　　　　　聯系電話：025-83283871、83283864（營銷）　025-83112257（編務）

出 版 人　朱同芳
出 品 人　盧海鳴
責任編輯　嚴行健　謝　微　楊傳兵
裝幀設計　楊曉崗
責任印制　楊福彬

製　　版　南京新華豐製版有限公司
印　　刷　南京凱德印刷有限公司
開　　本　889毫米×1194毫米　1/16
印　　張　114
版　　次　2016年5月第1版
印　　次　2016年5月第1次印刷
書　　號　ISBN 978-7-5533-1280-4
定　　價　3900.00元（全三册）

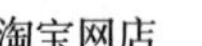

淘宝网店

天猫网店

南廱志卷第十四

音樂考

下篇

古樂本末

古樂之不傳也嘗究之矣律呂玄微論說紛糾誦之者蓋茫如也談名理則喜訓詁攻詞章則尚華藻世之鉅儒疇能用心哉且其足徵者有三一曰審音二曰造律三曰知變何謂審音夫目之於五色也夫人知之耳之於五聲也莫之或辨也凡聽宮如牛鳴窌中全出自喉殷殷隆

隆凡聽商如離群羊出齒張口朗朗鏘鏘凡聽角如雉登木自牙而發喔喔咼咼凡聽徵如負駭豕自舌振起倚倚靡靡凡聽羽如鳴鳥在樹自唇撮聚揚揚詡詡字韻大抵然也惟樂音則字聲本宮而當用羽則圓融宛轉易爲脣音而歌之使聲中無字字中有聲清濁高下相應生變如貫珠然且呦呦字音本同也首以清宮次轉爲羽若或先後一律則與念誦奚殊此歌詩所以異於字學也慮其圓而易蕩則以律正之黃鍾起調則以黃鍾畢曲字字變換不出一調

七音之外謂常爲主曲分其音眞若五色成文而不亂則善歌者矣爾雅曰宫謂之重商謂之敏角謂之經徵謂之迭羽謂之㭊黄鍾宫譜以合讀若何若賀取其全出自喉亦此類也蓋五聲依永是曰博依不學博依不能安詩五聲皆降則樂一變矣升歌琴瑟一人倡之三人和之連四爲一乃可配簫管之一聲歌者必務與之比則詠歎中調轉運中律嘽緩舒繹曲折不失節矣此樂音所以爲難審也何謂造律史記律書黄鍾九寸寸九分者以便三分損益律成而

 二

度量權衡莫不受法仍以十分計之故樂書曰琴長八尺一寸正度也劉歆律曆志黄鍾之度九十黍之長一黍一分特益九以爲十耳倚數立法以作曆因九寸而九之積八百一十分應曆一統因林鍾六寸而六之積三百六十分當朞之日因太簇八寸而八之積六百四十分以應卦氣況言天之終數九以地之終數十成之非指律管言也今林鍾太簇之積既與律乖而不用又專以應曆一統之黄鍾日筭其積分焉且黄鍾之龠容千二百黍其形本方而考工記

周鬴聲中黃鍾之宮又疑律寓於此宋人以是竭其耳力心思而律竟不成蓋積分則以方爲圓不知其爲曆所誤累黍則縱横牴牾終與所容不合此識者所以有天地戌會人物銷盡終無黃鍾之說也若以度果生於黃鍾則司馬光范鎮所傳周尺至今造神主者用焉尺本八寸若多截竹以之爲度慮其太短則遞加一分候之而氣應則律可成矣何謂知變樂有本有變造律而得聲氣之元審一定和既窮其本矣秦樂則七音以奉五聲比物飾節不知其變可乎

故律成而按律以孔竹製爲箾管自吹口至管底龠聲八十一分爲宮又上爲商孔又上爲角孔又上而五十七分爲變徵蕤賓孔以迫於徵孔則背之又上爲羽孔又上而四十二分爲變宮應鐘孔故曰變宮比於正音故爲和變徵不比於正音故爲繆黃鐘一均七音而漢志曰此聲氣之元五音之正者蓋十二管各有三調流轉用事律娶妻則林鐘爲徵調之宮角爲羽變宮爲角呂生子則太簇爲商調之宮變宮爲羽變徵爲角此京房律所以言宮商徵者謂三調

也宮倡之六變七變商和之八變九變迭相爲始終故傳曰七音變化所以濟九成也大合樂則六律六同一時竝作絡繹相聯惟宮倡商和皆無所易羽調以角角調以徵徵調以羽鶡冠子諸古書皆言之故律書於黃鐘曰宮太簇曰商於姑洗曰羽羽調以角也林鐘曰角角調以徵也南呂曰徵徵調以羽也應鐘以黃鐘變宮爲林鐘角則曰羽中呂以蕤賓變宮爲夷則羽則曰徵蕤賓爲宮以倡則夷則以商和之與黃鐘太簇相對其聲相應皆由二變後儒不悟其

旨遂謂宮商角皆間一律惟羽與宮間二律故收一聲爲變宮角徵亦間二律故收一聲爲變徵皆以諧之殊不思變徵去徵太迫應宮去宮太遠又豈能諧乎俗傳燕樂蔡元定嘗爲書見於宋史以變徵蕤賓亦爲宮與黄鐘相對疑即大合六樂之遺也今按燕樂其始則十六調耳黄鐘曰正宮調其商太簇曰大食調其羽南呂曰般涉調其變宮應鐘曰大食角夾鐘曰中呂宮其商中呂曰雙調其羽黄鐘曰中呂調其變宮太簇曰雙調角林鐘曰南呂宮其商南宮曰歇指調其羽姑洗曰平調其變宮蕤賓曰歇指角無射曰黄鐘宮其商黄鐘曰越調其羽林鐘曰羽調其變宮南呂曰越調角皆以商名宮亦倡和也變宮爲商之羽而曰角兼商徵也太簇在食指寅位故以大食名之

南呂在末指酉位故以歇指名之羽調屬水故以般涉名之移宮換羽相應而爲角徵曰平調而下愈下則愈濁自雙調而上愈上則愈清中呂爲清角三調姑洗爲正角三調故琴之角絃兼二律因謂中呂爲雙調黃鐘本宮爲無射商君臣越分故爲越調皆瞽人所記不知始自何時耳隋鄭譯得西域胡人白蘇祇婆所傳七旦與華人七音相合但七音之中三音乖戾蓋以宮羽商及變宮有四音而不知其相應以成變也唐貞觀中太宗補大呂爲高宮亦有商羽變宮皆以高名之及玄宗奉老子又補夷則爲仙呂宮因以其羽中呂爲道調宮各有商羽變宮夷則以無射爲商調中呂以林鐘爲商依托大食爲小食調之類合前爲二十八調於是乎雅俗益混淆而古樂不可復矣故今惟以十六調爲正雖無角徵二聲然移宮換羽則角徵自生雖無大呂夷則二宮然求諸夾鐘無射之羽苟高其聲則得之矣以是與

樂非易簡之方乎近世鄱陽張敔著雅樂發微始尊信之以爲神瞽所傳也要之知樂之變惟聲相應一言盡之雖樂以降天神出地祇假人鬼爲成豈外是哉今所録朱子儀禮經傳燕樂譜堂上之樂皆用黄鐘宫堂下合樂則用無射商豈升歌用正宫以象大君在上合及堂下則用清商以象二南之世猶臣事殷乎不可得而知也其曰正宫越調與元定所録相同譜及勾凡一五聲律湊備又不獨合六工尺而已大合樂圖譜則採信都芳及葉時諸家而成者蓋干

支合辰實本史記禮疏子辰申之律合丑酉巳之呂爲陽紀而大呂南呂中呂皆名呂以別於陰寅午戌之律合亥未卯之呂爲陰紀而應鍾林鍾夾鍾皆名鍾以別於陽統于黃鍾者陰極而復陽也惟宮倡商和九變以成而羽調以角徵調以羽故用宮逐羽而淸角生焉以陽聲召陽氣知仁交際而萬化出矣引商刻羽而流徵生焉以陰聲召陰氣禮義交際而萬化入矣審詩商而分序之以合生氣之和通五常之行曰羽動腎而和正知角動肝而和正仁徵動心而

和正禮商動肺而和正義宫動脾而和正聖是以咸池承雲九韶爲有虞之樂終始乎黄鍾之宫焉周官大司樂用此道也惟分商以和宫故無商聲子朱子謂奏起則商聲依舊在者是也雖然樂豈必相沿哉古今所以殊者乎中與繁促之分耳嘗觀

國史洪武十七年六月甲午

太祖高皇帝諭禮部臣曰近命製大成樂器將以頒天下學校俾諸生習之以祀孔子朕思古人之樂所以防民欲後世之樂所以縱民欲其故何

也古樂之詩章平而正後世之歌詞淫以誇古之律呂協天地自然之氣後之律呂出人爲智巧之私天時與地氣不審人聲與樂音不比故雖以古之詩章用古之器數亦乖戾而不合陵犯而不倫矣手擊之而不得於心口歌之而非出於志人與樂判然爲二而欲以動天地感鬼神豈不難哉然其流已久救之甚難卿等宜求諸此俾樂成而頒之諸生得以肄習庶幾可以復古人之意大哉

聖言乎敬而遵之求諸心志則審音造律知變皆得

之矣近世有李文利者宗呂氏春秋作律呂元聲以謂黃鍾極清其管三寸九分力辯律書非是蓋呂氏本謂三寸九分吹之吹曰含少以除變宫四十二分以上而言也八十一分之管其吹之出聲者在此三寸九分云爾苟以造律其聲調繁促豈治世之音哉有奏請施行者賴

朝廷不聽獨其謂冬日至後小寒升陽三分以迄芒種夏日至後小暑降陽三分以迄大雪與淮南十二律應二十四時之變頗合知曆法者篤信之殆其億中之見爾豈真有得於心者哉吾

故無取焉

燕樂譜據儀禮經傳及武緣李子壁圖譜參定

升歌鹿鳴四牡皇皇者華三終學記宵雅肄三官其始也首肄

此三雅每篇爲一終

呦黃清六呦南高工鹿蕤勾鳴姑高一食南高工野姑高一之

太四苹黃合我蕤勾有林尺嘉應高凡賓南高工鼓林尺瑟南高工

吹清黃六笙林尺吹蕤勾笙林尺鼓南高工簧姑高一承應高凡

筐清黃六是姑高一將南高工人林尺之南高工好黃合我姑高

一示林尺我南高工周太清高五行黃清六○呦黃合呦姑高一

鹿蕤勾鳴姑高一食林尺野南高工之太清高五蒿黃清六我林尺

有南高工嘉應高凡賓黃清六德南高工音蕤勾孔姑高一昭
林尺視姑高一民南高工不黃清六恌姑高一君應高凡子黃清
六是姑高一則蕤勾是姑高一傚南高工我林尺有南高工旨
黃合酒姑高一嘉林尺賓南高工式應高凡燕南高工以太清高五
敖黃清六○呦黃合呦姑高一鹿太四鳴黃合食太四野黃合之
蕤勾苹姑高一我蕤勾有南高工嘉應高凡賓南高工鼓南高工
瑟南高工鼓黃清六琴林尺鼓蕤勾瑟林尺鼓姑高一琴南高工
和應高凡樂黃清六且姑高一湛南高工我林尺有南高工旨
黃合酒姑高一以林尺燕南高工樂黃合嘉應高凡賓南高工之
太清高五心黃清六

鹿鳴三章章八句黃鐘清宮俗呼正宮下同

四黃合牡姑高一騑蕤勾騑姑高一周太四道黃合倭蕤勾遲姑
高一豈林尺不南高工懷應高凡歸黃清六王蕤勾事姑高一靡
林尺鹽南高王我林尺心黃合傷應高凡悲黃清六○四黃合牡
姑高一騑林尺騑南高一嘽應高凡嘽南高工駱太清高五馬黃清
六豈蕤勾不林尺懷應高凡歸南高工王蕤勾事姑高一靡黃合
鹽黃合不林尺遑姑高一啓太四處黃合○翩黃清六翩姑高一
者林尺鵻姑高工載姑高一飛應高凡載林尺下南高工集蕤勾
于南高工苞蕤勾栩林尺王太四事黃合靡蕤勾鹽姑高一不林尺
遑南高工將太清高五父黃清六○翩姑高一翩黃清六者蕤勾

騅姑高一載林尺飛應高凡載林尺止南高工集林尺于南高工
苞蕤勾杞姑高一王蕤勾事姑高一靡林尺盬南高工不黃合遑
蕤勾將太四母黃合○駕黃合彼太四四黃合駱姑高一載林尺驟
南高工駸黃清六駸林尺豈林尺不南高工懷應高凡歸黃合是
太四用黃合作蕤勾歌姑高一將應高凡母黃合來太清高五諗黃清
六
四牡五章章五句黃鐘清宮
皇黃合皇南高工者林尺華南高工于林尺彼姑高工原林尺隰
南高工駪蕤勾駪林尺征蕤勾夫姑高一每應高凡懷南高工靡
太清高五及黃清六○我黃合馬姑高一維蕤勾駒姑高一六黃清
六轡姑高一如林尺濡南高工載林尺馳南高工載黃合驅姑

高一周蕤勾爰姑高一谷太四諏黃合○我黃清六馬林尺維應高凡駪黃清六六林尺轡南高工如蕤勾絲姑高一載林尺馳南高工載蕤勾驅林尺周應高凡爰黃合咨太高五謀黃清六○我黃清六馬林尺維應高凡駱南高工六蕤勾轡姑高一沃林尺若南高工載蕤勾馳南高工載蕤勾驅林尺周黃合爰南高工咨太清高五詢黃清六

皇皇者華五章章四句黃鐘清宮已上皆黃鐘為宮林鐘為徵太簇為商南呂為羽姑洗為角應鐘為變宮蕤賓為變徵隨歌聲抑揚為五音之等非叶字本音也下皆倣此

笙入奏南陔白華華黍三笙詩皆無詞乃間歌魚麗笙

由庚無詞歌南有嘉魚笙崇丘無詞歌南山有臺笙
由儀無詞三終儀禮三笙一和而成聲謂笙工必用四人也堂上升歌畢則堂下吹
笙一詩爲一終謂之笙入若間歌則間代而作堂上先歌魚麗則堂下吹由庚爲一終其二終
三終皆如之
魚黃清六麗姑高一于蕤勾罶姑高一鱨太四鯊黃合君蕤勾子
林尺有應高凡酒南高工旨林尺且南高工多黃清六◯魚黃合
麗姑高一于太四罶黃清六魴蕤勾鱧姑高一君蕤勾子林尺有
蕤勾酒姑高一多蕤勾且林尺旨黃合◯魚黃合麗太清高五于應
高凡罶黃清六鰋林尺鯉南高工君蕤勾子姑高一有林尺酒南高
工旨林尺且南高工有黃清六物黃清六其姑高一多應高凡

矣南高工維蕤勾其姑高一嘉林尺矣南高工○物蕤勾其林尺

旨蕤勾矣姑高一維南高工其蕤勾偕姑高一矣林尺○物黃合

其太四有黃合矣姑高一維應高凡其南高工時太四矣黃清六

魚麗六章三章章四句三章章二句黃鍾清

宮

南黃清六有林尺嘉應高凡魚南高工烝應高凡然南高工罩

姑高一罩南高工君林尺子南高工有蕤勾酒姑高一嘉應高凡

賓黃清六式林尺燕南高工以太清高五樂黃清六○南黃清六

有南高工嘉蕤勾魚姑高一烝蕤勾然姑高一汕林尺汕南高工

君林尺子南高工有黃合酒姑高一嘉黃合賓姑高一式太四燕

黄合以南高工衎黄清六〇南黄清六有太清高五樛應高凡木
應高凡甘黄清六綏林尺纍南高工之黄清六君黄合子太四有
黄合酒姑高一嘉太清高五賓黄清六式應高凡燕南高工綏太清
高五之黄清六〇翩黄合翩太四者黄合鵻姑高一烝林尺然南
高工來蕤勾思姑高一君黄清六子姑高一有林尺酒南高工嘉
蕤勾賓姑高一式太四燕黄合又南高工思黄清六

南有嘉魚四章章四句黄鐘清宮

南黄清六山太清高五有應高凡臺南高工北應高凡山南高工
有太清高五蔌黄清六樂應高凡只黄清六君應高凡子南高工
邦林尺家南高工之黄清六基林尺樂蕤勾只林尺君南高工子

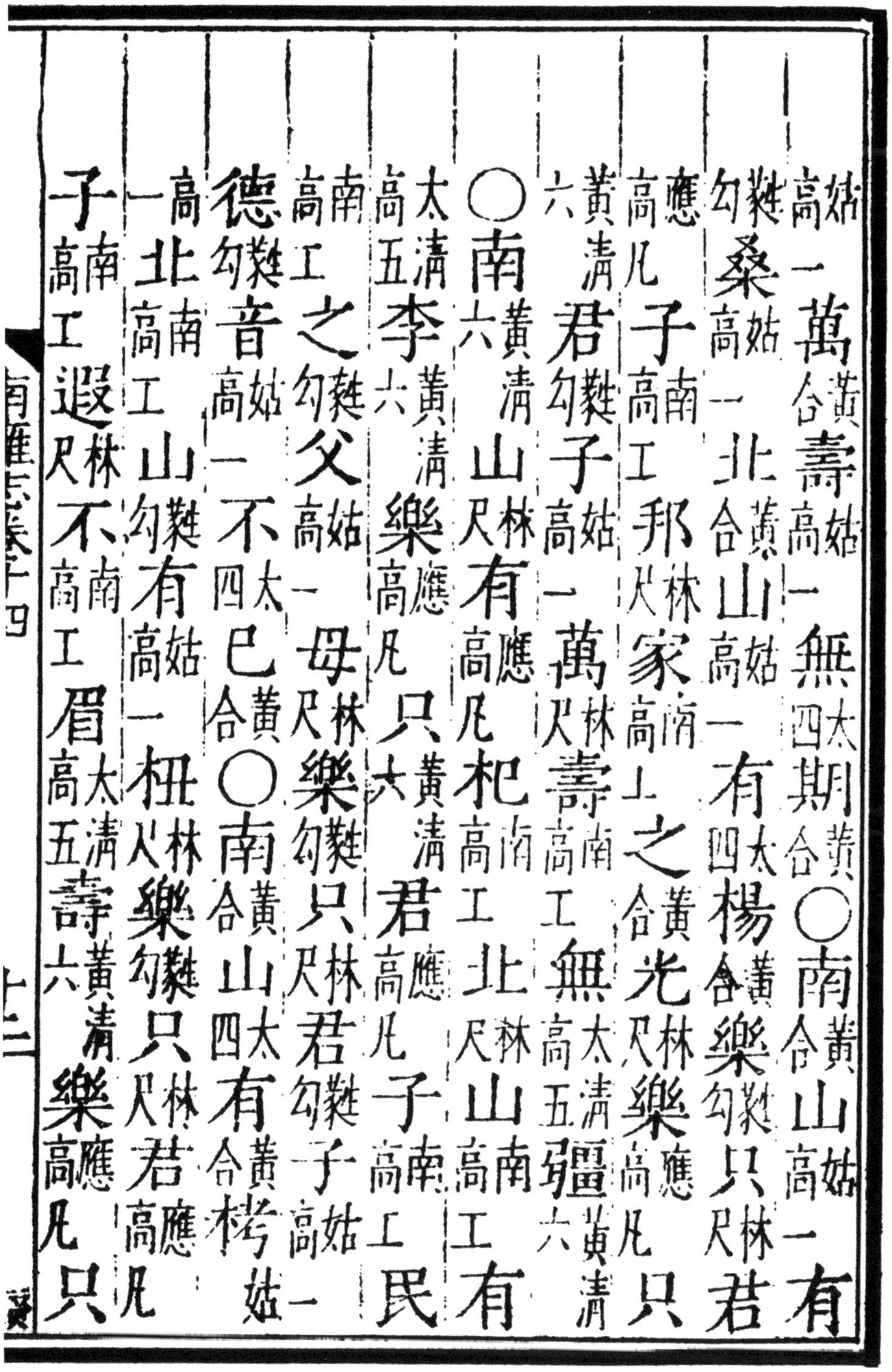

姑高一萬黃合壽姑高一無太四期黃合○南黃合山姑高一有
蕤勾桑姑高一北黃合山姑高一有太四楊黃合樂蕤勾只林尺君
應高凡子南高工邦林尺家南高工之黃合光林尺樂應高凡只
黃清六君蕤勾子姑高一萬林尺壽南高工無太清高五疆黃清六
○南黃清六山林尺有應高凡杷南高工北林尺山南高工有
太清高五李黃清六樂應高凡只黃清六君應高凡子南高工民
南高工之蕤勾父姑高一母林尺樂蕤勾只林尺君蕤勾子姑高一
德蕤勾音姑高一不太四已黃合○南黃合山太四有黃合栲姑
高一北南高工山蕤勾有姑高一杻林尺樂蕤勾只林尺君應高凡
子南高工遐林尺不南高工眉太清高五壽黃清六樂應高凡只

黃清六君蕤勾子姑高一德應高凡音南高工是林尺茂黃清六

○南黃清六山姑高一有蕤勾枸姑高一北應高凡山黃合有

太清高五楰黃清六樂應高凡只黃清六君應高凡子南高工遐

南高工不蕤勾黃姑高一耇林尺樂蕤勾只林尺君蕤勾子姑高一

保黃清六艾南高工爾林尺後黃清六

南山有臺五章章六句黃鍾清宮子朱子曰宮聲筵席不敢用用則賓主失歡樂忌臣民陵君故商聲不得過宮聲啞鍾不敢擊以避役宮聲也黃鍾九寸最濁清聲則四寸半黃鍾君象非諸宮所能役故虛其正而不用所用祇其半生之變者就再生之變又缺其半於正度三寸九分即含少也琴弦少宮合大絃奏之

笙入三成遂合鄉樂關雎鵲巢三終合樂謂歌笙與衆樂

俱作堂上歌瑟堂下笙磬合奏此六詩也言三
終者二南各三終也漢謂之房中唐山夫人作
安世之歌十九章
以准之失古調矣

關黃清六關南高工雎林尺鳩南高工在黃合河姑高一之太四
洲黃合窈林尺窕南高工淑黃清六女姑高一君黃清六子林尺
好南高工逑黃清六○參黃清六差南高工荇林尺菜南高工
左林尺右南高工流無下凡之黃清六窈中上窕林尺淑無下凡
女姑高下寤太四寐姑高一求太四之黃合求黃清六之南高工
不林尺得南高工寤姑高一寐中上思南高工服林尺悠姑高一
哉中上悠姑高一哉太四輾黃清六轉南高工反無下凡側黃清
六○參黃清六差無下凡荇南高工菜林尺左太清高五右林尺

采南高工 之黃清六 窈姑高一 窕中上 淑林尺 女南高工 琴林尺 瑟姑高一 友太四 之姑高一 參太四 差黃合 荇姑高一 菜林尺 左林尺 右姑高一 芼林尺 之南高工 窈黃清六 窕南高工 淑林尺 女太清高五 鐘黃合 鼓南高工 樂無下凡 之黃清六

關雎三章一章四句二章章八句無射清商

洛呼越調下同

葛黃合 之大四 覃姑高一 兮太四 施太四 于姑高一 中太四 谷黃合 維中上 葉南高工 萋無下凡 萋太四 黃南高工 鳥無下凡 于南高工 飛林尺 集中上 于林上 灌無下凡 木太四 其黃清六 鳥南高工 喈無下凡 喈黃清六 ○葛黃清六 之太清高五 覃林尺 兮黃清六

施林尺干南高工中無下凡谷黃清六維林尺葉南高工莫南

高工莫蕤勾是黃合刈姑高一是太四濩姑高一爲林尺絺姑高一

爲太四綌姑高一服太四之姑高一無太四斁黃合○言黃清六

告姑高一師南高工氏林尺言林尺告姑高一言太四歸黃合薄

黃合汙姑高一我太四私姑高一薄姑高一澣中上我林尺衣南

高工害南高工澣林尺害無下凡否太四歸黃清六寧南高工父

林尺母黃合

葛覃三章章六句無射清商

采黃清六采姑高一卷林尺耳南高工不林尺盈姑高一頃林尺

筐南高工嗟中上我林尺懷無下凡人太四寘黃合彼姑高一周

太四行黃合〇陟黃清六彼無下凡崔南高工嵬林尺我林尺馬
姑高虺南高工隤林尺我中上姑林尺酌南高工彼無下凡金
姑高罍太四維太清高五以林尺不南高工永無下凡懷黃清六
〇陟黃清六彼南高工砠黃清六矣林尺我黃合馬姑高一瘏
太四矣黃合我仲上僕姑高一痡林尺矣南高工云黃清六何南
高工吁無下凡矣黃清六
卷耳四章章四句無射清商
維黃合鵲姑高一有仲上巢林尺維黃清六鳩無下凡居南高工
之林尺之仲上子林尺于無下凡歸太四百黃清六兩林尺御南
高工之黃清六〇維黃合鵲林尺有南高工巢林尺維林尺鳩姑

高一方太四之黃合之林尺子黃合于林尺歸姑高一百太四兩黃合
將太四之黃合○維黃清六鵲無下凡有南高工巢林尺維南
高工鳩林尺盈南高工之黃清六之黃清六子南高工于姑高一
歸林尺百太清高五兩林尺成南高工之黃清六

鵲巢三章章四句無射清商

于黃清六以南高工采林尺蘩南高工于林尺沼姑高一于太四
沚姑高一于黃合以姑高合用太四之姑高一公黃清六侯南
高工之無下凡事黃合○于黃清六以林尺采黃合蘩南高工于
太四澗黃合之太四中姑高一于姑高一以南高工用林尺之南
高工公黃清六侯南高工之太清高五宮黃清六○被黃青六之

太清高五僮南高工僮林尺夙太清高五夜姑高一在南高工公黃清
六被黃合之姑高一祈太四祈姑高一薄林尺言南高五還無
下凡歸黃清六

采蘩三章章四句無射清商

于黃合以南高工采林尺蘋南高工南姑高一澗林尺之南高工
濱林尺于林尺以姑高一采中上藻林尺于黃合彼姑高一行太四
潦黃合〇于黃合以姑高一盛太四之姑高一維黃清六筐南
高工及林尺筥南高工于林尺以姑高一湘上之林尺維林尺錡
南高工及無下凡釜黃合〇于黃清六以南高工奠黃合之姑
高一宗林尺室姑高一牖太四下黃合誰中上其南高工尸無下凡

之林尺有黃清六齊南高工季無下凡女黃合

采蘋三章章四句無射清商已上皆無射爲宮中呂爲徵黃鐘爲商林鐘爲羽太簇爲角南呂爲變徵凡十一律還相爲宮皆宗黃鐘故曰清商也今之琴譜惟用此譜故曰琴通黃鐘中宮無射今三均後宮換羽變入姑先者此也孟子曰今之樂猶古之樂也子朱子於趙彥肅所傳十二詩譜每句之中字皆叶以律呂即開元遺聲也既以爲詩樂且謂古聲亡滅也久不知當時工師何所考而爲此疑古樂有唱有嘆唱者發歌句也嘆者繼和其聲也詩詞之外應有疊字散聲以嘆發其趣故漢晉之間舊曲既失其存則其詞雖存而世莫能補爲此故也若但如此譜直以一聲叶一字則古詩篇篇可歌無復樂崩之歎矣夫豈然哉又其以清聲爲調似非古法然古聲既不可攷姑存之以見聲歌之彷彿以竢後之知樂者又鹿鳴等六詩云黃鐘清宮俗呼正宮關雎等

六詩云無射清商俗呼越調所謂黃鍾清宮無射清商世俗固不知所以爲聲而正宮越調之類宋世詩餘金元南北曲雖非古之遺音而猶有此名目也循俗而入雅因聲以改律因律以定器三代之樂亦可復矣

大合樂圖譜

大司樂掌成均之法以治建國之學政而合國之子弟焉凡有道者有德者使教焉死則以爲樂祖祭於瞽宗以樂德教國子中和祗庸孝友以樂語教國子興道諷誦言語以樂舞教國子舞雲門大卷大咸大磬大夏大濩大武

大司樂中大夫樂官之長春官之屬鄭記所謂

大樂正也成均五帝之遺法至周猶存春入學舍菜合舞則師氏教國子在王宮者會于成均以其數授之使論說于東序是謂大司成凡有道有德者使教焉蓋指此也殷人始興樂立學宗之謂之瞽宗周因以對東膠即西序也行先王之行以樂成之樂德也言先王之言以樂節之樂語也二者備而樂之本立矣然後舞干戚羽旄以學先王之樂樂雖有六合則爲一此章下文備言之漢文帝時購得魏文侯樂工竇公者年百三十有餘歲矣獻其素所肄習者即此

章也

以六律六同五聲八音六舞大合樂以致鬼神示以和邦國以諧萬民以安賓客以說遠人以作動物

按春官之屬大師掌六律六同以合陰陽之聲陽聲黃鐘太簇姑洗蕤賓夷則無射此六律之序也陰聲大呂應鐘南呂函鐘小呂夾鐘此六同之序也皆文之以五聲宮商角徵羽皆播之以八音金石土革絲木匏竹六舞則大胥掌學士之版以致諸子而合舞之謂之學士正以學於成均以律同審聲音也六樂列爲六英合舞則有九變所謂簫

韶九成者也嘗揆厥所元矣夫滎河溫洛天地之中也而圖書出焉天之生數一三五積成陽奇則一函三而爲九乾元之用也地之生數二四積成陰偶則三去一而爲六坤元之用也是律呂三分損益之所從出也凡陰陽各六月而日至朞之日分布四氣各爲九十是故九六所以經緯律曆也六爲方而兩地故六律六同以相對爲列而其音謂之六英九爲圜而參天故韶以相繼爲義而其變謂之九成是故九部六列六英樂之所必有者也服虔曰姑洗南呂以南爲南風無射夾鐘以北

爲北風故雲門咸池合於九部大夏大濩合於大武觀諸歌奏則可徵也大胥以六樂之會正舞位其必分干羽爲六列與記曰凡大合樂必遂養老月令季春之月律中姑洗是月之末擇吉日大合樂天子帥三公九卿諸侯大夫親往視之即春合舞之謂也夫樂以降天神出地示假人鬼爲成非徒用之郊廟而亦用之燕饗焉蓋樂律本諸易數是以能成變化如此是時冑子俊選與凡庶子郊人既皆在列而諸侯及絶域之君奉贄獻而至者目睹威儀舞蹈之容耳聽清歌雅頌之聲心充至

德欣然以歸又不獨獸舞鳳儀而已此邦國萬民之所以和諧賓客遠人之所以安說而動物之所以作也樂之爲用大矣哉

乃分樂而序之以祭以饗以祀乃奏黃鍾歌大呂舞雲門以祀天神乃奏太簇歌應鍾舞咸池以祭地示乃奏姑洗歌南呂舞大磬以祀四望乃奏蕤賓歌函鍾舞大夏以祭山川乃奏夷則歌小呂舞大濩以享先妣乃奏無射歌夾鍾舞大武以享先祖

成均之法聖人所以接三才之與也分之則小德川流合之則大德敦化天地之大以聲召氣其由

人心乎黃帝堯舜三代之樂循曆數之先後者也地示次於天神山川次於四望先祖次於先妣故以六律六同六舞分而序之每奏一律歌一同舞一樂以饗人鬼以祭地示以祀天神故曰圜丘尚祀觀神道也方澤貴察物類也宗廟用享懷精氣也然陰陽之聲雖分亦各有合黃鐘建子之月而日在丑故與大呂合太簇建寅之月而日在亥故與應鐘合姑洗建辰之月而日在酉故與南呂合蕤賓建午之月而日在未故與林鐘合夷則建申之月而日在巳故與中呂合無射建戌之月而

日在卯故與夾鍾合奏而歌之皆取其合也考之於禮群小祀四方百物之屬以祈穀服玄冕一章達于士其禮一獻孰其牲色尨其牲體骴辜其祼器用散其舞兵舞帗舞其樂五變祀日月星辰則實柴祀司中司命風伯雨師則槱燎祀靈星則旌舞其樂六變社稷五祀服絺冕三章達于卿大夫其禮三獻爓其牲色黝牛角握其祭血祼以大罍鼓以靈鼓舞以帗舞旱暵則皇舞其樂八變四望嶽瀆山川兆位各因其郊與其方服毳冕五章達于子男其禮五獻血其牲各因其方之色牛角尺

祼則用蠶玉則兩圭有邸與璋邸射舞則兵舞羽舞其樂九變享先公服鷩冕七章達于侯伯其禮七獻上公則九獻舞樂如四望之數其所以分者皆自然之序不容已也然皆樂師所掌小舞以教國子者必合六樂乃爲大舞惟天子用之

凡六樂者文之以五聲播之以八音凡六樂者一變而致羽物及川澤之示再變而致贏物及山林之示三變而致鱗物及丘陵之示四變而致毛物及墳衍之示五變而致介物及土示六變而致象物及天神

六樂初作惟言文以五聲播以八音者翕如之時

也及一變而後始有條理矣其所以致物象神示者實不出乎聲音相應以生變耳豈眞見之哉且一變而致羽物及山澤之祇及六變而致象物及天神亦非有難易之别也蓋其樂奏之有條理次序特想其所致之神必有疾徐先後也按司徒言五地之物生山林曰毛物川澤曰鱗物丘陵曰羽物墳衍曰介物原隰曰蠃物蓋六樂致物及祇乃參錯言之也亦取象其所致之次序而言尓必至六變而後言致象物及天神此則樂之成和之至也六變之始所以不言律同之爲宫角徵羽者以

此歟

凡樂圜鐘爲宫黄鐘爲角太簇爲徵姑洗爲羽靁鼓靁鼗孤竹之管雲和之琴瑟雲門之舞冬日至於地上之圜丘奏之若樂六變則天神皆降可得而禮矣黄帝始爲清角大合鬼神於泰山之上鼓以琴瑟合以管籥大容乃制羽翟以舞之著之椌楬以道其和其地上圜丘之始乎雲門大卷是也象其功德如雲之有門出而不窮能類聚之也清角者黄鐘姑洗夷則相應而夷則用黄鐘清大吕中吕南吕相應而南吕用大吕清太簇蕤賓無射相應而

無射用太簇清夾鍾林鍾應鍾相應而應鍾用夾鍾清十二律呂而益以四清聲者使臣民不凌君聲也姑洗爲慢角三中呂爲清角三倡和清濁參錯成和姑洗從宫六變而圜鍾爲宫則黄鍾得冬日至之羽聲以生角一陽初復知仁交際而萬化出焉羽調以角則姑洗以其羽大呂應南呂六變而黄鍾爲角角調以徵則姑洗之徵以其角夾鍾應姑洗之角夷則六變而太簇爲徵徵調以羽則姑洗之羽以其羽無射應夷則之羽中呂六變而姑洗爲羽矣圜鍾生於房心之氣房心爲天帝之

明堂帝出乎震故圜鐘爲天宮而以黄鐘爲角太簇爲徵姑洗爲羽是三者陽律之相繼也黄鐘必繼以太簇而後爲父太簇必繼以姑洗而後爲父

王者父事天而相繼者天之道故以是祀天神也

凡樂函鐘爲宮太簇爲角姑洗爲徵南吕爲羽靈鼓靈鼗孫竹之管空桑之琴瑟咸池之舞夏日至於澤中之方丘奏之若樂八變則地示皆出可得而禮矣

黄帝命伶倫與榮將鑄十有二鐘以和五音以施英韶張諸洞庭之野奏之以人徵之以天行之以禮義建之以太清四時迭起萬物循生其中也變

化不主故常其卒也五官皆備其澤中方丘之始乎咸池是也象帝德之輝無所不施如日之洗光天潢而出照也引商刻羽流徵以生故黃鍾之羽南吕太簇應之則爲徵姑洗之羽大吕蕤賓應之則爲徵南吕之羽蕤賓應鍾應之則爲徵大吕之羽無射夾鍾應之則爲徵此所謂變化不主故常者也凡角羽竝起而刻之即爲商徵故蕤賓從宮八變而函鍾爲宮則太簇得夏日至之徵聲以制商一陰初姤禮義交際而萬化入焉羽調以角則太簇之商姑洗以其羽應南南吕八變而太簇爲

角角調以徵則姑洗之徵應鐘以其角夾鐘應夷則八變而姑洗爲徵徵調以羽則林鐘之羽以其羽大呂應應鐘之羽夷則八變而南呂爲羽矣函鐘生於坤未之氣天社在東井輿鬼之外天社地神也地位乎坤故函鐘爲地宮而以太簇爲角姑洗爲徵南呂爲羽是三者律呂之相生也函鐘必生太簇而後爲母南呂必生姑洗而後爲母王者母事地而相生者地之功故以是祭地祇也

凡樂黃鐘爲宮大呂爲角太簇爲徵應鐘爲羽路鼓路鼗陰竹之管龍門之琴瑟九德之歌九磬之舞於

宗廟之中奏之若樂九變則人鬼可得而禮矣

唐堯修咸池爲大章虞舜紹堯致治修咸池承雲爲九德之歌九韶之舞故奏姑洗歌南呂而黄鍾大呂應之則羽角以相生太簇應鍾應之則商徵以相制羽角相生則知仁交際而萬化出於人聲則呼動腎與肝自水而木天數也自冬日至而發春是以謂之陽也黄鍾之羽一變姑洗爲中聲六變圜鍾九變歸于黄鍾之宫南呂之羽一變大呂以應南呂六變黄鍾爲角八變太簇爲角九變而歸于南呂之角然姑洗角聲之始也自姑洗之羽

與其羽無射一變中呂以應夷則六變姑洗爲羽九變復歸于姑洗之羽清角始于大呂亦九變歸于黃鐘之羽雖角也實亦羽也而黃鐘大呂收聲突徵商相制則禮義交際而萬化入於人聲則吸動心與肺自火而金地數也自夏日至而成秋是故謂之陰也太簇之羽一變蕤賓爲中聲八變函鐘九變歸于函鐘之徵應鐘之羽一變夾鐘以應夷則六變太簇爲徵八變姑洗爲徵九變而歸于太簇之羽然函鐘徵聲之始也自函鐘之羽與其羽大呂一變夷則以應應鐘八變南呂爲羽九變

復歸于函鍾之羽流徵始于夾鍾亦九變歸于太簇之羽雖羽也實亦徵也而太簇應鍾收聲矣雲門倡咸池爲九韶之陽下管孤竹升歌雲和琴瑟黃鍾爲宮南呂爲羽咸池承雲門爲九韶之陰下管孫竹升歌空桑琴瑟太簇爲宮應鍾爲羽陰竹之管龍門琴瑟合之姑洗爲宮以其商奏蕤賓羽歌大呂角奏夷則徵歌應鍾變宮呂變徵則大武之歌奏也陰陽既合四序環周廣大清明情文俱備季扎謂如天地之無不覆載者信矣哉夫宮聲最怠往而不返故始乎黃鍾終返乎黃鍾之宮焉黃

鍾生於虛危之氣虛危爲宗廟故黃鍾爲人宮而以大呂爲角太簇爲徵應鍾爲羽是三者律呂之相合也大呂與黃鍾子丑合也太簇與應鍾寅亥合也相合者人之情故以是享人鬼也郊必四望岳瀆之氣亦欲其合故郊祀與宗廟禘祫皆大合六樂或曰咸池祭地示大濩享先妣非郊祀所用然四望則岳瀆屬乎地古疏謂姜嫄配郊禖矣且合舞聲音有三才合一之道焉矧天子方望之事無所不通邪非知天地之化有鬼神之情狀奚足以語此

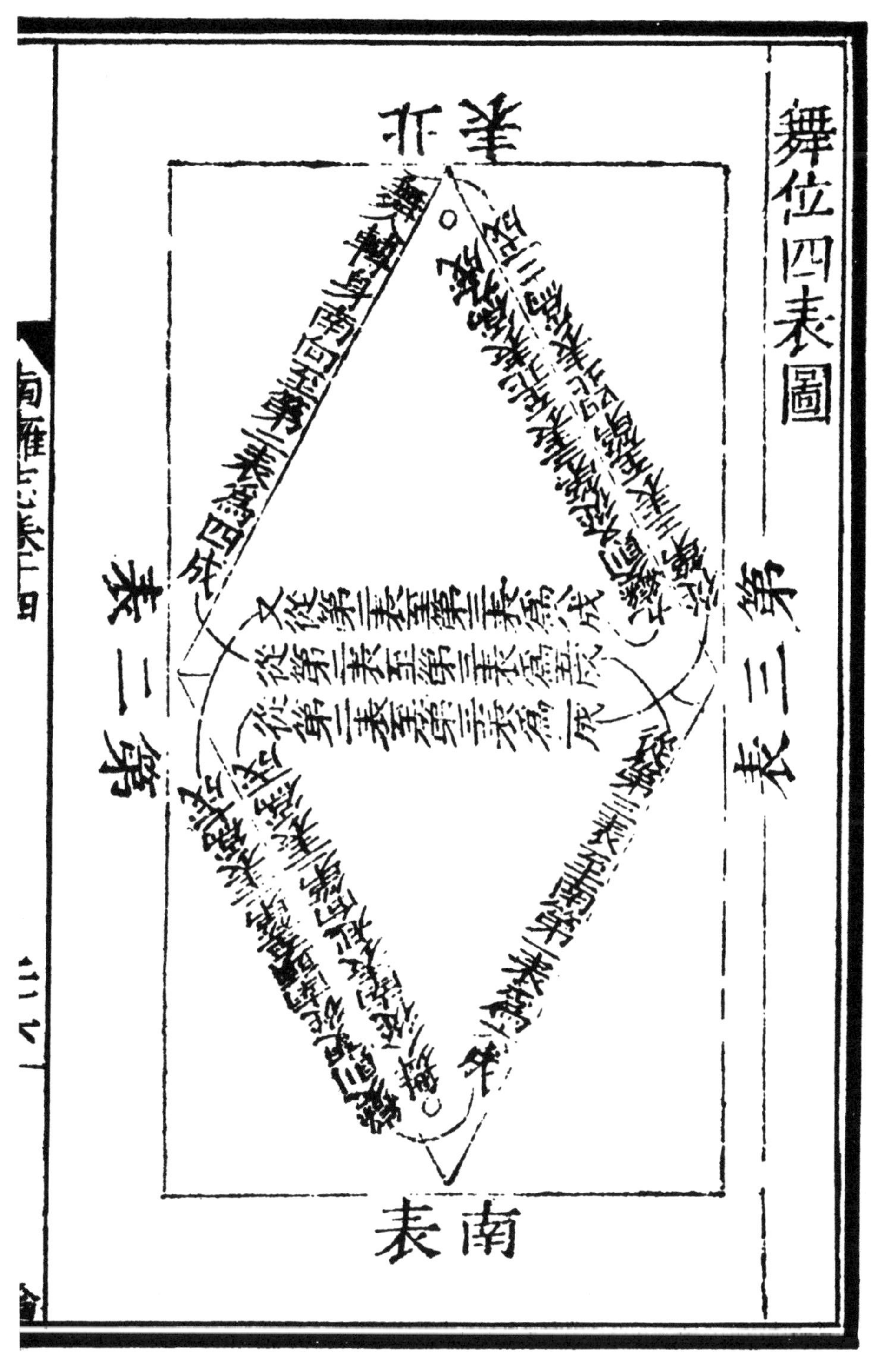
舞位四表圖
北表
第一表
第二表
南表

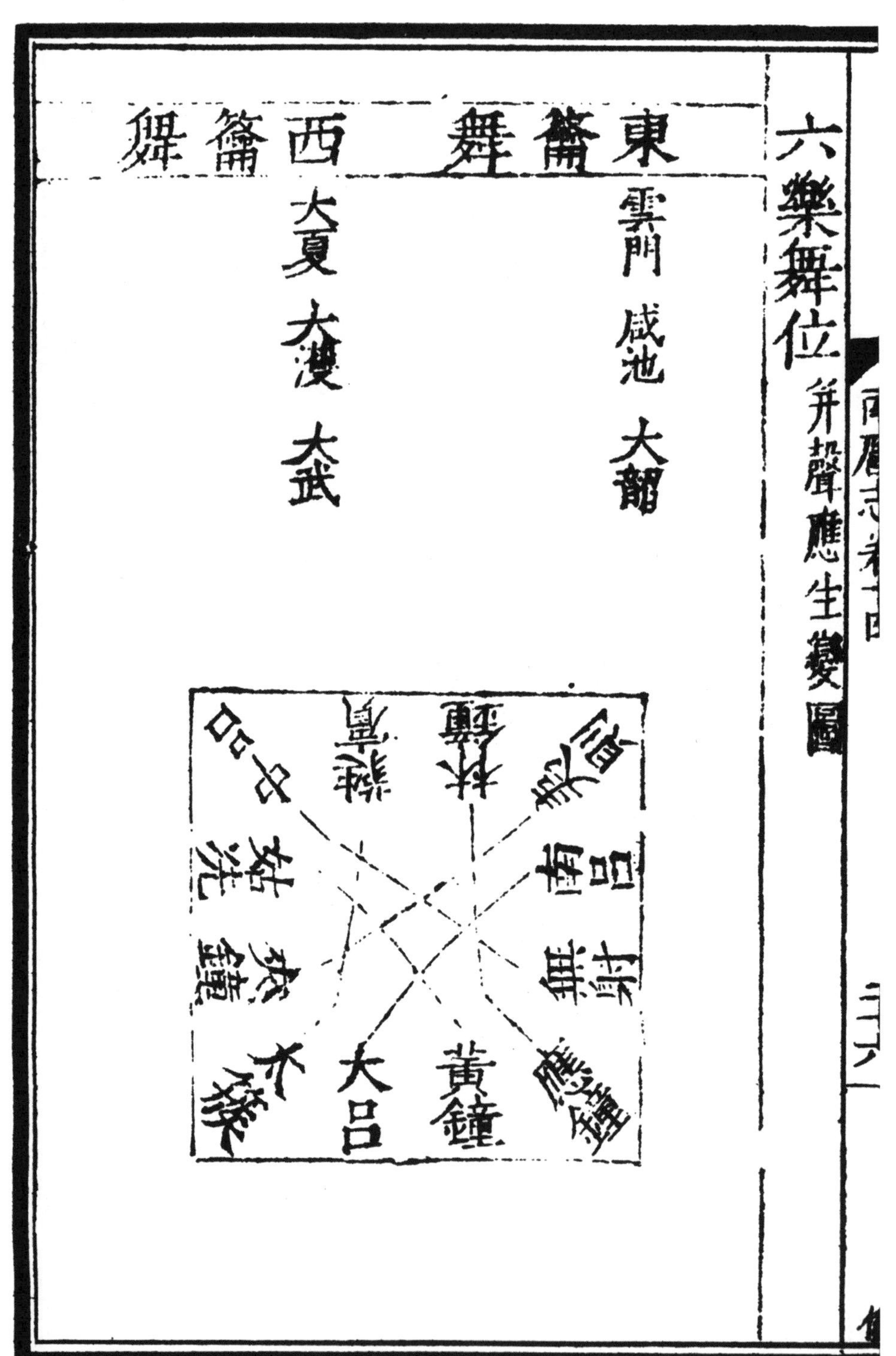
六樂舞位并聲應生變圖
東籥舞
雲門 咸池 大韶
西籥舞
大夏 大濩 大武
黃鍾
大呂
太簇
夾鍾
姑洗
仲呂
蕤賓
林鍾
夷則
南呂
無射
應鍾

凡六樂各有舞表爲六列施英韶而舞之皆八佾合爲三百八十四人此所以必致諸子而後足也大武以干戈先之與雲門六變而終大夏與咸池和之八變而終大濩與大磬合爲九變故春秋傳謂之韶濩焉六樂既合韶濩以陽祀應雲門咸夏以陰祀應大武歌奏雖分實相聯絡一變羽角竝起宮徵相證火合水也二變角與變宮土合木也三變變宮變徵木合金也四變變徵與商之變宮金合火也五變商之變宮變徵水合土也六變商之變徵角之變宮土轂合而象物見也不言七變無射夾鐘大武畢曲角之

變宮變徵正德以則天明也八變角之變徵徵之變宮利用以襲地昌也九變變徵之變徵條理始終厚生以備人道也六府三事是謂九德之歌亦惟於聲音取象而已大司樂掌之以教國子猶設官以分其事焉樂師之教舞者教此也大胥之正位者正此也小胥之巡列者巡此也籥師之舞羽者舞此也司于之授器者授此也然則六代所以象功德者必各有義焉按樂記曰武始而北出再成而滅商三成而南四成而南國是强五成而分周公左召公右六成復綴以崇此舞大武之時有此六成也蓋舞位爲四表

從南表向第二表爲一成第二至第三爲二成第三至第四爲三成舞人復轉身南向於北表之北還從第一至第二爲四成第二至第三爲五成第三至南第一表爲六成五成爲五變則五物五示可致六成爲六變則象物天神可致至於八變則更從南頭北向第二爲七成又從第二至第二爲八成則地祇皆出矣九變則又從第三至北頭第一爲九成則人鬼格矣舞必奏樂在舞則謂之成在樂則謂之變樂亦言成簫韶九成是也此則舞表之所同也然雲門大武損於咸池大夏咸夏又損於韶濩是合之之中自有不容不分者矣

樂器圖說 按鐘律既成欲制八音或十倍之或再倍三倍之必使重者從細輕者從大國語曰琴瑟尚宮輕從大也鐘尚羽重從細也石尚角適大細之中也子朱子曰琴瑟尚宮者非謂琴瑟只有宮聲也但以絲聲太細恐其掩於衆樂而不可聽故大其器使其器重大而與衆樂相稱耳其中固有五聲而聲必中律呂也樂書大琴之制其以此歟師曠曰清商不如清徵清徵不如清角凡鐘磬笙管用十六者以臣民不可陵君故增四清聲使角聲亦清也毋句氏之磬懸十六枚其來古矣故古樂宮濁商次之角最清徵羽則清濁不常周武王伐殷因自鶉及駟之象復增三清聲併爲七律徵聲自此始清凡懸管用十九者清徵也韋昭不知鑄無射大林鐘羽之故而以七音爲七律誤矣此清角清徵之辨也若用二十一則羽聲皆清二十三則變宮皆清二十四則律各倍半三十六則十二管各三調也凡上篇所無者皆爲圖已有者別爲說以附見之

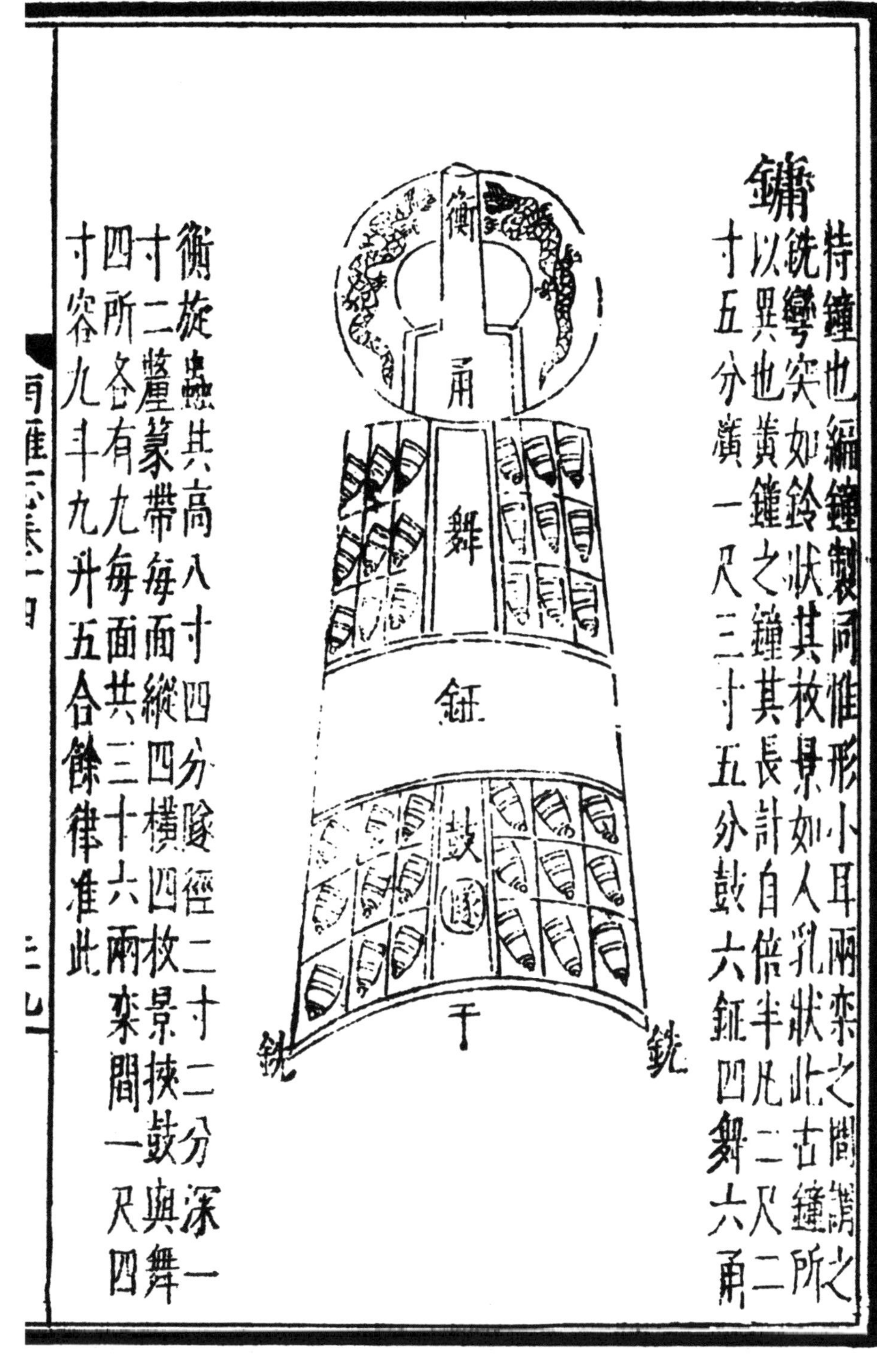

鎛

特鐘也編鐘製同惟形小耳兩欒之間謂之銑彎突如鈴狀其枚景如人乳狀此古鐘所以異也黃鐘之鐘其長計自倍半凡二尺二寸五分廣一尺三寸五分鼓六鉦四舞六甬衡旋蟲共高八寸四分隧徑二寸二分深一寸二篆帶每面縱四橫四枚景挾鼓與舞四所各有九每面共三十六兩欒間一尺四寸容九斗九升五合餘律准此

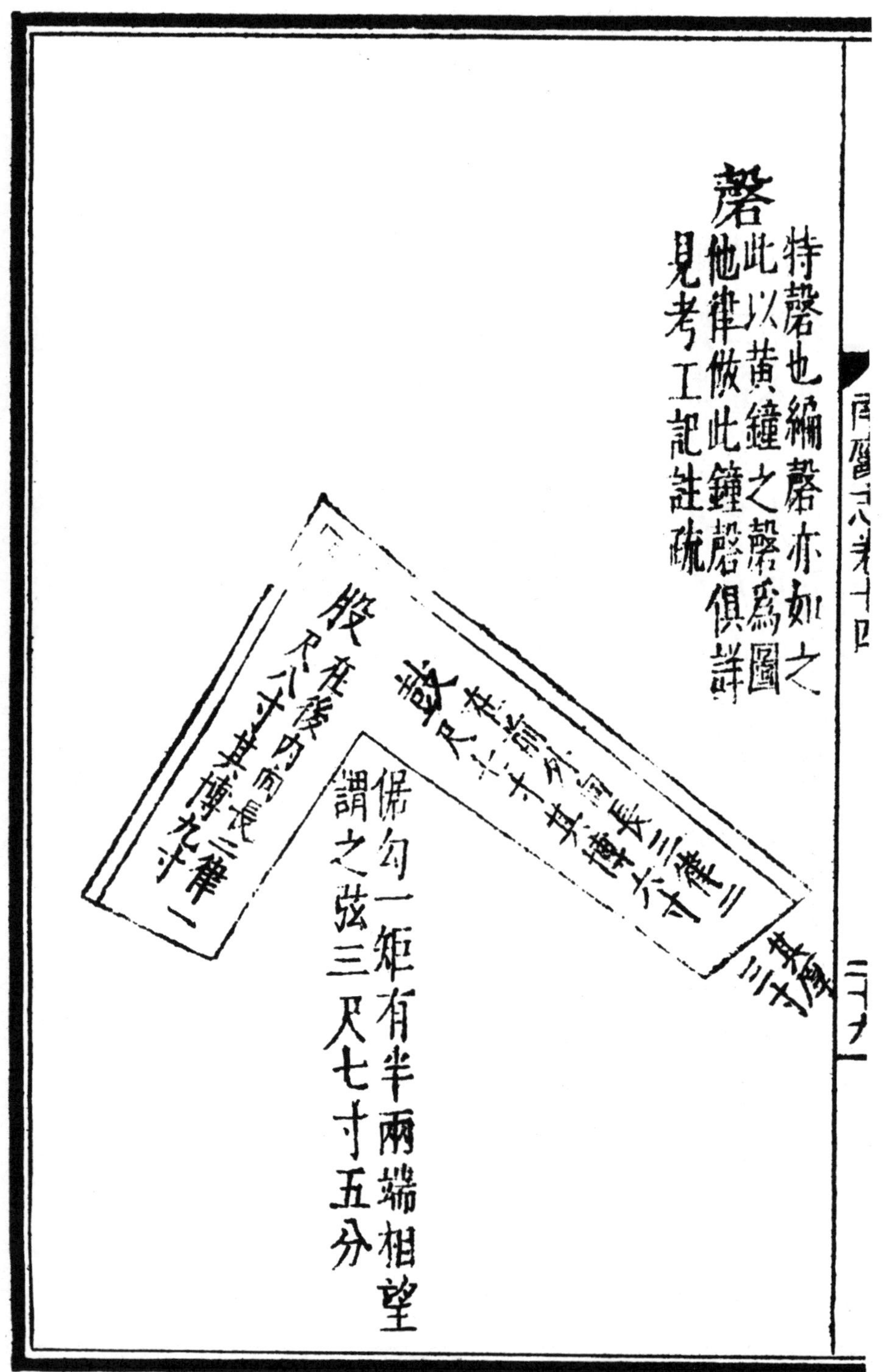

南雍志卷十四
三十九
磬
特磬也編磬亦如之
此以黄鍾之磬爲圖
他律倣此鍾磬俱詳
見考工記註疏
鼓在前外面長三律二
尺七寸其博六寸
其厚三寸
股在後内面長二律一
尺八寸其博九寸
倨勾一矩有半兩端相望
謂之弦三尺七寸五分

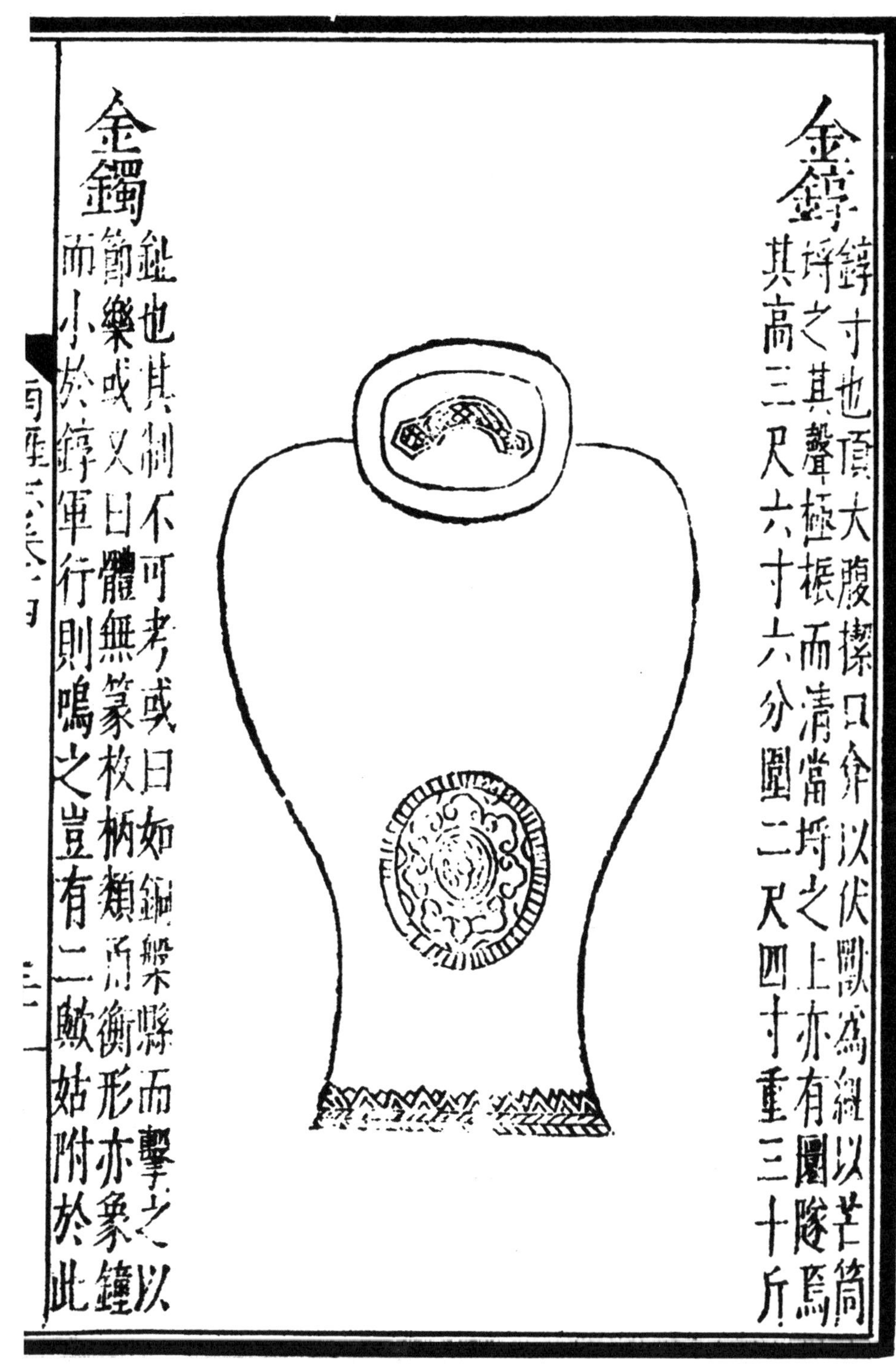

金錞

錞于也頂大腹㨶口弇以伏獸爲鈕以芒筒埒之其聲極振而清當埒之上亦有圜隧焉其高三尺六寸六分圍二尺四寸重三十斤

金鐲

鉦也其制不可考或曰如鐃槃縣而擊之以節樂或又曰體無篆枚柄類所衡形亦象鐘而小於錞軍行則鳴之豈有二歟姑附於此

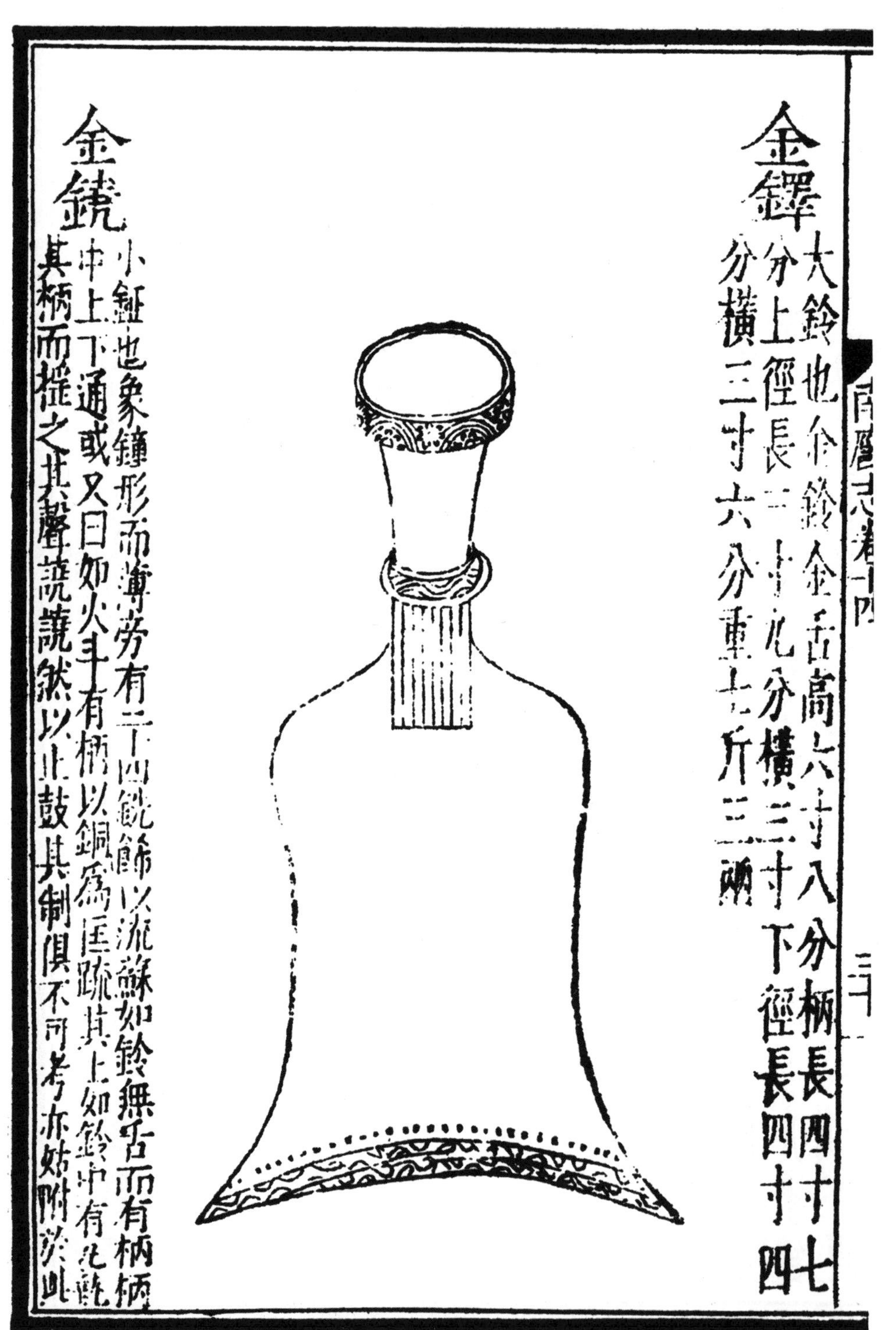
南雍志卷十四
金鐸
大鈴也今鈴金舌高六寸八分柄長四寸七分上徑長二寸九分橫三寸下徑長四寸四分橫三寸六分重十七斤三兩
金鐃
小鉦也象鐘形而薄旁有二十四銑飾以流蘇如鈴無舌而有柄柄中上下通或又曰如火斗有柄以銅爲匡疏其上如鈴中有丸執其柄而搖之其聲譊譊然以止鼓其制俱不可考亦姑附於此

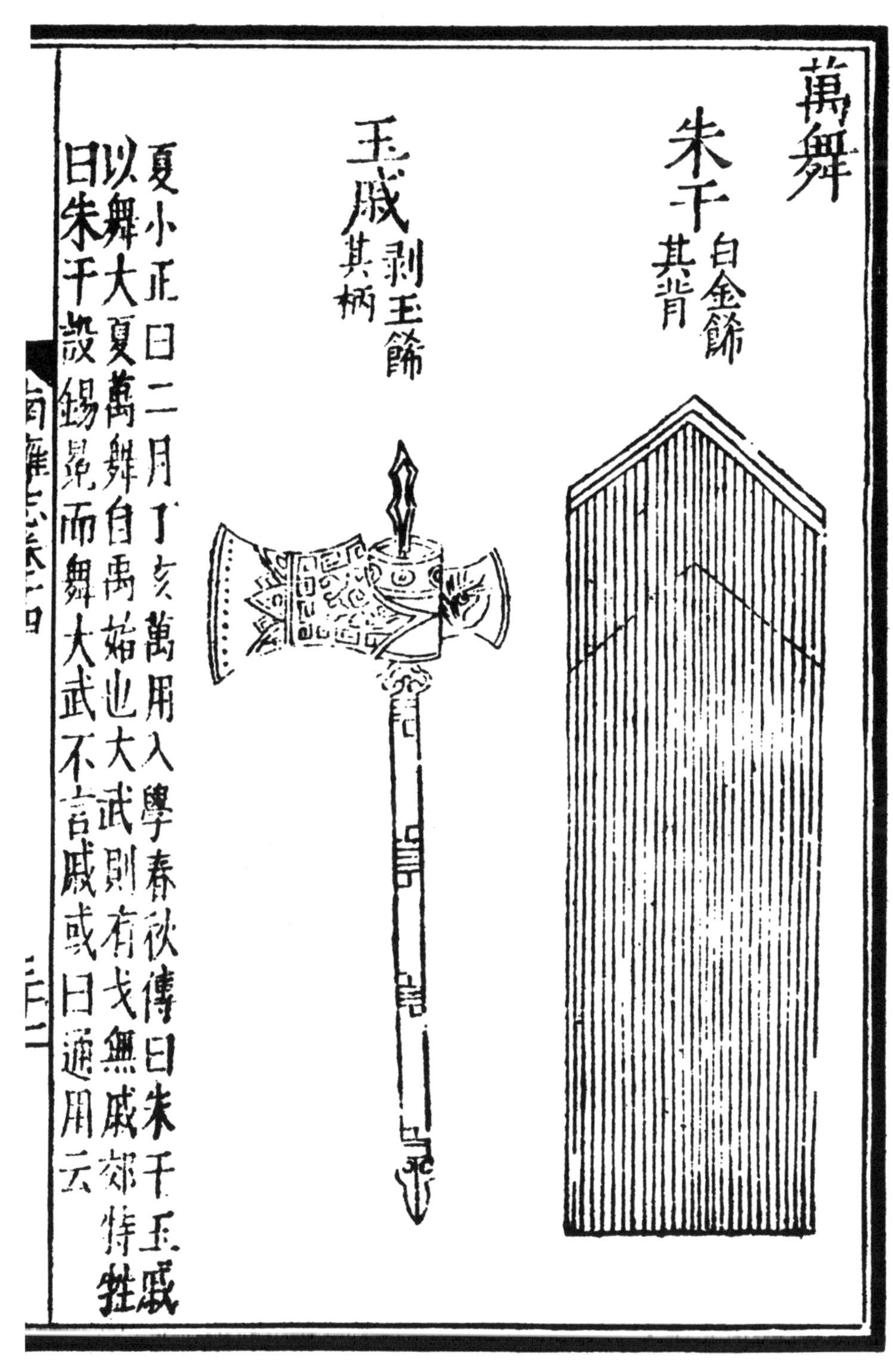

夏小正曰二月丁亥萬用入學春秋傳曰朱干玉戚以舞大夏萬舞自禹始也大武則有戈無戚郊特牲曰朱干設錫冕而舞大武不言戚或曰通用云

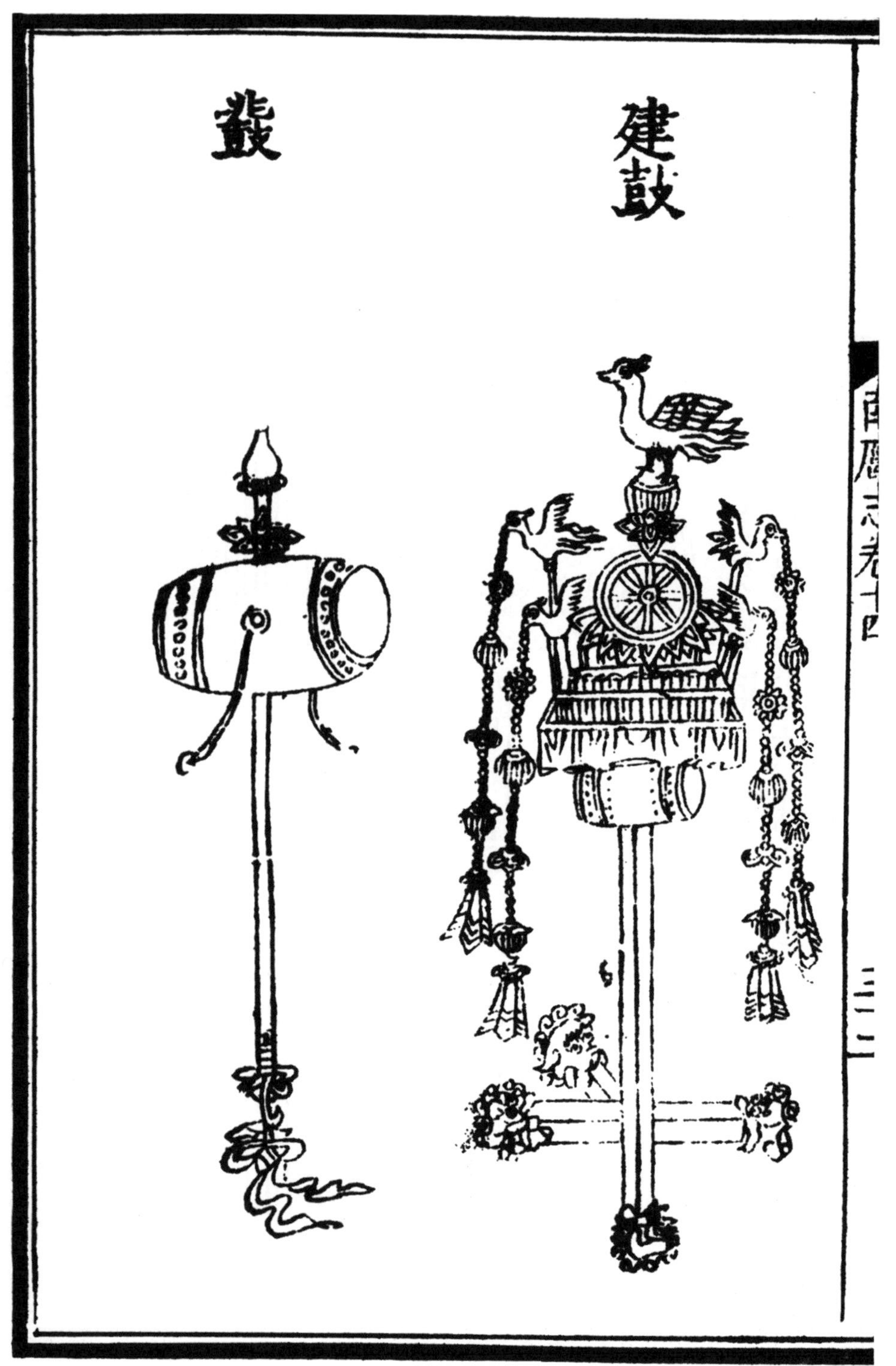
建鼓
鼗

右圖鐘磬宮懸也四金金奏也鼓人以晉鼓鼓金奏以金錞和鼓以金鐲節鼓以金鐃止鼓以金鐸通鼓晉鼓長六尺六寸豈即建鼓與鐲鐃之制則不可詳矣四金乃儀禮所謂鎛也形大於鐘而薄亦謂之鎛世以鎛爲鏞非也雷鼓面博八尺一寸靈鼓博五尺七寸路鼓博六尺四寸鼗則自如其律鼓以先之鼗以兆之以合舞也漢人謂雷鼓雷鼗皆八面靈鼓靈鼗皆六面路鼓路鼗皆四面細考之則飾以回文爲雷山水爲靈與衢路之別耳金奏則鐘鎛播之編鐘

編磬應之鎛師與鼓人共事合舞則大鏞宣之於先始條理也特磬收之於後終條理也此則大司樂之所掌集大成者也籥舞則見前圖矣

○升歌琴瑟大琴十三絃與京房之準同宮絃三倍黃鐘之數用二百四十三絲中琴七絃宮絃則八十一絲他律倣此七絃凡陽聲生陰聲皆間二絃凡陰聲生陽聲皆間一絃凡十二律以中徽爲中左手取聲泛聲自焦尾右手取聲清自臨岳如黃鐘大絃按上爲大呂太簇二絃按下爲大呂按上爲夾鐘三絃取姑洗則按下取中呂則按上凡取聲近左手爲按下取聲近右手爲按上按上清按下濁聲相應之法如林鐘徵絃按下爲蕤賓變徵按上爲夷則以六絃少宮應之即黃鍾爲角如林鐘按中聲以七絃少商應之即太簇爲徵

餘散此奏之瑟二十五絃雅瑟二十三絃絲數清濁與琴同惟大者爲宮而居中央君也商張右傍其餘大小相次琴長三尺九寸大絃爲黃鍾合大呂下四商絃爲太簇四夾鍾下一角絃姑洗高一中呂上徵絃林鐘尺下爲蕤賓勾羽絃南呂高工下爲夷則下工第六絃黃鍾少宮清六其下爲無射下凡應鍾高凡第七絃太簇少商高五其下爲大呂清聲下五上爲夾鍾清聲緊五自一徽至五徽爲黃鍾正律自四徽至中徽爲黃鍾倍律自中徽至龍齦爲黃鍾倍四律若與瑟合則先調定君絃左濁聲以五絃合之於倍四及倍律取應君絃右清聲以二少絃合之於正律取應左爲濁聲十二絃以琴龍齦至八徽左手按之自中徽至四徽右手鼓之若鼓四徽至一徽則與瑟君絃之右清聲十二絃相

應鼓瑟必須淸濁倡和則琴亦循徵次序應之黃鍾在龍齦起處至十三徵爲宮大呂次之一寸八分太簇又次一寸四分十二徵夾鍾十一徵姑洗十徵中呂取聲在此雖實在中呂上半徵九徵爲林鍾夷則在林鍾上半徵八徵爲南呂上二寸二分爲無射又上一寸二分爲應鍾皆左手按之自中徵至四徵取十二律正聲自四徵至一徵取十二律清聲皆右手鼓之琴絃少而瑟絃多故取聲惟鼓瑟爲難六合樂以龍門琴瑟應雲和爲陽空桑爲陰三舞皆琴二瑟二列爲十二各用四工一倡而三歎之雲和大琴大瑟皆八尺一寸中琴小瑟皆三尺九寸工各四人空桑大中琴大小瑟皆五尺七寸中琴三尺六寸大瑟七尺二寸龍門大琴大瑟皆六尺四寸小瑟四尺八寸中琴三尺四寸工各四人或曰雲和瑟三十六絃奏則以竽合之孤竹之管長三尺六

寸爲宮以其上三尺二寸爲商孔二尺八寸四分爲角孔二尺五寸一分二釐爲變徵孔二尺四寸爲徵孔二尺一寸二分爲羽孔一尺八寸八分六釐爲變宮孔餘皆倍四律其制倣此

巢笙十九簧宋人巢笙之制第一管應鍾清第二中音管黃鍾正第三管應鍾正第四管南呂正第五子管無射正第六大托管蕤賓濁第七管大呂正第八管姑洗濁第九管南呂清第十中音子管黃鍾清第十一管蕤賓正第十二管姑洗正第十三管夾鍾正第十四管太簇正第十五管平調子管林鍾清第十六管平調管林鍾正第十七管太簇濁第十八管夷則正第十九管中呂正蓋十二律惟應鍾無清聲而此乃首以爲調不知何據當依周人清徵爲是竽三十六簧次竽二十三簧和笙十有三簧起調各不同實與琴瑟相應云阮逸曰巢笙起中音管爲

黃鐘與竽第四管相合以編鐘四清聲參驗則和笙平調子管是黃鐘清也竽第五子管是太簇清也中呂管是大呂清也中音子管是夾鐘清清也未詳

黃鐘之塤長三寸九分圍六寸三分箎長一尺三寸五分圍三寸塤平底中虛而六孔上一前三後二自上吹之前下一孔爲太簇上二孔右爲姑洗落下一孔爲中呂左雙啓爲林鐘後二孔一落爲南呂雙啓爲應鐘合聲則黃鐘宮也箎底節外一孔爲太簇半孔爲大呂次上一孔爲姑洗半孔爲夾鐘又次上一孔爲甤賓半孔爲中呂又次上一孔爲林鐘又次上一孔爲南呂半孔爲夷則六孔全開爲應鐘半孔爲無射合之後一孔出翕聲爲黃鐘乃若半孔者蔟其三分之一也吹箎必合塤者以其孔皆六而以五取聲合則黃鐘開則應鐘盡上二律始終之義異器而同聲是故有兄弟之義焉詩曰伯氏吹壎仲氏吹箎此之謂也

大呂太簇夾鐘皆倣此

黄鐘以宮倡太簇以商和大吕主清角夾鐘主流徵故塤篪各止於四與竽笙並列爲十二皆會合之音也

笛以本均角律四倍之爲宮黄鐘之笛長二尺八寸四分四釐大吕以下倣此笛本晉人所傳古制以一管而兼律呂四倍之自笛首下度之盡角宮二律之長爲第一孔自宮孔下度之盡徵律之長爲第四孔自徵孔上盡商律之長爲後出孔自商孔度之盡羽律之長爲第三孔自羽孔下度之墨識爲角孔而角在體中自商下墨識角孔度之盡變宮律之長爲第二孔從變宮下度之盡變徵律之長爲第五附孔下徵調法第四孔爲宮後出孔爲商清角調法體中翕聲爲宮第五附孔爲商者盡其七音有不備者假借其相距之孔而用之正聲之調孔轉下轉濁下徵之調孔

轉上轉清寔清所發徵之方所以依聲聲而取則於琴徵者也

今樂器在廟庫常用者銅鐘石磬各一十六各有鳳流蘇架全大鼓一黃絹布鼓蓋鳳龍頭流蘇架全瑟二俱有黃絹布囊并珠紅瑟架四箇琴六俱有黃絹布囊并珠紅琴卓六張柷一并椎敔一連座并櫟應鼓二麾旛一琴瑟箱二其備用者銅鐘大小四十一箇二十一斤一箇二十斤一箇十六斤一箇十四斤二箇各十二斤一箇十一斤半一箇十一斤二箇各七斤六箇各十斤四箇各九斤三箇各九斤半四箇各八斤九箇各八斤半一箇三斤十兩三箇各三斤石磬二十一內損二箇柷二敔一琴卓九瑟架六及旌節二又有小銅鐘二小鐵鐘四十六蓋皆不盡合古制焉洪武四年

我
聖祖嘗命監生及文職大臣子弟在學校者預教習
樂舞豈有意於復成均之法耶嘉靖十五年北
監祭酒吕柟奏准太常寺遣官道數人轉諭諸
生節奏音響且命自製古樂器習之如其果行
焉則咸英韶濩可得而復聞矣

南廱志卷第十四

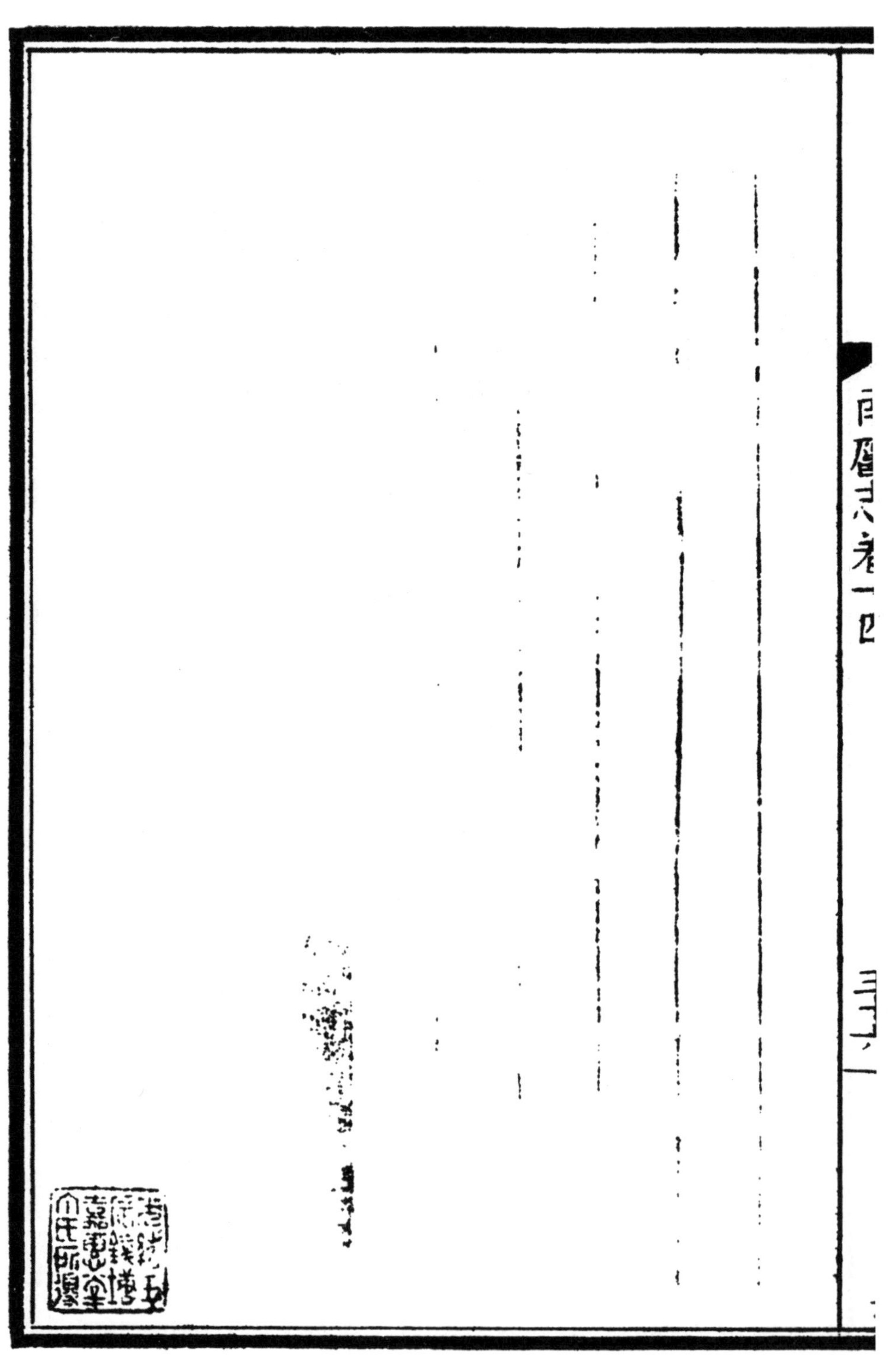

南雝志卷第十五

儲養考

吾夫子之翼頤曰聖人養賢以及萬民漢人則謂養民以致賢二者其何所衷邪夫民得其養賢斯出矣賢得其養民斯及矣周官司徒以土會諸灋授民恒產而後邦教施焉及作人久於其道則菁莪棫樸歌其樂育鳧鷖既醉頌其隆平向之所云明效也已然頤之爲義觀其所養者道也養其心也觀其自養者食也養其身也下必謀道而後其食上必重祿豐食以待之此

治理之所繇成也觀於師氏教國子以德保氏養國子以道時會于成均則樂正崇禮樂詩書以造之雖諸子之存游倅亦必使之修德學道殆頤諸其心者邪宮伯掌王宮之士與凡游倅之在版者月終則均秩歲終則均叙以時頒其衣裘掌其誅賞殆頤諸其身者邪仰惟我

聖祖立教志在成賢始自王宮後設郊學儼然周官法度而又嚴規矩明彝倫以淑之秩廩餼叙積分以用之心身可謂得其養者頃茲造士之列孰不自以爲吾秀出於民者也民亦望其下膏

澤以霑被之一至顯融凡可以庇民而自利者輒冒爲之不耻焉則是養蟊而害稼也豈聖人所以及民之意耶今錄進修之版爲上篇凡德行道藝章章在人心者必表見焉錄秩敘之條爲下篇舊章所有莫之或遺也覽者其亦可以思報也夫系之曰儲養考

上篇

進修本末

太祖高皇帝初定國子爲官生民生二等官生取自上裁民生則由科貢

制也宣德以後始有一時權宜之例皆月程其課而歲報其數進修德業多有仕爲名臣者今稽士版徵以

國史爲四目焉一曰儲養生徒之定制二曰儲養生徒之權例三曰儲養生徒之名數四曰儲養生徒之成材

儲養生徒之定制

國初設國子博士等官在

内府大本堂與翰林院官授

東宫親王以經功臣子弟徐允恭等皆與焉仍選

生徒之秀者使伴講讀吳元年設祭酒等官雖
在國子學仍入
内府授經如故洪武元年生徒選入國子學者品
官子弟爲官生民間俊秀爲民生尋令公侯伯
初承襲年幼者鄭國公常茂蘄春侯康鐸等入
大本堂讀書時
秦晉等六王皆在祭酒魏觀詩旌旗旖旎集中衢日上金橋劍珮趨雙闕雲中開
鳳扆　六王天上捧龍輿成均被命仍敷教
大本承恩復說書殊渥無涯嗟未報幾回退食
重跡躡鄭國蘄侯弟子群儲闈時得奉殷勤宮
花細浥研朱露禁柳微濺洒墨雲　御氣日從
雙闕望書聲時徹九重聞楚王
可是推仁愛臨帖常容半席分

上或親與祭酒學士讌飲洪武辛亥九月五日祭酒魏觀奉命偕學士詹同
司業宋濂賜歸田里並十日啓行出水西門復同
走使召還賜讌奉天門上喜諭觀等曰
前日遂卿去今日與卿飲亦可樂也已而各賦
詩一以記其事觀詩曰春風錫宴奉天門既
往還來帝語溫日月光華懸寶扆乾坤喜氣
集金樽銀絲已授宮廚麵玉粒重分御盌飧
初度平生多慶幸敢
忘忠孝謝皇恩每優待之崇師道也其後
祭酒司業爲
經筵講官及侍
東宮講讀蓋始於此洪武二年諸生入伴講讀者
與功臣子弟出就國子學五年又令年幼公侯
伯及武官子弟初承襲者皆入國子學受業十

五年改學爲監三十年立京衛武學以教武官子弟而在監者惟官民生自是遂爲定制矣官生分二等一曰品官子弟二曰外夷子弟品官自一品至七品皆得廕叙然皆出自特

恩無敢陳乞者稽之故牘無所於徵惟洪武末故尚書吳雲子黻廕國子生以其死事雲南乃䘏典也宣德中大理寺卿湯宗子沐正統初檢討掌助教事王仙會子琥等始乞

恩得入監惟令科第出身否則坐班十年之上乃得撥歷倖門一開自是陳請紛紜矣成化初令

大臣三品以上適子試其經學既通始許入監

弘治以來凡京官三品已經一考給

誥命者許一子自陳免考入監惟未及一考并有過劾退及年遠雜流出身者乃不許其廕子未仕物故准令補廕無子者許廕繼嗣之子若應得廕子恩典而死與奉使外國而罹死禍者亦准照例入監此實胄子之選也故事紀載焉外夷子弟始自高麗遣金濤等四人入國學讀書洪武四年濤登進士除授縣丞不就與三人者皆遣歸國洪武五年四川明昇初平三月高麗

國王王顓遣密直同知洪師範鄭夢周等奉表
賀平夏貢方物且請遣子弟入太學其詞曰秉
彛好德無古今愚智之殊用夏變夷在禮樂詩
書之習故我東夷之人自昔以來皆遣子弟入
太學不惟知君臣父子之倫亦且仰聲明文物
之盛伏望
皇上察臣向化之誠使互鄉之童得齒虞庠之冑不
勝慶幸
上顧謂中書省臣曰高麗欲遣子弟入學此亦美事
但其涉海遠來離其父母未免彼此懷思爾中

書宜令其國王與群下熟議之爲父兄者果願遣子弟入學爲子弟者果聽父兄之命無所勉强郎遣使護送至京或居一年或半年聽其歸省也後竟不至日本國洪武二十三年嘗遣官生入監後亦不至惟琉球國則常至焉考之故牘洪武二十五年八月本國送官生日孜每等入監

高皇帝命工部每人給與羅絹衣服俾爲秋衣仍與見成鋪蓋從人給與綿布衣服寒暑數也各官生每名進給羅圓領縧攢貼裹各一件絹汗衫裙袴各一件絹綿被布褥單毯褥帳子枕頭各一件

從人每名綿布貼裏直領褶襖綿袴各一件按舊志有人悅慈等無月孜每雖修例亦無之今據案卷條入著于

皇明祖訓曰大琉球國王子及陪臣之子皆入太學讀書蓋待之冠諸夷云永樂迄正德間嘗三四至惟嘉靖五年五月琉球國中山王尚清送蔡廷美等四人至十一年歸國十七年三月尚清又送梁炫鄭憲蔡朝器陳繼成四人再至二十三年三月歸國蓋其向慕文教如此雲南儸儸等土官子弟洪武中入監給賜與外夷同詳見事紀永樂四年四月甲申木邦麓川等處宣慰使刀遲答貢馬受賜復遣子刀典請受學

國子監初朝廷出師征八百元江軍民府遣人
助給餽運抵車里之境悉爲其守者阻遏時刁
暹答從征八百不預阻遏然懼爲元江所搆故
遣典假受學之名爲質冀朝廷不疑之文
皇帝識其意諭禮部臣曰質子衰世之事朕推
誠待人不以此也進典諭之曰爾遠來求學固
是美意然使爾父母日夕惓惓萬里之外朕所
不忍夫學之大者惟忠與孝爾歸善事父母常
存心上忠朝廷下恤一境之人則學在是矣且
歸語爾父爾敬事朝廷之心朕所深知保終如
始決非他人所能間也遂賜典衣服鈔幣命禮
部俾隨其貢使同歸由是觀之遠人求學當審
其誠否防其私覬成
祖此舉萬世所當法也

民生亦有科貢二等
雖其間有由軍衛者當稱軍生然多繫籍州縣
繫不能別也科始於洪武三年庚戌鄉試三場
俱用元制每年一舉謂之鄉貢舉人四年辛亥

中書省禮部會試下第者皆隨材授官五年始選其年少俊美者入國子學按王制命鄉論秀士升之司徒曰選士司徒論選士之秀者而升之學曰俊士我

聖祖定行之所異者惟事屬禮部耳六年罷科舉令有司舉賢才先德行而後文藝十七年始定令科舉之制三歲一舉不拘解額凡會試下第與赴禮部不及試及辭乙榜不就職者皆得充監生然解額不定逮永樂時多有濫預中式得入監出身者永樂中翰林庶吉士沈升嘗建言欲

加精選乃升國學蓋亦選俊法也宣德正統中定天下鄉試解額應天府自八十名增至百名例取監生二十名景泰七年增三十五名則監生取中者必三十人以上至今行之歲貢在

國初視科舉尤重府學一年一貢州學三年二貢縣學二年一貢或選凡通一經者俱許入監用積分法升至率性堂

高皇帝面試之多擢藩臬方面及部屬科道等官亦有除府州縣正貳者惟有罪乃除首領官洪武二十五年以坐班人少令府一年二貢州學二

年三貢縣學一年一貢明年復常自是每遇人少則間或行之二十九年六月始令科貢監生年長者分撥諸司歷練政事循資次出身遂爲定制其由貢入監者得就試京闈洪武甲子初科褒然舉首且中式者過半

高皇帝喜甚面諭祭酒宋訥以爲教導之功九月十三日禮部尚書任昂等於

華蓋殿欽奉

聖旨在京鄉試多有取中的國子監生爲他肯學所以取中似這等生員好生光顯他父母恁禮部

出榜於原籍去處張掛著他鄉里知道欽此出新昌縣志按是年監生張黻黃淮練子寧許觀丁顯秦逵等皆在魁選高等自餘中式者十之六七新昌有蔡用强者中式故志獨載之自是科舉之士始重矣是年在監升至率性堂者召試文淵閣楊文忠居首惟除縣丞乙丑科以後會試廷對多擢大魁乙丑黃淮會元丁顯狀元戊辰施顯會元任亨泰狀元辛未許觀會元狀元皆貢入監取中者舉人入監則庚辰吳溥甲申楊相丙戌朱瑨皆爲會元壬辰狀元馬鐸亦貢入取中者至成化壬辰吳寬亦貢入取中科名如許觀其餘不盡書逮成化至正德惟進士乃得授科道部屬諸京職故科舉益重焉雖貢入者必事決科已附選後猶臥引以期取中

正德五年孫繼先十一年崔桐嘉靖七年許仁卿皆京闈第一人桐亦進士及第十四年薛應旂會試第二人彬彬輩出不能盡書也官生則弘治十七年福建黃如金爲舉首嘉靖四年京闈孫應俊第二人皆連登進士嘉靖中始令科貢俱進士於京職兼用然貢入之途終不如科舉之盛也且聚人入監本以觀光

皇極薰陶群士以天下之廣常歲不過一二十人蓋自會試後輒於禮部告稱他故奔還原籍有志者固不廢學餘多納交郡縣營私治産瀕及會試方攢監簿仍計水程覬圖撥歷未仕如此居官可知矣嘉靖十年禮部儀制清吏司案呈照

得會試舊例凡舉人依親省親養病等項復班者須齎司府公文并原給文引南監坐監者齎赴應天府文引投部送司查無違礙方准會試近年以來依親等項復班舉人多有不由布政司起文止齎府州縣申文南監舉人多有不齎應天府文引止齎本布政司府州縣申文前來會試甚至通無司府公文止齎原給文引于正月盡二月初臨期方到却稱他故告願鄉官保結會試如此驀越者往往有之今照嘉靖十一年會試在邇除新科舉人齎執公據外爲照依

親等項復班舉人相應查處案呈到部看得依親等項復班舉人齎執司府公文并原給文引南京國子監坐班舉人齎執應天府文引投文到部者查無違礙准令會試係是舊例今加前項驀越妄係違礙相應申明以憑遵守今後但有不由本布政司倒文止齎府州縣申文驀越前來者在正月十五日以前到部者定行送問二十六日大理寺引工亦不妨候十五日以後到部者收候會試下第之日亦照前例送問各該驀越起送承行官吏假會試下第之日另行

查叅究治其止齋原給文引通無司府文書者不拘到部日期遠近一切不准會試十一年九月舉人監生張準等告稱奏准事例凡舉人坐班本處有司給與銀十二兩以終肄業南京禮部尚書霍韜革之十五年五月北監祭酒呂柟奏准禮部行令南北直隸并浙江等十三布政司將原在部在監告病并依親搬取畢姻等舉人俱以文書到日爲始限三箇月內起送前來發監肄業如有違限半年者准在監作曠三月計月加曠若有違至年半并通未入監會試臨

期方至者定行送問查勘明白方准入試於是
南京禮部奉
命究治惟嚴然亦未見其悛也乃若歲貢見於事
紀者詳矣嘉靖七年行選貢之法凡貢至京師
黜退多者提學官降用乃不論食糧年深輒貢
年少有浮躁者柟又以爲言禮部議得
祖宗歲貢舊例令提學官於各學食糧年深生員內
考貢一人如果不堪方將以次陪貢者考充所
以多得老成之士近年新例不論食糧深淺通
學考取輒將年少生員充貢是以在監則未閑

體讓爭趨勢利授職則不堪爲人師長況才性
可以發科登第者亦往往苟趨目前自棄遠大
考其學業又不過崇飾浮詞無經明行修之實
查得本部累次具題及近日奉有
明旨是都只照舊例行便行與各處提學官者以食
糧次第起貢并釐正文體遵守臥碑已經通行
外今後在學生員年老無進益者照例給與衣
巾終身如果平素姦頑把持學校挾制官府勾
攬公事凡於一切行止有虧者令提學官於歲
考之時查照本部題准事例嚴加查訪黜退不

許食糧局貢庶生徒知所趨向而科貢得人矣
上准議行之然入監者少就職者多誠使遴選名儒
以司提學應舉充貢如祭酒謝鐸所奏而凡就
教職者分送兩監令倣積分之法一年後進修
有驗乃許送部得與
廷考銓除或如正統以前事例令吏禮二部堂上
官就監試之送諸選用務加精擇則德行道藝
之士皆彬彬彙征矣惟是公侯伯子孫已未襲
爵未管事并駙馬年二十五歲以下者俱例該
送監讀書

敬皇帝時及嘉靖間雖累經
宸裁未能復
國初教胄子之成憲其故何邪按學士王景云洪
武十六年助教括蒼包文舉重厚有德元末嘗
集義旅護其鄉閭人以文武全材稱之及舉爲
堂官曹國公李文忠魏國公徐輝祖西平侯沐
英皆遣子就學由此言之分堂而教者亦不可
以無德望也嘗徵諸有周矣周公抗世子法於
伯禽與衛康叔之子牟齊太公之子伋並事成
王此未襲爵者也宣王欲得國子之能訓諸侯

者樊穆仲與魯侯孝乃命魯孝公於東宮此已襲爵者也國子之稱實由有爵亦明矣誠使今之公侯伯未管事與未襲而爲勳衛者入則侍東宮講讀出則赴監讀書習射而明禮樂焉是即師氏保氏教國子之宿衛王宫者出又爲大司成以兼教選俊之士也於斆學兩得之矣誰謂聖祖之制不可復邪

儲養生徒之權例

宣德中始令年四十五歲生員入監謂之例貢然行之不久景泰以來爲因邊方多事始開納

粟上馬補監生事例自是太學始有不由科貢而進者前代所未有也然是時不過千餘人或八九百人而止吏部尚書王直禮部尚書姚夔前後奏革成化二十年山西陝西大饑民至相食大臣以救荒無善政不得已又開納粟入監事例自本年十月起至二十二年五月止兩監乃至六七千人比之往時多至數倍禮部題准納粟依親者與科貢相兼行取掌北監禮部右侍郎丘濬乃奏言先年歲貢監生坐班十年以上方得撥出其寫本清黃等雜歷亦須七八年

其餘納粟等項限定坐監十年方許撥歷後雖不盡滿十年之數亦須七八年以上方撥彼時歷事三月考勤謹後仍留各衙門辦事吏部臨選方行取用近年始定歷事監生以十月爲滿附選放回原籍挨次取用因是吏部聽選者積至萬數在監如無虛曠者三四年間便得正歷二年以上便得雜歷然在監之日雖淺而在學循資之日已多惟此納粟入監者在學日淺未能成材令又不次入監其中固有食糧年深屢經科試者亦有習學經書粗通文理者然幼稚

未經啓發惷愚不識字義者亦多有之今若一槩混與在班科貢監生無別入監即放依親行取復監一年半年即撥出監俾其需選回家坐待歲月出身無人督責必不肯向學非獨

國家異日不得其用亦將悞其平生終身爲不學無用之人矣今若於入監復班之初而預爲區别教養之計其中固多聰俊之士年富而力强家富而用給足以積學成材異時朝廷未必不賴其用夫然則始也以權宜而資其財既得以活夫一時饑饉之民終也以教養而成其器又

得以備夫數世任使之用兩得之矣且生員有三等曰廩膳曰增廣曰附學其年歲有長幼入學有淺深納粟有多寡若一槩混同無別則彼抱不平且有後言然納粟多寡有數可查惟年歲長幼入學淺深所具開報者難以憑據宜令禮部行兩直隸十三布政司提學官查勘各生年歲食糧年月即據見在供報案卷造冊送部發監以憑查考原係廩膳者年三十以上在學食糧十年者坐堂支饌一年即與見在坐堂科貢監生一體循次撥歷出身年三十以下食糧

六年以上者二年半或三年方許撥歷食糧五
年以下者三年半方許撥歷增廣必須實在坐
堂支饌四年方許撥歷附學必須五年或四年
半方許撥歷其中有事故者前後通筭輳數撥
出近年有不許納粟納馬生員考教官之例請
通行提學官查勘依親者不分廪膳增廣附學
年三十上下曾經科舉有願就教職者許起送
赴部發本監考試果能行文可以進修者方留
坐班支饌月課季考待一年以上遇吏部教官
有缺行文禮部起取將所作課試文字連人送

部再考如果與平日所作相同方許類赴内府考試不中者仍送復監待試其坐班者分爲三等以習經能行文應舉者爲一等方習舉業者爲一等初學破題習倣書者爲一等各以其類相從各堂教官因材施教每日三次坐堂背書寫倣作課分講五經四書周而復始專委司業提督考課若勤教生徒有成效中式者考滿書爲功蹟中有怠教者指名奏請戒飭於是禮部議以就教職例不可行餘宜如議

敬皇帝從之然終弘治之世此途竟塞正德四年爲

預備邊儲令納銀生員年二十五以上發監肄業二十五以下送監寄名放回依親扣年二十五歲以上起送復班十三年爲營建
宫室或總理賑濟或防禦虜寇或爲傳奉事或爲重大災傷急切民患早爲計處以保安地方事於是納銀之途益廣矣十六年四月
詔止之近年復開雖青衣及俊秀子弟皆得入監皆一時權宜之例也嘉靖十五年祭酒吕柟欲令依親回籍者行各提學官歲考之時與同本處生員一體考試量行賞罰奏不果行禮部議

以凡依親給假在家例貢生員限三箇月以裏起送前來發監肄業如有過違者照例送問其私自逃監者許該監查報本部轉行法司提問照依律例治罪奉

聖旨准議納銀例貢逃監三月以外發回原學肄業欽此遂行本監焉十九年本監監生盧林差撥後湖查册逃回一十二年方行捏故起送南京禮部奏

聞照嘉靖八年奏准事例不分在監在歷私逃回籍半年之上者一體革退爲民

上命依擬遂爲令近奉
欽依聽其依親原籍亦得與考科舉此固可以待志
士矣惟他無志者一旦還里挾富豪之勢抗撗
守令肆行鄉閭或兼服商賈不復知所嚮往他
日有政殃民不淺見於柟奏者殊切事情也雖
然區別而教養之其例若舉行焉安知無異材
出其間邪

儲養生徒之名數

洪武以來本監歲報監生冊卽周官學士之版
也相承至于今分舉貢恩例四等歲將終令六

堂三十二班堂友長開報坐堂依親姓名籍貫
入監年月仍列舊管新收開除實在名數而登
載之先行南京禮部起文齎赴京師詣禮部轉
送禮科交收進
呈覽
上乙覽蓋重士籍如此今民之版籍常行清理而士
版或委諸塵蠹苟使禮部歲稽其久不復監之
數行文促焉吏部於入仕報年之初常揭查以
懲究欺僞則斯冊也不爲徒報矣
洪武十五年官民生許恒等五百七十七名〇洪

武十六年官民生沈翥等七百六十六名○洪武十七年官民生沈翥等九百八十名○洪武二十三年官民生忽山等九百六十九名○洪武二十四年官民生王保等一千五百三十二名官生烏撒等處土官男王保楊仕賢等四十五名○民生孟弼等一千四百八十七名○洪武二十五年官民生人悦慈等一千三百九名官生琉球國等處人悦慈阿聶等十六名○民生一千二百九十三名○洪武二十六年官民生人悦慈等八千一百二十四名官生琉球國等處人悦慈等四名○民生八千一百二十名○洪武二十七年官民生人悦慈等一千五百二十名官生

琉球國等處人悅慈等四名○民生袁珹等一千五百一十六名○洪武三十
年官民生人悅慈等一千八百二十九名官生琉球國等處人悅慈等三名○民生一千八百二十六名○永樂三年官民生
三五良亹等三千五十名官生琉球國等處三五良亹等九名新收琉球國一名李傑係大國山南王下官李仲次男○民生張紳等三千四十名○永樂
四年冠帶舉人官民生王樂孟等四千五百八
名冠帶舉人王樂孟至張彥頤等十九名不冠帶一名周健官生琉球國等處三五良亹等一十七名琉球國中山王下石達魯至韓寧每等六名○民生張紳等四千四百七十一名
○永樂五年冠帶舉人官民生王樂孟等四千
五百三十八名冠帶及不冠帶舉人王樂孟等二十名○民生陶歆等四千五

一百零一名○永樂六年冠帶舉人官民生王樂孟等四千八百一十四名冠帶及不冠帶舉人王樂孟等二十名○官生琉球國等處三五良壘等一十七名民生陶歆等四千七百七十七名○○永樂七年冠帶舉人官民生郭震等六千一百九十八名冠帶及不冠帶舉人郭震等一百一十五名內一等孔謬支米二石二等王箕張彥駉陳原祐支穀論俸三等歐陽和儒士鄭昇義米一石○官生琉球國等處三五良壘等十八名○民生蔣迪等六千六十五名○永樂八年冠帶舉人官民生周順等六千五百五十七名冠帶及不冠帶舉人周順等一百名○官生琉球國等處三五良壘等一十六名○民生蔣迪等六千四百三十七名○永樂九年冠帶舉人官民生任用等六千六百二十

九名冠帶及不冠帶舉人任用等二十一名○官生琉球國等處三五良亹等一十八名○琉球國二名懷得祖魯古○民生王讓等六千五百九十名〇永樂十年冠帶舉人官民生俞晒等七千六百八十三名冠帶及不冠帶舉人俞晒等一十七名○官生琉球國等處懷得等一十九名○民生姚袁等七千六百一十九名〇永樂十一年冠帶舉人官民生俞晒等七千七百五十四名冠帶及不冠帶舉人俞晒等一十七名○官生琉球國等處懷得等一十九名○民生宋遜等七千七百一十八名〇永樂十二年冠帶舉人官民生俞晒等六千六百二十八名冠帶及不冠帶舉人俞晒等一十七名○官生琉球國等處懷得等二十一名琉球國中山王下周魯每伶那成散皆益郘同志久四名○民生司以成等六千五百九十名〇永

樂十三年冠帶舉人官民生袁方等八千二百
六十名冠帶及不冠帶舉人袁方等四十名內朱瑛等二十四名冠帶支教諭俸○官
生琉球國等處散皆益久等一十九名○民生王讓等八千二百一名○永樂十
四年冠帶舉人官民生袁方等八千五百六十
一名冠帶及不冠帶舉人袁方等三十九名○官生琉球國等處散皆益久等一十七名
○民生王訓等八千五百五名○永樂十五年冠帶舉人官民
生袁方等八千四百六十七名冠帶及不冠帶舉人袁方等三
十八名○官生琉球國等處鄔同志久等一十六名○民生秦毅等八千四百一十三名○
永樂十六年冠帶舉人官民生陸通等八千五
百五十四名冠帶及不冠帶舉人陸通等四十六名○官生琉球國等處鄔同志

久等一十六名琉球國一名周弟○民生林濟
等下四百九十二名○讀書習禮永康医徐
安建仁高福
安鄉伯張安
○永樂十七年冠帶舉人官民
生陸通等八千五百五十一名冠帶及不冠帶
舉人陸通等四
十六名○官生琉球國等處郎同志久益致每
等一十六名○民生林濟等八千四百八十九
名○永樂十八年冠帶舉人官民生陸通等九
千五百五十二名冠帶及不冠帶舉人陸通等
四十六名○官生琉球國等
處郎同志等一十五名民
生林濟等九千二百一名
○永樂十九年冠
帶舉人官民生方瑛等九千八百八十四名冠
帶
及不冠帶舉人方瑛等二十七名○官生琉球
國等處周魯每等一十四名○民生林濟等九
千八百四
十三名
○永樂二十年冠帶舉人官民生方

瑛等九千九百七十二名冠帶及不冠帶舉人方瑛等二十五名○官生琉球國等處周魯每等一十四名○民生林濟等九千九百三十三名○永樂二十一年冠帶舉人官民生方瑛等九千八百六十一名冠帶及不冠帶舉人方瑛等二十五名○官生琉球國等處周魯每等一十四名○民生林濟等九千八百二十一名○永樂二十二年冠帶舉人官民生韋廣等九千五百三十三名冠帶及不冠帶舉人韋廣等一十八名○官生琉球國等處周魯每等一十四名○民生林濟等九千五百名○洪熙元年冠帶舉人官民生徐昇等八千五百五十九名冠帶及不冠帶舉人徐昇等一十九名○官生琉球國等處韓寧每等一十四名○民生林濟等八千五百二十五名○宣德元年冠

帶舉人官民生徐璟等八千六百六十六名冠帶及不冠帶舉人徐璟等一十九名○官生琉球國等處韓寧毎等一十四名○民生顧信等八千六百三十二名○宣德二年冠帶舉人官民生周倫等七千五十四名冠帶及不冠帶舉人周倫等二十二名○官生劉端書等一十五名○民生曹棫等七千一十七名○宣德三年冠帶舉人官民生程賢等五千六百一十五名冠帶及不冠帶舉人程賢等二十四名○官生劉端書等一十五名○民生曹棫等五千五百七十六名○宣德四年冠帶舉人官民生程憲等四千八百九十三名冠帶及不冠帶舉人程憲等二十三名○官生劉端書等一十五名○民生楊儁等四千八百五十三名○宣德五年冠帶舉人官民生梅森

等四千三百八十三名冠帶及不冠帶舉人梅森等二十七名○官生劉端書等一十四名○民生徐福等四千三百四十二名○宣德六年冠帶舉人官民生許鳳翔等二千八百九十四名冠帶及不冠帶舉人許鳳翔等四十四名○官生劉端書一名○民生徐福等三千八百四十九名○宣德七年冠帶舉人官民生袁均哲等三千三百二十六名冠帶及不冠帶舉人袁均哲等四十七名○官生劉端書一名○民生馬賢等三千二百七十八名○宣德八年冠帶舉人官民生田盛等三千三百八十五名冠帶及不冠帶舉人田盛等二十五名○官生劉端書一名○民生鄭璘等三千三百五十九名○宣德九年冠帶舉人官民生韋觀等三千二百一十名冠帶

及不冠帶舉人章觀等二十五名○官生劉端壽一名○民生王泰等三千一百八十四名

○宣德十年冠帶舉人官民生馮清等三千三百九十二名冠帶及不冠帶舉人馮清等二十四名○官生湯沐等二名○民生陳嘉等三千三百六十五名

○正統元年冠帶舉人官民生于瑛等三千三百六十二名冠帶及不冠帶舉人于瑛等二十二名○官生湯沐等五名○民生陳嘉等三千三百三十五名

○正統二年冠帶舉人官民生李觀等三千二百九十五名冠帶及不冠帶舉人李觀等二十四名○官生張方等七名○民生張厚等三千二百六十四名

○正統三年冠帶舉人官民生李觀等三千四百九名冠帶及不冠帶舉人李觀等一百四名○官生張震等七名○民生張厚等三

千二百九十八名〇正統四年冠帶舉人官民生施善等二千五百九十九名冠帶及不冠帶舉人施善等二十一名〇官生張震等七名〇民生趙晟等二千五百七十一名〇正統五年冠帶舉人官民生施善等二千七百三十六名冠帶及不冠帶舉人施善等二十名〇官生張震等七名〇民生趙晟等二千七百九名〇正統六年舉人官民生包瑛等二千七百三十六名舉人包瑛等一十三名〇官生張震等一十三名〇民生李郁等二千三百七十一名〇正統七年舉人官民生孫紀等二千五百六十五名舉人孫紀等一十五名〇官生王旒等八名〇民生李郁等二千五百四十二名〇正統八年舉人官民生孫紀等二千五百三十

九名舉人孫紀等一十六名○官生王旒等八名○民生李郁等二千五百一十五名○正統九年舉人官民生孫紀等二千七百八十名舉人孫紀等一十七名○官生王旒等八名○民生李郁等二千七百五十五名○正統十年舉人官民生程道隆等二千七百九十九名舉人程道隆等二十三名○官生王旒等八名○民生戈立等二千七百五十八名○正統十一年舉人官民生程道隆等二千九百三十三名舉人程道隆等三十三名○官生王旒等八名○民生陳善等二千八百九十二名○正統十二年舉人官民生金聰等三千九百三十三名舉人金聰等三十一名○官生張銘等八名○民生戈立等三千八百九十四名○正統十三年舉人官民生

金聰等四千四百二十六名舉人金聰等一十八名〇官生張銘等八名〇民生陳善等四千四百名〇正統十四年舉人官民生金聰等四千二百八十四名舉人金聰等一十七名〇官生張銘等八名〇民生陳善等四千二百五十九名〇景泰元年舉人官民生王蘭等四千三百七十一名舉人王蘭等三十五名〇官生張銘等七名〇民生征祥等四千三百二十九名〇景泰二年舉人官民生王蘭等四千八百二十五名舉人王蘭等五十五名〇官生張銘等七名〇民生征祥等四千七百六十三名〇景泰三年舉人官民生陳道隆等四千七百三十五名舉人陳道隆等四十一名〇官生張琮一名〇民生曹德等四千六百九十三名〇景泰四年

舉人官民生陳道隆等五千一十名舉人陳道隆等七十名○官生張琮一名○民生彭志學等四千九百三十九名○景泰五年舉人官民生黃孟麒等五千一百七十九名舉人黃孟麒等一百七名○官生張琮一名○民生姚讓等五千七百一名○景泰六年舉人官民生黃孟麒等四千八百四十六名舉人黃孟麒等一百七名○官生張琮一名○民生張成等四千七百三十八名○景泰七年舉人官民生黃孟麒等四千九百四十名舉人黃孟麒等一百一十二名○官生張琮一名○民生張成等四千八百二十七名○天順元年舉人官民生張銘等四千六百七名舉人張銘等九十名○官生王達一名○民生李昴等四千五百一十六名○天順

二年舉人官民生朱璽等四千四百五十名舉人朱儁等三十二名○官生王逵等三名○民生李昴等四千四百一十五名○天順三年舉人官民生朱璽等四千八百八十名舉人朱璽等三十名○官生王逵三名○民生李昴等四千五十五名○天順四年舉人官民生朱璽等四千一百四十六名舉人朱璽等一百五十二名○官生王隆等四名○民生閻琮等三千九百九十名○天順五年舉人官民生陳鏐等三千九十三名舉人陳鏐等二名○官生王隆等四名○民生閻琮等三千八十七名○天順六年舉人官民生陳鏐等三千三百九十八名舉人陳鏐等八名○官生王隆等四名○民生向武韜等三千三百八十六名○天順七年舉人

官民生徐福等四千三百四十四名舉人徐福等九名○
官生王隆等四名○民生陳璟等四千三百三十一名○天順八年舉人
官民生徐福等五千八百三十三名舉人徐福等二名○
官生王隆等四名○民生劉友諒等五千八百二十七名○成化元年舉人
官民生顧愉等六千一百七十七名舉人顧愉等一百九
十一名○官生王達等六名○民生余旭等五千九百八十名○成化二年舉
人官民生任蘭等六千二十名舉人伍蘭等一百九十四名○
官生王隆等二名○民生鄒忠等五千八百二十四名○成化三年舉人
官民生陳紋等五千七百二十名舉人陳紋等一百七十七
名○官生畢宗義等七名○民生范絪等五千五百三十六名○成化四年舉

人官民生胡正等五千四百八十七名舉人胡正等一百一十九名〇官生畢宗義等八名〇民生張懷等五千三百六十名〇成化五年舉人官民生顧涇等五千二百六十二名舉人顧涇等三百二十四名〇官生黄謙等八名〇民生吳瑛等四千九百三十名〇成化六年舉人官民生陳鏡等三千六百八十一名舉人陳鏡等二百四十三名〇官生黄謙等八名〇民生汪士昂等三千四百三十名〇成化七年舉人官民生石麟等三千二百二十六名舉人石麟等二百一十五名〇官生周堈等一十名〇民生羅恒謙等三千一名〇成化八年舉人官民生許潜等三千一百一十二名舉人許潜等二百一十一名〇官生張玄會等九名〇民生潘敏等二千八百

九十二名〇成化九年舉人官民生余順等二千八百一十三名舉人余順等一百六十八名〇官生俞文煥等十名〇民生李福等二千六百三十五名〇成化十年舉人官民生陸鑑等二千六百二十一名舉人陸鑑等一百四十五名〇官生陳鵠等七名〇民生徐縉等二千四百六十九名〇成化十一年舉人官民生葛宣等二千四十六名舉人葛宣等二百十一名〇官生范昌齡等五名〇民生沈玘等一千七百八十名〇成化十二年舉人官民生莊溥等一千九百八十九名舉人莊溥等二百一十七名〇官生劉偵等四名〇民生陳表等一千七百六十八名〇成化十三年舉人官民生張遜等一千七百零三名舉人張遜等一百九十九名〇一

官生劉傾等四名○民生陳表等一千五百名○成化十四年舉人官民生張陞等二千二十六名舉人張陞等二百五十名○官生熊塤等六名○民生王臣等一千七百七十名○成化十五年舉人官民生邵瑜等一千九百六十名舉人邵瑜等二百四十八名○官生馬驥等八名○民生王臣等一千七百四名○自成化十六年後條例不載無所於徵雖南京禮部歲報冊亦俱亡失矣於北部求而補之今東廂房所存底簿惟正德三年舉人官民生洪儒等一千三百二十六名舉人洪儒等一百五十三名○官生張文貫一名○歲貢郝隗等二百四十一名○遇例納銀民生劉鎧等九百三十六名至於近歲止存大數嘉

靖七年舉人官民生朱瀧等一千九百六十八名八年舉人官民生汪鰲等一千六百六十二名九年舉人官民生潘鐖等一千一百六十二名十年舉人官民生唐忠等九百二十六名十一年舉人官民生王養民等八百七十名十二年舉人官民生王言等一千三十八名十三年舉人官民生吳崑等一千二百六名十四年舉人官民生方瑜等一千一百四十名十五年舉人官民生吳澈等一千八百三十六名十六年舉人官民生孫銳等一千九百九十三名十七

年舉人官民生徐甸等二千一百五十一名十八年舉人官民生孫燿等一千七百七十五名十九年舉人官民生施大觀等一千六百四十七名二十年舉人官民生陳佐等一千五百二名二十一年舉人官民生葉應麟等一千四百二十一名二十二年舉人官民生
二十三年

儲養生徒之成材

洪武以來貢入本監爲名臣可考者稽諸

國史郡志得數十人焉然不能盡書也書其最可稱者三人而已成材亦難矣哉其一曰師逵字九逵山東東阿人少孤事母孝年十三母疾危殆思食藤花菜地不常有逵亟出求至城南二十五里得之及歸夜已二鼓道遇虎逵驚而呼天虎舍之去持菜還母食之遂愈由國子生擢監察御史陞陝西按察使時獄囚淹繫殆千人逵至審其罪量輕重而決遣之浹旬之間獄爲之空丁母憂去官廬墓側不茹葷飲酒者三年求樂召爲兵部侍郎尋轉吏部侍郎

文皇帝征虜命逵總督餽運逵建議請軍量其程置
堡使更遞轉輸則民不困乏而軍得足食從之
昭皇帝嗣位進南京戶部尚書兼掌吏部事宣德二
年正月丙申卒年六十二遣官賜祭命有司治
葬事初逵任吏部時典銓衡者率任己自用不
咨於人往往不愜輿論逵能詢衆以求公當且
能持廉其屬從在北京
文皇帝間語左右曰六部屬從之臣不貪者惟逵蓋
上知之有素云其二曰黃觀字瀾伯池州貴池人父
贅于邑城許氏生觀遂從母家姓明尚書補邑

諸生嘗築翠微書舍績學其間受業於元翰林待制黃哻死王事觀益砥礪以忠義自許洪武甲子貢入胄監是歲領鄉薦卽罹外艱戊辰十月起復仍入監讀書造詣日益精深同舍推服嘗繪父母塋爲圖携以自隨閱之潸然輒下辛未會試第一三月丁酉入對御戎策大要以天道福善禍淫之機人事練兵講武之法爲言高皇帝嘉之擢狀元及第時年二十八是月甲辰拜翰林院修撰日侍

御前敷奏明爽

上甚愛重每賜顧問命編寫省貪等錄既成八月壬申聞祖母喪承重還家守制乙亥正月壬戌服闋復任

上以其有政事才凡法司諸榜文令觀撰成即書之又令清理軍職貼黃兼管註銷諸司案牘其見委任如此命侍

東宮講論累遷尚寶司卿禮部右侍郎乃奏復其姓會吏官制進本部侍中壬午五月往上游諸郡徵兵至安慶聞内難已平慟哭謂人曰吾妻素有志節必不肯受辱明日家僮自京逃來言

將執家屬夫人雍氏出通濟門先擠二女于河
即自沉焉觀遂招寬葬之江上舟次李陽河乃
朝服東向再拜於羅刹磯湍急處紿舟人奮棹
佯爲溲解投水而死時年三十九都察院右都
御史陳瑛奏言觀及周是脩等不順
天命請加追僇
文皇帝曰彼食其祿自盡其心爾竟不問永樂末
詔觀親黨有編伍者皆釋之其三曰楊鼎字宗器
陝西咸寧人少聰悟日記萬言家貧父善祿命
知其必大貴領鄉試首薦正統丙辰上春官不

第當入北監聞祭酒陳敬宗學行乃求入南監卒業不携一僮以自隨攻苦力學躬自執爨恬如也敬宗試其文察其行嘆曰閉戶端居甘人所苦雖簞瓢之樂不是過也每亟稱其賢有郡守欲以其子妻之鼎以不告父母爲辭乃托鼎同鄉兵部尚書徐琦與敬宗言曰鼎淸貧而彼富裕父母聞之于心必安敬宗亦勸鼎從之鼎對曰原憲雖貧於道則富猗頓雖富於道則貧鼎也敢貪富乎哉敬宗益美其操守旦夕與之講解亹亹不倦已未鼎中會試第一

廷試第二拜翰林院編修一時館閣鉅公如楊士
奇輩皆重其素履鼎既仕勵志功業畧去詞華
嘗建言修飭戎備通漕三邊人誚其迂及胡虜
大舉
詔鼎撫守近畿有經畧功欲擢爲副都御史力辭
不就遂循資自侍講累遷戶部尚書以功名終
鼎娶時年已三十夫婦相敬如賓有子時暢官
至太常卿兼翰林院侍講學士於戲唐虞敷教
彝倫而已我
聖祖勑諭國學師徒有曰古今賢能以學爲本次特

以操持輔弼其所學斯二事既行則善名於兩間矣蓋學也者知也操持也者行也知所以知乎此者也行所以行乎此者也知以覺之行以恒之聖學無餘藴矣然五品之中三綱尤重故
列聖玉音皆謂
國家以綱常爲治者三人者其所知行可謂無愧矣故特表而出之以爲修德學道者勸云按國史

洪武十六年二月旌表晉州安平縣烈婦張氏國子生翟德妻德盜同舍生衣物事覺張氏曰夫者非但仰望終吾身將冀其力學成名以顯今若此我何以見人乎遂自縊死事聞上
命於其父母家旌之洪熙元年旌表貞女孟氏名藴浙江諸暨人初許嫁縣學生蔣文最充貢

入監選爲御史病卒繼年纔二十號哭歸蔣氏執喪三年養其舅姑盡孝甘守苦節年已六十詔旌之夫張之知恥孟之貞一可謂難矣婦人女子稍知夫子遺教志行卓爾若是丈夫曰講誦者乃甘爲下流無亦負歟以其事係本監故附見之

進士題名

國家養士于太學至於登進士可謂成材矣然人品不齊於題名記足徵焉本監建自洪武十五年又三年始定進士科第例皆釋菜于先師廟而後釋褐服官政故因舊志載之洪武十八年乙丑科進士四百七十二人第一甲三名丁顯練子寧花綸皆授修撰第二甲馬京齊麟授編修等官詳見國史二十四年辛未科

進士三十二人第一甲三名許觀張顯宗吳言信餘不可盡考三十年丁丑科進士五十三人第一甲三名陳䢿尹昌隆劉謂餘不可盡考是年五月再廷試韓克忠為首見登科錄誤作辛未三十三年庚辰科詳見登科錄碑記皆缺自永樂乙未以後廷試皆在北京故今所錄至壬辰科止焉

洪武二十一年戊辰科進士九十七名進士題名記洪武戊辰春三月一日皇上親策多士臨軒命題問以祀禮綸旨炳煥雲漢昭回濟濟在列者悉精白一心對揚聖制翌日戶部右侍郎臣沈士榮翰林學士臣劉三吾等奉卷進讀上陳睿覽斷自宸衷以定其選賜進士及第任亨泰等九十七人既錫恩榮宴以寵異之又諭禮部尚書臣李原名令春官礱石題名祭酒宋訥撰記臣祗承明命不

敢以踈謭謹拜手稽首而言曰成周之制三年大比鄉大夫考士之德行道藝與其賢者能者於司徒司徒升之學又升之司馬曰進上辯論其官材論定而官之故得人之效於周爲盛我國家平定海㝢致治於文學校之教徧於天下酌古定制每歲選士之秀者升諸太學又合鄉校之士程其文藝於春官進之大廷策其高下列試諸司然後任之以官盛制猶周也士之膏沐清化獲預兹選者可謂榮矣登名貞石能以忠義自勵則上不負朝廷作人之盛意下不負平日所學庶幾流譽於無窮使來者觀兹石指其名氏曰忠於國者惠於民者曰廉介其身者建大議樹崇勳者幸也其有否者則斥曰奸也回遹也墨以敗者也爲進士者可不愼哉是知聖天子涵濡之深煦育之厚期待之至養賢勸士之道度越百王蓋將得眞儒弘文治而基太平於億萬年也然則題名有刻所以垂永久而丕昭盛典曷可無辭臣謹記朝列大夫國子監祭酒宋訥撰

第一甲三名任亨泰湖廣襄陽縣人唐震福建閩縣人缺一作盧原質浙江寧海縣

第二甲一十五名缺一作卓敬浙江瑞安縣缺一作齊德應天府溧水縣

吳觀玄江西永豐縣吳謙河南許州翁華浙江慈谿縣艾旭江西寧縣俞士賢浙江諸暨縣金公允浙江臨海縣郭眞浙江瑞安縣

陳訥浙江平陽縣施顯直隸常熟縣馮伏福建懷安縣陳時舉浙江上虞縣范敬先江西新建縣唐奉先湖廣京白縣

第三甲七十九名吳鑑江西新昌縣胡龍福建閩縣沈霖浙江錢塘縣王辛福建福清縣董幼顥福建長泰縣楊熺浙江晉雲縣

蕭敏直隸合肥縣丁恒山東臨淄縣沈玄浙江錢塘縣解縉江西

吉水縣　鄭義福建閩清縣　孔敏浙江黃巖縣　王翼山東魚臺縣

曾克江西泰和縣　陳昂福建連江縣　邢潤山東諸城縣　任皐山西

介休縣　李盛湖廣江夏縣　安仁山東高密縣　趙義陝西商縣　劉學棨

江西永豐縣　繆烜直隸江陰縣　夏銘善湖廣溆浦縣　李繼祖湖廣

善化縣　朱稚廣東清遠縣　吳安福建晉江縣　林京福建福清縣

喻世英江西新喻縣　郕鵬北平唐縣　何奎江西南昌縣　彭貴福建

永福縣　求穎浙江富陽縣　吳慶浙江會稽縣　游義生福建連江縣

徐昇浙江壽昌縣　馮亮福建晉江縣　王觀達浙江新昌縣　潘善應

福建懷安縣　姚與成江西泰和縣　程士福建莆田縣　李子容江西

廬陵縣　盧敬賢浙江永嘉縣　管谷奇湖廣沅江縣　林珽浙江瑞安

縣　陳堅福建福清縣　黃金華江西吉水縣　高瞻河南洛陽縣

黃弘江西新城縣　吳輔浙江會稽縣　饒增江西新城縣　王佐山東寧陽縣

祝淵直隸舒城縣　張憲山東臨朐縣　周思政浙江青田縣

陳文銘直隸臨淮縣　李克遜湖廣寧遠縣　李迪廣西臨桂縣

陳泰湖廣衡陽縣　鄭雲福建莆田縣　王希曾山東靜樂縣　盧義江西淳安縣

殷誠浙江會稽縣　朱懋河南安陽縣　翁得福建甌寧縣

劉海福建龍溪縣　楊克儉浙江天台縣　解綸江西吉水縣　李範江西新淦縣

缺　缺　章榮浙江晉雲縣

張禧直隸英山縣　聶任江西南城縣　王廣福建侯官縣　曾寅福建寧德縣

陳烱福建龍溪縣　王無將江西吉水縣　魏敏河南鞏縣

洪武二十七年甲戌科進士一百名

進士題名記

朝文運大興得人爲盛洪武二十七年時當大
比會天下賓興之士試藝於春官七百餘人校
而拔其尤者盈百焉三月朔旦上臨軒制
策咨以治道之因革禮部以下暨百執事臣悉
若彝典祗承惟謹翌日太子少保兼兵部尚書
臣茹瑺翰林院學士臣劉三吾等夙夜奉卷進
讀仰陳聖覽遂定其次擢信爲第一
上御奉天殿百官具服列侍傳臚訖事禮部捧
黃榜出揭于長安左門以多士明日錫宴
于禮部恩榮所被其已至矣越三日命國
子祭酒臣胡季安撰進士題名記臣欽承
明命無任惶懼謹拜手稽首而進言曰方今
四海文明盛自東南發首選者寔有其人則
天之啓佑皇明文運之盛者至顯著也矧
雲南迥在萬里亦得人以預選列又足以見文
德誕敷之應無遠弗屆書曰萬邦黎獻共惟帝
臣復見于今日矣夫題名有記勸之至所
以示將來垂永久凡預茲選者必脩德砥行使

名實稍副居侍從則思所以進嘉猷奉使職則思所以宣
上德牧一郡一邑則思所以均政而阜民繼是而操風紀之任膺方岳之寄益思所以振紀綱而美教化庶幾上不負
朝廷作養之盛心下不負平昔之所學求求有譽矣且使後之人觀其名而考其實固將感發興起而懽忻鼓舞於朝陽鳴鳳之時皆相師法以爲善補目得人源源其無窮也夫然則書而記之非特爲茲選之榮抑以爲有志者勉　臣謹記　朝列大夫國子監祭酒胡季安撰

第一甲三名張信浙江定海縣　鈌一作景清陝西眞寧縣　鈌一作戴德彝浙江奉化縣

第二甲三十名胡繼宗浙江蕭山縣　吳仲賢浙江鄞縣　胡誠江西新喻縣　陳滋浙江永嘉縣　王耇福建南平縣　石允常浙江寧海縣　唐泰福建侯官縣　施誼浙江仁和縣　項詢浙江鄞縣　蔣資廣東

什州彭泰陝西鳳翔縣李思聰湖廣桂陽州彭汝舟江西安福縣

劉本仁湖廣石首縣任勉直隸華亭縣黃紹烈江西臨川縣

鄭隆江西浮梁縣王中福建晉江縣張宗政廣西柳城縣高澤

福建閩縣康彥民江西泰和縣鍾亮湖廣宜城縣沈良浙江仁和縣

楊振河南郟縣周鈞陝西乾州金桓浙江金華縣夏遂祿浙江永嘉

縣張貞浙江蕭山縣荊文昭江西南昌縣李廣祐福建侯官縣

第三甲六十七名戚存心浙江臨海縣談源廣東番禺縣

郎彧直隸蒙城縣劉本北平玉田縣高禎福建閩縣葉顒浙江金華

縣周銓江西清江縣尚肅山東濟河縣周綬浙江於潛縣喻良

四川高縣喻居善廣西宜山縣郭文昌福建晉江縣崔裕陝西華州

南雍志卷十五　三十三

晉

張貴福建甌寧縣　李彬直隸當塗縣　魏翀河南鄢城縣　劉謙山西
鄆[illegible]州　王斌浙江會稽縣　林保童福建寧德縣　周恩浙江臨海縣
張輗河南蘭陽縣　劉恒直隸華亭縣　周祖政廣西柳城縣　劉季篪
浙江餘姚縣　李琛廣東化州　文道先四川彭山縣　周伯康江西玉山
縣　孔延福建懷安縣　李鎰江西南昌縣　李俊山東壽張縣　董鳳
江西鄱陽縣　匡顯江西樂平縣　辛民河南汲縣　駱士廉浙江山陰縣
錢古訓浙江餘姚縣　張添祐湖廣江夏縣　胡玄浙江西安縣
應承完浙江奉化縣　梁熙廣東新會縣　呂讓山東即墨縣　徐孟懃
江西金谿縣　劉撝謙山東德州　武信直隸滁州　張守約陝西同州
楊砥山西澤州　魏珪河南中牟縣　李忠雲南昆明縣　劉復福建建安

縣　呂祥直隸華亭縣　楊璉山東蒲臺縣　劉瑜江西南昌縣　沈暹直隸華亭縣　陳貫河南睢州　林英福建連江縣　陳璠福建同安縣　俞允應天府江寧縣　林會福建莆田縣　盧顯廣西平樂縣　夏雲山東沂水縣　林保福建龍溪縣　王文貴四川中江縣　陳誠江西吉水縣　許遇生福建莆田縣　陳生浙江常山縣　童英福建崇安縣

永樂二年甲申科進士四百七十名

進士題名記

皇上受天明命，統承德業，登大寶位，神靈效職，賢俊歸心，誠當賓興，謂禮文弗備，無以稱太祖皇帝作人之盛心，廼詔以永樂元年癸未鄉論其秀升之春官，二年甲申二月天下貢士會試者千八百餘人。先是百司群吏徯志聖天子嘉與萬方興文明之治，及詔下，咸踊躍忻忭，走書幣訪耆儒，用考其俊良，是千八百餘人者，乃自千萬中而拔其尤者也。至是禮部

尚書臣李至剛等奏之　上曰得賢太平之
基也不可以常事視之命翰林學士臣解縉司
其試自少聰敏聞四方書涉於日數行俱下由
是身勸其屬夜以達旦簡拔品藻咸合輿情千
八百餘人中得四百七十彬彬濟濟允稱
上意乃三月朔　上御奉天殿示策親試傳
宣慰勉就坐賜食文武之臣駿奔服役越六日
上具皮弁服御華蓋殿隸事官吏部尚書臣蹇
義等進讀策多至萬言辭義皆愷直　上悅
親御翰墨評其高下擢曾棨爲狀元餘皆賜及
第出身有差　上進御奉天殿設鹵簿儀仗
百官具服侍禮成群臣皆頓首稱賀　上追
惟　太祖皇帝成憲命直內廷者曰庶吉
士在諸司者曰進士選六十餘人入翰林弘其
器識擴其見聞以俟登庸乃　命臣縉莅之
賜立石題名于太學詔翰林侍讀學士臣王
達爲之記達職在太史事關於治原係於風教
者不敢不書洪惟　皇上統承德業大興文
治遹　成憲以立子孫帝王之本造人才以爲
萬世太平之基仁謨睿筭誠非漢唐之君區區

於事功者所能及也且立石於教化本原之地則多士之所往來出之所擊安得不油然忠義之心生而思所以報 朝廷也歟於乎盛哉寔由 皇上以聖繼 聖其鼓舞振動之機每形之於無言之表文明之興不惟 國家億萬年無窮之圖當爲 聖子神孫億萬年無窮之福也於乎盛哉臣達誠惶誠恐稽首頓首記翰林院侍讀學士奉訓大夫王達撰

第一甲三名曾棨江西永豐縣 周述江西吉水縣 周孟簡江西吉水縣

第二甲九十三名楊相江西泰和縣國子生 宋子環江西吉水縣 王訓江西廬陵縣 王直江西泰和縣 秦政學浙江慈谿縣 徐安福建浦城縣 吾紳浙江開化縣 彭汝器江西安福縣 獨孤樂善江西泰和縣 周忱江西吉水縣 陳士器江西吉水縣 周文浙江仁和

縣余學夔江西泰和縣李寧廣東南海縣張轍江西新淦縣童朴浙江寧海縣陳滿福建浦城縣歐陽俊江西泰和縣蕭清福建長汀縣盧翰江西星子縣吳旭江西臨川縣梁任江西臨川縣蕭寬江西吉水縣熊直江西豐城縣王道浙江永嘉縣楊永芳江西豐城縣杜欽直隸宜興縣李昌棋江西廬陵縣羅汝敬江西吉水縣嚴貞浙江嘉興縣沈升浙江海寧縣曹景暉浙江海寧縣劉灝江西清江縣李永年江西南城縣陸孟良浙江餘姚縣劉孟鐸江西廬陵縣蕭省身江西泰和縣孫子良浙江海寧縣王彥脩浙江鄞縣貝秉彝浙江上虞縣黃應福建晉江縣褚讓浙江仁和縣柴廣敬浙江餘姚縣張英直隸江都縣王英江西金谿

縣　吳惇浙江錢塘縣　林政直隸江都縣　魏驥浙江蕭山縣　江貞福建長泰
縣　盧遂福建長泰縣　張宗璉江西吉水縣　林鳳福建晉江縣
余貞浙江西安縣　田忠福建建安縣　余鼎江西星子縣　李復觀
縣　蔣敏完江西龍泉縣　張得中浙江鄞縣　馮吉浙江餘姚縣國子生
洪鍾浙江武義縣　陳貞福建侯官縣　程春福建建安縣　洪順福建
懷安縣　曾慎江西寧都縣　周祜直隸當塗縣　王愷湖廣蒲圻縣
殷尋直隸吳縣　嚴光祖福建閩縣　邵翼直隸嘉定縣　涂順江西新城
縣　喻則成江西玉山縣　謝惠福建清流縣　仲昌直隸丹陽縣

孫奉浙江奉化縣　鄭瀾直隸涇縣　程文表浙江開化縣　羅亨信廣東東莞縣　涂敬江西新城縣　陳宗孟福建寧德縣　鄒惟宗江西上高縣　張翼浙江歸安縣　劉嵩浙江慈谿縣　段民直隸武進縣　花潤生福建邵武縣　王必寧湖廣公安縣　彭輝江西建昌縣

第三甲三百七十四名　徐觀浙江臨安縣國子生　李貞江西吉水縣　楊勉應天府江寧縣　章士淳浙江新昌縣　曾子榮福建長汀縣　黄謙福建莆田縣　葉生浙江慈谿縣　潘中浙江錢塘縣國子生　吴廷用福建政和縣　白瑜直隸武進縣　毛肇宗浙江山陰縣　龔篪廣西蒼梧縣　張安南陽府葉縣　張永隆福建清流縣　戴文麟浙江永嘉縣　容善廣東茂名縣國子生　曹鼎浙江臨海縣　吴文華直隸長洲縣

周永源浙江莆田縣　胡中江西建昌縣　汪寅浙江開化縣國子生

李約浙江仁和縣　張侗浙江仁和縣　謝敏福建晉江縣　章以善浙江新昌縣

孔泰初廣東高要縣　陳資善江西吉水縣　江鍈福建建安縣

錢常浙江山陰縣　許森直隸宣城縣　曹順浙江錢塘縣

章敞浙江會稽縣　陳綱江西清江縣　李時勉江西安福縣　曹彥浙江海寧縣

胡敬福建閩縣　黃仲琁福建龍溪縣　高陪浙江鄞縣

倪惟哲福建晉江縣　陳旭江西建昌縣　唐觀江西龍泉縣　湛禮浙江錢塘縣

胡均河南光州　郭守愚浙江慈谿縣　韓庸浙江山陰縣

王槐福建閩縣　沈達直隸吳縣　鍾旭江西南城縣　劉永賢福建邵武縣

李顯直隸金壇縣　陳安泰福建莆田縣　潘性河南光山縣

金輝直隸休寧縣　劉隆福建武平縣　周遠浙江縉雲縣　文彬廣西
柳城縣　李子英江西新喻縣　葉貞浙江西安縣　胡澄江西奉新縣
李衡直隸當塗縣　張庸湖廣藍山縣　葉仕寧浙江青田縣　王宅
江西上饒縣　韓中湖廣黃梅縣　吳淵直隸青陽縣　莊觀生福建莆田
縣　葉銘臻浙江慈谿縣　殷繼浙江鄞縣　姜渙浙江金華縣　袁邇
江西樂平縣　周益廣東茂名縣　黃本固廣東海康縣　曹睦浙江瑞安
縣　張漸江西新建縣　陳陽江西進賢縣　朱光才湖廣郴州　黃陽
江西樂安縣　陳仲器江西新喻縣　劉志學直隸五河縣　彭斌湖廣
宜春縣　楊燦江西清江縣　李仕華湖廣安鄉縣　熊本誠江西奉新
縣　盧坦湖廣巴陵縣　唐舟廣東瓊山縣　黃珏湖廣安鄉縣　范進

直隷句容縣趙理直隷江都縣徐聆江西上饒縣蔡惟濟福建晉江
縣李讓湖廣當陽縣謝升廣東高要縣龍儀江西萬載縣李文鳳
廣西北流縣吳復福建將樂縣封孜相江西臨川縣徐迪直隷嘉定
縣汪景明直隷縣葉奇貴浙江武義縣何清湖廣沅陵縣
賴禮江西南康縣國子生馬忠直隷興化縣張政湖廣安鄉縣吳同
福建福寧縣蘇謙山東青城縣馮高廣東新興縣張昌廣東瀧水縣
劉鑑河南寧陵縣蕭榮四川新津縣王定福建邵武縣吳淵江西
玉山縣許容福建閩清縣吳謙廣東海康縣王哲江西上饒縣
陳伯恭江西永豐縣楊宣廣西蒼梧縣胡欽湖廣道州季鐔福建
南平縣國子生劉剛浙江安吉縣周晃直隷繁昌縣周楫河南杞縣

倪文質浙江錢塘縣陳頴廣東合浦縣湯以安江西鄱陽縣
林森廣東合浦縣張忠河南太康縣高韓浙江臨安縣宦績直隸江陰縣
吳鐸河南太康縣史彬直隸溧陽縣鄧時範江西安福縣
邢郁直隸繁昌縣白貴直隸和州朱貴浙江新昌縣況琛江西高安縣
吳提福建邵武縣國子生李遠廣西平樂縣高才浙江仁和縣
馮吉直隸上海縣王禮湖廣江夏縣楊儀鳳江西南昌縣孟宣湖廣安化縣國子生
鄧謙江西上高縣殷序直隸無錫縣楊紀直隸廣德州
魏暹廣西臨桂縣譚原性江西龍泉縣林要福建莆田縣國子生
顧本得福建莆田縣黃惟正直隸江都縣呂文質江西宜黃縣
余用江西星子縣蔡庸浙江山陰縣曾敬湖廣江夏縣漆霽江西

南昌縣林泰福建寧德縣李貴昌浙江餘姚縣劉澄江西吉水縣

傅璇浙江上虞縣陳敬宗浙江慈谿縣滕友浙江西安縣程希僊浙江德興縣

楊旻直隸長洲縣賴生啓江西上猶縣國子生彭禮直隸當塗縣

郎慶直隸建德縣張敬山西陽曲縣劉孔宗福建晉江縣

張信直隸當塗縣李仲芳廣東南海縣國子生潘疇廣東南海縣

梁致恭廣東高要縣王仲壽直隸江寧縣邢旭浙江金華縣

陳文友四川長壽縣李祐廣東茂名縣陳昺廣東高要縣劉子敬江西廬陵縣

胡謐浙江鄞縣國子生丁璿應天上元縣杜秉輝四川潼川縣

武楫湖廣江夏縣李學初湖廣湘鄉縣殷瓚直隸常熟縣

王源福建龍岩縣游亨江西上饒縣王恪江西湖口縣國子生曹福

直隸當塗縣　周貴湖廣大冶縣　方豐江西建昌縣　藍道立湖廣江陵縣
董鏞浙江仁和縣　黄直方山東渾源縣　趙琰直隸鳳陽縣　劉濬
江西崇仁縣　宋蓁山東膠州　戴弘演浙江仙居縣國子生　黄克脩湖廣
宜章縣　王昇福建龍谿縣　鄧鉞江西南昌縣　樊靜江西進賢縣
周英江西建昌縣國子生　戴新山東平度縣　劉志道浙江金華縣
黄嘉廣東海陽縣　陳子芳廣東潮陽縣　陳善浙江西安縣　杜忠
江西新建縣國子生　劉瓊直隸當塗縣　聶耔直隸嘉定縣　王玭直隸嘉定
縣國子生　胡釗湖廣京山縣　何預浙江仁和縣　王中福建長汀縣
王槐直隸太平縣　劉庸直隸上海縣　王觀浙江蕭山縣　陳中福建
羅源縣　胡峻湖廣嘉陵縣　洪溥廣東澄邁縣　杜宗晦湖廣江夏縣

林現廣東海康縣　曹輿直隸汾縣　舒同湖廣安陸縣　楚鑑河南杞縣
毛毅浙江桐廬縣　侯義山東歷城縣　翟溥廣東東莞縣　陳河
廣西南平縣國子生　潘賜福建浦城縣　樂用才浙江定海縣　范彬直隸
吳縣　葉祥浙江閩化縣　鄧友江西新昌縣國子生　張翺山東兗州　張侃
江西上饒縣國子生　汪淵山東樂安州　孫昇直隸建下縣　劉子淵江西
萬安縣　龐壎四川南充縣　曹廣應天府江寧縣　後敏直隸當塗
根寧浙江長興縣　宋文興湖廣嘉魚縣　烏濬浙江建德縣　王汝霖
江西湖口縣　車清四川長寧縣　陳佛福建福清縣　方杲浙江淳安縣
馮謹山東鄒縣　王韜平陽府垣曲縣　周玉浙江山陰縣　陳立本福建
閩縣　胡智直隸當塗縣　鄭道通江西玉山縣　曾恕江西贛縣國子生

張謹河南祥符縣　熊誠四川江津縣　姚秉善浙江鄞縣　趙進江西
高安縣　蕭顯江西安福縣　劉阜山東濟陽縣　顏瑤廣東化州　葉林
山東翼城縣　羅慶善江西廬陵縣　周霖浙江上海縣　田瓊四川資縣
楊廷方山東藍山縣國子生　王訥湖廣穀城縣國子生　李綱山東膠州
刁鵬河南祥符縣　顧寶廣東茂名縣　洪清直隸太和縣　陸普任
廣東瓊山縣國子生　李鑑直隸建平縣　賈眞山東樂安縣　辜敏道福建
南安縣　牛肆河南項城縣　仵欽河南獲嘉縣　劉登河南鞏縣　伍玉
廣東茂名縣　田堉浙江縉雲縣　何均平浙江西安縣　袁舍與四川
江安縣　張庸直隸吳縣　王澤湖廣荊門州　蕭韶四川新津縣　黃銳
福建永福縣　楊巘河南襄城縣　段汲江西餘干縣　徐善慶浙江麗水

縣楊庸山西曲沃縣劉文林四川大竹縣陳節山東益都縣

陳哲廣東曲江縣徐子玉浙江東陽縣汪彥純直隸[illegible]縣周志義

湖廣石首縣張藝直隸新水縣劉瑩直隸桐城縣李瑄湖廣沔陽州

朱莊山東臨邑縣龍貴湖廣綏寧縣國子生李迪陝西咸寧縣錢潤

直隸當塗縣趙會浙江縉雲縣鄭景曜直隸建德縣杜春直隸丹徒

縣郭慶江西星子縣吳景江西樂平縣周英廣東合浦縣林文亨

廣東海康縣陳文昌廣西北流縣汪良士直隸婺源縣吳志盛

廣東茂名縣曾希賢江西寧縣孫確河南通許縣童寅湖廣隨州

晏文銘江西上高縣楊彝四川達縣高朗山東萊蕪縣劉宏江西

永新縣張貞廣東茂名縣沈忠直隸吳縣胡文郁直隸黟縣蕭[illegible]

廣東高要縣 林良福建晉江縣 柳昌湖廣隨州 黃埜福建邵武
胡秉彝湖廣石首縣 林壽福建福安縣 袁添祿湖廣衡山縣
查孚江西星子縣 彭福福建甌寧縣國子生 彭克誠湖廣黃岡縣
郭道源四川萬縣 羅弘湖廣蒲圻縣 趙登河南祥符縣 羅英廣東
高要縣 陳興江西永寧縣國子生 袁輛四川大昌縣 俞益浙江臨安縣
許禎湖廣蘄水縣 熊進湖廣江夏縣 錢青浙江崇德縣 石祐廣東
瓊山縣 李本河南延寧縣 張循理直隸華亭縣 余瑊浙江建德縣
鄧文廣西臨桂縣 張文禮雲南寧州 趙濬恭浙江定海縣 劉英
江西永新縣 趙伯貴直隸通江縣 翟彥榮廣東歸善縣國子生 靳勉
山西曲沃縣 聶聰直隸潛山縣 王用河南平原縣 趙濟江西南豐縣

況文江西上高縣 周文郁直隸長洲縣 杜芳山西翼城縣 高中
山東高苑縣 鄧復榮直隸江安縣 何振山東敘州國子生 王賓山西
絳縣 黃用直隸如皋縣 俞禮浙江海寧縣 鄧得麟廣東樂昌縣
陳泰河南睢州 李晃江西上高縣國子生 謝芳直隸武進縣 汪獻直隸
休寧縣

永樂四年丙戌科進士二百一十九名 進士題名記

天啓 皇朝萬世文明之運篤生我 太
祖聖神文武欽明啓運俊德成功統天大孝高
皇帝全至聖之德膺 君師之任以表正天下
即位之初首崇教化修學校之政舉賓興之法
勸誘激勵鼓舞作興之道至盛極備人材之衆
自古鮮有我 皇上以聖繼聖纘述鴻猷率
循舊典恢張治化盡教育甄陶之功而得士之
效同其盛也乃永樂四年丙戌二月天下貢士

會試于禮部二千人拔其尤得一百十九人故事以三月朔旦　賜對于廷是日丹墀　駕幸太學乃以是月壬寅十二日策試下　命吏部尚書兼詹事臣義戶部尚書臣原吉兵部尚書臣儁兵部尚書兼詹事臣忠工部尚書臣禮都察院左都御史臣英右都御史臣中刑部侍郎臣季箎翰林學士臣景翰林學士兼右春坊大學士臣縉左春坊左庶子兼翰林侍講臣淮右春坊右庶子兼翰林侍讀臣廣讀卷禮部尚書臣賜侍郎臣張臣班臣存心掌其事乙巳皇上御奉天殿賜林環以下及第出身有差先是雨至策試傳臚二日陽舒陰斂春明流麗纖塵不動景物熙融群情喜悅咸以爲　皇上統紹千萬載文明之祥也至是　命立題名碑于國子監俾臣廣爲文記其事臣伏覩　皇上御極以來崇尚教化身先天下躬視太學尊禮孔子善政善教非惟見諸誦說之間而一本乎躬行之實故人才治化日盛日隆雖窮荒漠自昔聲教所不能被者咸嚮慕來庭誠有以度越千古七生斷世樂育於深仁厚德之下而

得譽名於是者當思將有所
皇上所以作興之者無非爲生民治道計有所爲以行其素志以成其光明正大之業使天下後世仰望其聲光歎慕其遭逢之盛豈不偉哉苟爲不修其職業而行有歉於其心則非朝廷所望於士君子之意亦非士君子所以自待也謹書爲記且以爲勸焉奉議大夫右春坊右庶子兼翰林侍讀胡廣撰

第一甲三名林環福建莆田縣陳全福建長樂縣劉素江西永豐縣

第二甲六十九名朱瑨江西永豐縣國子生王資益江西臨川縣江殷江西吉水縣胡啟先江西安福縣謝英湖廣江陵縣盧永江西新淦縣周煒江西進賢縣謝沚福建福安縣王信功福建莆田縣孫迪浙江錢塘縣張叔豫江西永新縣趙奎浙江龍泉縣鄭回福建進安縣黃所載江西廬陵縣陳孟京江西泰和縣

徐建奎浙江餘姚縣國子生劉性同浙江麗水縣解朝天江西吉水縣黃安福建閩縣梁智廣東德慶州楊端儀福建晉江縣帥性江西建昌縣蔡彬江西南康縣劉鑑直隸高郵州葉嵩浙江開化縣周仲舉江西吉水縣鄧成江西金谿縣陳實福建莆田縣梁彬浙江永嘉縣王克茂廣東瓊山縣蔣慶江西新淦縣劉暉江西吉水縣陳孟潔江西泰和縣國子生黃建福建莆田縣鄭潔湖廣荊門州吳叔閏江西豐城縣蔡慈福建閩縣張文選浙江永嘉縣汪善直隸歙縣邵輝福建淮安縣彭謙湖廣相陰縣國子生鄭復言浙江鄞縣國子生張鉉江西吉水縣盛霈浙江新昌縣曾春齡江西泰和縣黃獻江西清江縣何琮浙江仁和縣李斯義福建晉江縣吳致文

浙江平陽縣　魏智河南祥符縣　胡禎湖廣[illegible]州　屈伸江西湖口縣

錢遂志江西吉水縣　羅仲深江西泰和縣　殷旦浙江蕭山縣

沈驥直隸上海縣　鄭怡浙江金華縣　吳春福建建安縣　譚存禮湖廣澧州　劉靖河南祥符縣國子生　張昭江西奉新縣　王驥直隸東鹿縣

荊政芳湖廣漵浦縣　鄭添福建福清縣

第三甲一百五十一名

蕭福福建浦城縣　楊復浙江長興縣　李伯尚江西永新縣　李玉直隸吳興縣　陳彬廣東茂名縣　李琳湖廣華容縣　胡雅江西泰和縣　陳道同廣東四會縣國子生　彭益江西南豐縣　李士輝江西新淦縣　邵彥輝江西泰和縣國子生　陳智湖廣咸寧縣　吳禎浙江仁和縣　顏寶福建龍溪縣　梁用嵩浙江臨海縣

謝瑾浙江鄞縣劉本浙江慈谿縣謝霖福建寧德縣國子生姚原立
江西貴溪縣國子生蔡子宜浙江青田縣李昺廣東合浦縣周岐後
廣東博羅縣白春直隸六合縣張震湖廣興縣陸和浙江江山縣
韓繒陝西隴西縣國子生佘昱江西清江縣楊諳廣西宜山縣韓春
河南原武縣王瀹河南泰康縣陳鑑湖廣江陵縣鄧試祥廣西平樂
縣國子生劉旭湖廣麻城縣佘福福建崇安縣劉紹直隸吳縣謝孚
直隸當塗縣周珏江西新喻縣蕭昇湖廣黃岡縣張廉河南羅山縣國
子生雷韶江西南昌縣許銘江西南昌縣孫蕤浙江慈谿縣陳厚
直隸合肥縣馬俊彥四川遂州韓瑜山東上縣甘由江西豐城縣
黃斌廣東曲江縣葉承宗直隸嘉定縣曹閶湖廣江夏縣陳求昌

廣東茂名縣　仇忠直隸吳縣　樂時逢江西臨川縣　朱鐸福建晉江縣
張尊愛江西上饒縣　斐旻福建崇安縣　雷迅福建長汀縣　黃理
河南鈞州　劉堅山東濮州　趙仲行福建莆田縣國子生　黃敬廣東瓊山縣國
子生　汪昌言江西豐城縣　陳純廣東化州　黎常廣東新會縣國子生
曹常浙江海寧縣　潛濵江西高安縣　霍敬河南洛陽縣　吳中浙江
山陰縣　王輔先浙江鄞縣國子生　李勗山東德平縣　龍景亨湖廣
蘄圻縣　陳勉江西雩都縣　劉敏山西太平縣　方恢浙江餘姚縣
陳閏福建懷安縣　濮陽恭直隸當塗縣　徐琮直隸金壇縣　林繼宗
福建甌寧縣　王紹直隸舒城縣　陸逵直隸長洲縣　曹士正直隸蕭縣
馮翼四川南部縣國子生　張鑑直隸安平縣國子生　陳韶廣西橫州國子生

饒生福建浦城縣　余昊浙江開化縣　陳鼎廣東高要縣　劉持節江西吉水縣　劉選四川大邑縣　霍莘山西孝義縣國子生　張光廣東茂名縣　林壽福建侯官縣　李九疇江西龍泉縣　彭清浙江錢塘縣　梁謙四川邛縣　柴興浙江江山縣　王志陝西咸寧縣　鍾鏞廣東海陽縣國子生　饒賜福建甌寧縣　沈箕浙江金華縣　陳紀江西上饒縣　呂旦直隸崑山縣　辛佑江西鉛山縣國子生　趙益應天府江寧縣　陳思道湖廣藍山縣　汪璧明江西貴溪縣　洪熊浙江武義縣　吳健四川榮昌縣　吳宗詹廣東茂名縣　甘霖江西南豐縣　沈欽浙江海鹽縣　李鑑江西上饒縣　李澤廣東石城縣　陳驥福建長樂縣　易思義湖廣漢縣　吳整河南永寧縣　藍必寧福建長汀縣國子生　朱暹四川

巴縣王以得湖廣攸縣曾穆浙江天台縣侯善志浙江金華縣
葉濬福建建安縣崔理直隸交河縣高式山東濮州盧榮廣東合浦
縣張珂福建建安縣鄭桂浙江永嘉縣趙貴和湖廣興國州
葛回福建甌縣何晟浙江餘姚縣任旺河南歸德州林伯宗浙江
寧海縣姚璠河南偃城縣傅誠廣西桂林縣鄭辰浙江西安縣
劉良湖廣零陵縣戈斌直隸通州祝和浙江西安縣國子生秦榮祖
湖廣咸寧縣呂奭江西永豐縣侯福湖廣攸縣高庸直隸長洲縣國子生
邵玘浙江蘭溪縣趙惟恭四川遂寧縣江澍直隸灤縣趙鑑四川
遂寧縣薛常生浙江上虞縣王春江西南昌縣王琮應天府溧水縣
國子生張安河南鄭州魏源江西建昌縣吳忠江西浮梁縣

永樂九年辛卯科進士八十四名 進士題名記 永樂七年春

天下貢士會試于禮部簡拔其藝之精者得若干人當賜對于 廷伏遇 皇上巡狩北京待 廷試明年十一月甲戌十二日 車駕還京師今年春禮部奏舉行 皇上可其奏乃循故典於三月朔臨軒策試 命吏部尚書兼詹事府詹事臣義戶部尚書臣原吉兵部尚書兼詹事府詹事臣忠尚書臣賓刑部尚書臣觀都察院右副都御史臣謙翰林院學士兼左春坊大學士兼翰林院侍講臣進讀卷掌其事者禮部尚書臣震侍郎臣綬越四日 皇上御奉天殿賜蕭時中以下及第出身有差 勑有司於國子監立石題名 命臣廣為記我太祖高皇帝以武功定天下以文教興太平戢戈之日即建學校上自國都下及閭巷莫不有學詩書禮樂之日充于中而達于外遐邦異域咸遣子入學翕然三代之治廓然萬世之規皇上聿遵 成憲隆重學校激揚獎勵之道尤加意焉自元年至今凡三開科得人之效有

成周大雅之盛仰惟　國家敦崇道德丕闡洪
化所用必賢材所求必實效故自鄉大夫至於
群僚庶士鮮不出於學校科舉凡縣學校科舉
而出者蒙　國家甄陶養育之恩所以修其
德行勉其事功竭其忠　君愛民之道兢兢夙
夜以求無愧於學校科舉今登名于是者將皆
有責任於已當尊所聞而行所知卓然以道德
文學稱于當時垂於後世使人誦其名徘徊顧
仰以想慕其聲光氣烈此則爲科舉之榮苟於
此而不知之勉惟逐逐於其外使人指其名而
議之此則爲學校科舉之羞亦非　朝廷之所
明待者也尚勉之哉謹書此以爲記翰林院學
士兼左春坊大學士
奉政大夫胡廣撰

第一甲三名蕭時中江西廬陵縣　苗衷直隸鳳陽府　黃暘福建莆田縣

第二甲三十二名楊慈福建莆田縣　劉永清湖廣石首縣

洪鉉浙江臨安縣何忠湖廣江陵縣王善福建侯官縣國子生胡槩
江西吉水縣陳賞江西泰和縣臧性浙江鄞縣鄧昌江西金谿
縣周宗保浙江青田縣金庠直隸長洲縣國子生陳璲浙江臨海
縣吳實福建長樂縣朱敬江西浮梁縣周文褒浙江嘉縣陳衡
江西永豐縣林衡福建閩縣陳儀浙江麗水縣王鉉江西泰和
縣何敬江西萬安縣王綱江西上高縣鍾英廣東高要縣國子生羅貴燾
江西豐城縣朱與言江西萬安縣鄧義江西新城縣張式江西德興
縣國子生高濬福建寧德縣國子生錢習禮江西吉水縣陳子倫江西
進賢縣盛行應天府江寧縣國子生任敏四川城縣戴員保福建莆田縣
第三甲四十九名陳旂直隸吳縣李春山西陵川縣國子生閻晟

浙江餘姚縣　陳用福建莆田縣　郭震直隸臨淮縣　俞德儒浙江鄞縣

王貴莊江西安福縣　謝善福建建寧縣　謝升浙江鄞縣　喬良河南

睢州　賀祖嗣江西鄱陽縣　林熊福建莆田縣　塗克敏江西高安縣

程靜江西樂平縣　張志文江西上饒縣　張誠福建建寧縣國子生

葉宗文浙江蘭溪縣　雷吉生福建建安縣　曾琛浙江蕭山縣

韓珠廣東石城縣　蕭常江西萬安縣　張順山東濟河縣　劉添鐸

四川邛縣　傳良江西新喩縣　鄧眞湖廣江夏縣　周鍵浙江仁和縣

鄺埜湖廣宜章縣　吳斌直隸五河縣　張昱直隸滑縣國子生　戈謙

山西代州國子生　郭廉四川富順縣　朱約直隸華亭縣國子生　黃壽生

福建莆田縣國子生　邵聰直隸如皋縣　王彥江西安福縣　張習浙江會稽

縣國子生 梁輈江西泰和縣 李文定浙江臨海縣 史安江西豐城縣
李曰良江西豐城縣 陳治浙江定海縣 桓桓浙江金華縣 楊景春浙江嘉興縣
何楚英湖廣攸縣 裘衆浙江天台縣國子生 葉暘福建同安縣
劉鳴江西金谿縣 陳善福建建江縣 馬信四川閬中縣國子生

永樂十年壬辰科進士一百六名

進士題名記

永樂壬辰春三月朔廷試天下貢士一百六人賜馬鐸等及第出身各有冠服宴賚具如故事會鑾輿巡幸北京惟題名之石未刻至是有司爲請上以策士盛典也 詔從之命臣英爲記臣英受命祇懼謹執筆用紀其實竊聞自古有道之士德教昭宣禮樂明備則賢才之多出于其時而上之人有以寵之任之唐虞三代元凱之舉岳牧之咨宅俊之用賢能之賓興俊造之升進治效臻于熙皡蓋可以見後世盛時亦莫不舉賢用能以致于治而進士一科有古者賓興

之遺意其得人爲最盛也洪惟　太宗皇帝以聖文神武之德纘承　太祖皇帝洪業圖惟至理敷求賢俊才智之士褎然乘時而出而九以進士發科重自甲辰至壬辰凡四設科矣廷策之日臨軒命題　天顏愉懌覽閱所對第其甲乙賞賜御批　宸翰光華日星照耀雲漢昭回光輝被及萬物士之登第者以時之遭遇權衡相慶其用之也陞之以恩授之以官由是而位通顯歷華要贊襄輔翊扶弘治續以致夫太平之盛豈不可媲美於唐虞　皇上嗣大歷服聰明天錫聖學日新治法　祖宗登用俊良於策試進士恩意倍加而　先朝題名之碑必循臣下之請者惟　太宗皇帝道大德以治功之成巍巍赫赫底于極盛垂裕後世實選士任賢之所致光昭大烈對揚休命刻之金石而傳示來久者政在於今日也於戲盛哉凡姓名列于斯者蓋亦榮矣雖然名著於外者也士可尚慮名乎百六人者至于今多居位食祿得名於時無矜其名惟彈厥忠誠建功立業以求其實使他日觀者以其賢而稱頌

之無指其名而議之所之則進士之名庶可以無忝矣臣英卽謹爲之書又敢以此勸夫爲士者焉正統八年通議大夫禮部左侍郎兼翰林院侍講學士王英撰

第一甲三名馬鐸福建長樂縣國子生林誌福建閩縣王鈺浙江諸暨縣國子

第二甲三十九名戴乾福建閩縣國子生饒安江西崇仁縣國子生劉翀山東濟寧州國子生劉成江西泰和縣鄭閣福建閩縣國子生楊仲直隸常熟縣國子生鮑英江西南昌縣陳端浙江平陽縣孫曦福建侯官縣鄭阜義浙江鄞縣國子生黃澤福建閩縣顧選浙江慈谿縣蔣禮直隸和州楊政江西吉水縣郭公緒江西泰和縣國子生盧質中福建莆田縣國子生曾鼎江西永豐縣章睿浙江麗水縣

趙昂陝西綏德州國子生 陳原祐福建建安縣 劉長吾江西永豐縣
檀凱直隸建德縣國子生 張思安直隸無錫縣國子生 江殷江西貴溪縣
黎恬江西清江縣 黄翰直隸華亭縣 徐俊直隸建德縣國子生 錢述江西吉水縣國子生
陳琦福建福安縣國子生 吳賜直隸貴池縣 黃彥浙江海鹽縣國子生
張璘湖廣黄岡縣 徐則寧江西金谿縣國子生 何賢陝西狄道縣國子生
胡守宗福建晉江縣國子生 楊勳江西崇仁縣 于庭顒浙江臨海縣
陳禮江西泰和縣 熊倫江西吉水縣國子生

第三甲六十四名

黄常祖福建莆田縣國子生 鞠祥直隸和州國子生
高第福建甌寧縣國子生 潘勤浙江錢塘縣國子生 林文澧福建懷安縣國子生
吳潛福建莆田縣 羅惟政廣東程鄉縣國子生 趙禮江西南豐

縣國子生傅啓讓湖廣石首縣國子生傅玉潤江西新喻縣國子生黃裳
河南內鄉縣國子生羅興四川重慶州余文福建莆田縣楊榮雲南泰和
縣國子生顏澤直隸江陰縣任用浙江東陽縣王嗣先浙江泰和縣
胡敬浙江仁和縣國子生林密廣東文昌縣國子生張觀山西代州國子生
蔡道隆浙江永嘉縣楊清應天府上元縣倪艮江西樂平縣胡璉
江西新喻縣王觀湖廣棗陽縣史循應天府江寧縣國子生周常直隸
定遠縣林碩福建閩縣史詠應天府溧陽縣張紹河南汝州國子生
陶仕宗廣西鬱林州李庠浙江西安縣國子生王詢江西永豐縣
陳正倫江西吉水縣葉俊浙江永嘉縣國子生凌輝福建德化縣國子生
吳誠福建莆田縣國子生馬馴陝西長安縣國子生王時習江西南昌縣國

子生王璜山西代州國子生崔彥俊江西新建縣國子生阮存浙江永嘉
縣熊自誠江西臨川縣國子生彭春直隸定縣劉濬應天府句容縣
楊昺湖廣崇陽縣徐行江西進賢縣國子生謝忱浙江永康縣國子生
羅通江西吉水縣葉宜福建南平縣陳鎰直隸吳縣傅玉良江西
新喻縣國子生李濬山西襄垣縣蔣疇福建南安縣國子生陳潤福建
連江縣國子生劉璉應天府江寧縣國子生胡讓四川巴縣國子生陳遜
福建浦城縣國子生邵暹湖廣沔陽州王凱福建莆田縣國子生歐陽和
江西泰和縣米顯陝西乾州國子生施琰浙江歸安縣國子生方復直隸
潛山縣國子生

南雍志卷第十五

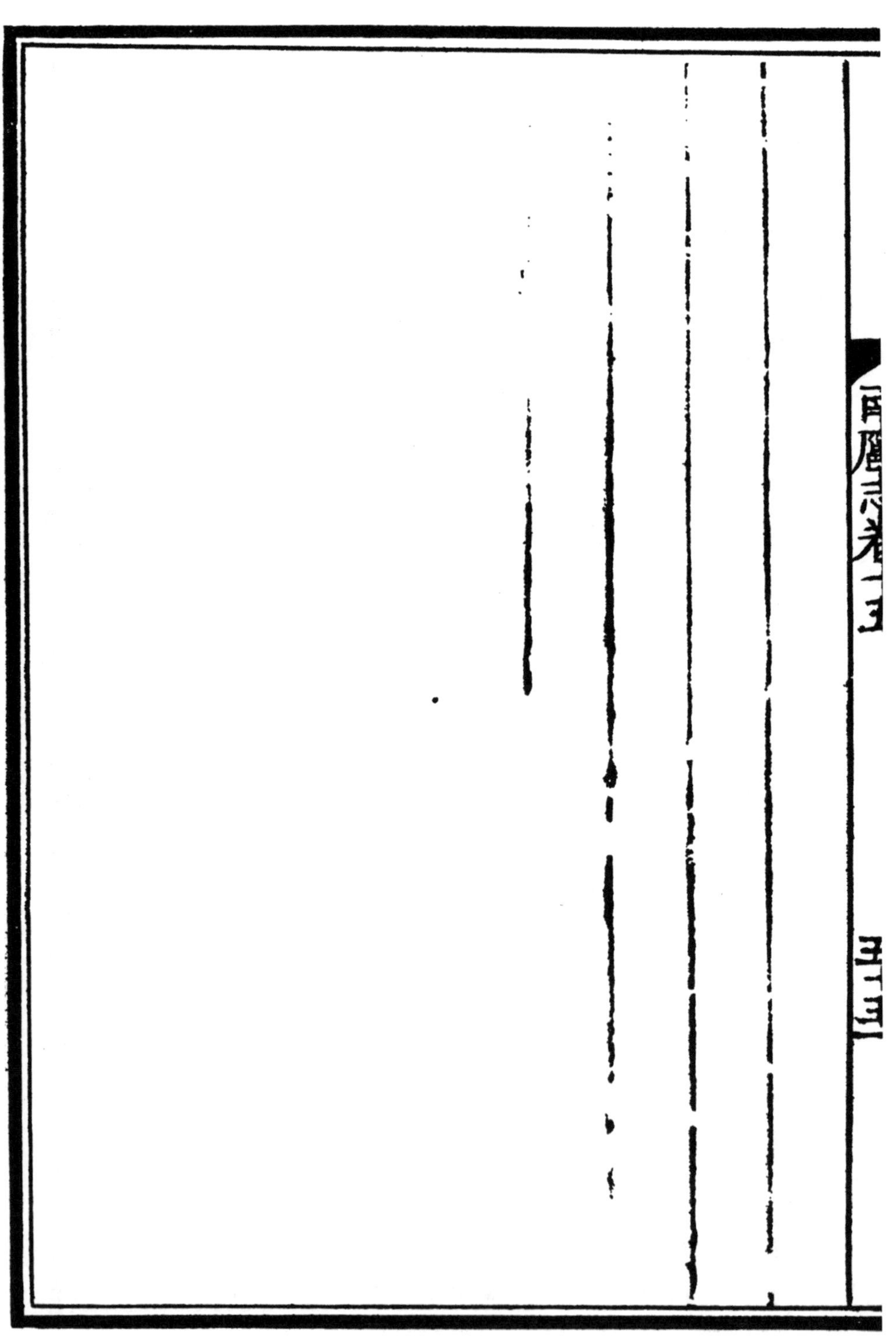

南廱志卷第十六

儲養考

下篇

秩敘本末

秩也者以言乎廩禄也敘也者以言乎資次也聖明之制在官供職必以歷任支俸年月深淺爲資次在監肄業必以坐堂支饌年月深淺爲資次非此法也官之遷擢監生之撥出無從而憑據也其即周之宫伯均其秩敘以待政令者乎王宫國都莫不有學洪武初寔兼設其後專設國

子監以育天下賢材膳饌有秩典簿典掌饌司焉積分有敘監丞與六堂厫焉其後月終計坐堂歲月之數而書之謂之上敘猶周官之意也今據俸給廩餼胥徒器用之數與凡上敘撥歷行移條約之類皆詳書之以著舊章云爾

俸給　官員俸糧洪武間本色折色兼支分數從前損益不常永樂十九年始令南京文武官一品至九品二分米八分鈔正統二年令添給南京六品以下本色三分折色七分又令南京文武官五品以上原二八分支者每月添本色米一石六品以下各增一石弘治十四年每米一石折銀七錢至今為例

糙米俸糧酌量本監官員多寡數目先期約會

或二三百石每石折銀七錢典簿廳具呈南京戶部分派直隸常州府解納每月祭酒五石二斗司業三石監丞二石四斗五升博士助教典簿各二石三斗學正二石一斗五升學錄典籍各二石掌饌一石二斗俱折前項俸銀逐月關支謂之折色四月折絹每絹一疋折米二石例始於宣德六年初在十一月十二月內一月正統四年十月十一月十一年改七月八月天順七年改四月五月弘治十三年南京吏部等衙門題改四月八月折布每布一疋折米一石始於正統九年九月折鹽每百斤折米一石二八兼支始於景泰元年因龍江關鹽倉檢校批驗所奏始令南京各衙門本色俸糧量照時值支折每鹽五十斤折米一石

嘉靖二年南京戶部題每青鹽一百斤及米二石俱折銅錢一百六十文四六兼支六年南京戶部奏准照舊二八兼支十一月折麥始於宣德四年七分米三分麥每麥一斗折銀四分先是本監監丞博士助教等官獨支本色糙米嘉靖十四年祭酒費宷奏准始一體關支其麥折銀鹽本色并絹布俱造册赴南京戶部關支官吏餘俸折支蘇木胡椒鈔貫亦赴戶部關支成化二年每鈔十貫折米一石四年令錢鈔兼支三分鈔七分銅錢每錢三文折鈔一貫是每米一石只錢三十文十一年令錢二文准鈔一貫是米一石只錢二十文弘治十六年府部議以估折太輕奏准每米一石折鈔二十貫至今爲例然支錢之例從是亦廢查成化十六年又有折支三梭布之例每疋折米三十石遞年奏准上半年關鈔錠下半年關楜椒七

分蘇木三分胡椒每斤准鈔一百貫蘇木每斤准鈔五十貫如果蘇木不敷庫布有餘聽斟酌關支或段或綿布被胎或皮張照鈔折銀估支各多寡不等以上俱折色

糙米月糧酌量監生多寡及吏典數目先期約會或一二千石或五七百石具呈南京戶部照數分派直隸常州府各縣解納吏典有家小月支米八斗無家小月支米六斗監生有家小月支米六斗逐月關支十一月分三七兼支三分折麥七分支米弘治元年五月禮部奏准不分科貢納米送監等項監生一體坐班兩箇月滿放回依親直待行取方准坐監關支月糧有情願不告依親在監讀書者止德五年監生廖仲仁等奏准坐過月日准作實監扣除兩箇月後補支糧米自後不願依親者聽

其坐班遂爲例

孝慈高皇后嘉惠監生之有妻室者不知何時彼及吏典俱無年月可徵云月糧舊規先扣兩箇月不支

戶口食鹽官十五口吏七口具呈南京戶部坐派直隷揚州府儀真縣差吏關支永樂二年從都察院左都御史陳瑛請令兩京官吏人等每歲大口納鈔一十二貫支鹽一十二斤小口納鈔六貫支鹽六斤景泰五年令典吏承差許報五口至十口文武官員許報十五口至三十口南京食鹽成化二年內外守備及戶部題始定每官吏家量與折半納鈔支鹽官每歲不過十五口吏不過七口遂爲定例本監差吏往儀真縣典簿廳量給盤費與之多不過三兩

廩餼

餼白米酌量監生多寡數目先期約會或一二千石或五七百石具呈南京戶部照數分派直隸常州府各縣解納官吏并無家小背詑監規監生辦事官吏醫生廚役每年正月二月十一月十二月每名日支米八合五勺三四五六七八九十月每名日支米一升有家小監生正月二月十一月十二月每名日支米八合五勺除朔望日不支三四五六七八九十月每名日支米六合五勺除朔望日不支

黃豆每年先期約會一二百石具呈南京戶部

照數坐派直隸常州府各縣解納每年支豆二十石造醬四箇月一次放支磨豆腐豆兩廂每次各一石監丞六斗博士六堂等官各四斗吏典各二斗監生辦事官吏醫生各四升

磨粉菉豆每年先期約會一二百石具呈南京戶部照數坐派直隸太平府各縣解納每年四箇月一次放支兩廂每次各一石監丞六斗博士六堂等官各四斗吏典各二斗監生辦事官吏醫生各四升

小麥每年先期約會一百石具呈南京戶部照

數坐派直隸寧國府各縣解納每年支四十石或五十石造醬其餘折補師生官吏人等兩箇月饌米每月除三升三合兩廂各月一石監丞六斗博士六堂等官各四斗吏典各二斗監生辦事官吏醫生厨役各五升五合已上白饌米逐月關支黃菉豆四箇月一次關支如遇放支之際堂長各將班生出進日期實支數目具呈本監批行典簿廳附簿行委堂官一員監放仍將放支數目具手本赴戶部總督科道等衙門按月註銷香油上下半年會計每半年約會五百餘斤具呈南京戶部坐派應天府上江二縣解納每半年兩廂各二十斤監丞八斤博士六堂等官各

六斤吏典各四斤監生每名日該三分

鹽上下半年會計每半年約會三千餘斤具呈

南京戶部發鹽倉關支每半年分散兩廂各一

百斤監丞六十斤博士六堂等官各四十八斤

吏典各二十四斤監生每名日給三錢

花椒上下半年會計每半年約會五百餘斤具

呈南京戶部坐派應天府上江二縣解納每半

年分散官吏同香油數日監生每名日該五分

醬每年五六月內本監支小麥四五十石發鋪

戶每石磨麵八十斤每麥十石支黄豆四石仍

給膳銀一兩買柴煑豆鹽查照監生多寡約會一千五百餘斤具呈南京戶部發鹽倉支領每年一次分散兩廂各二百斤監丞博士六堂等官吏各一百斤監生每名日給二錢

醋醅應天府上江二縣額辦每月初旬各縣上納一千斤典簿廳造冊分散每月兩廂各一大桶監丞等官各一小桶監生每名月給一細桶

餼肉應天府額辦三日各衙門一次送納多寡憑本監會計見今會定三日一次部税司該六十三斤江東宣課司三十六斤聚寶門宣課司

五十四斤龍江稅課局二十七斤三日共該肉一百八十斤典簿廳分散都稅司五次一解兩廂各八斤監丞六斤博士六堂等官各四斤吏典各二斤監生每名各一斤自率性堂散起江東龍江每各五次一解兩廂各四斤監丞三斤博士六堂等官各二斤吏典各一斤監生各一斤接率性堂未散者起至修道堂聚寶門每五次一解兩廂各六斤監丞四斤半博士六堂等官各三斤吏典各一斤半監生各一斤接修道堂未散者起官吏遇解支給其監生接續輪流

週而復始醫生每遇率性堂支肉方與一斤辦事官吏每名半斤同本監官吏遇解支給

乾魚二萬二千一百二十五斤弘治十七年祭酒章懋題准每斤折銀二分湖廣布政司解赴南京戶部收貯典簿廳具領或一百兩或二三百兩到監貯庫候分散盡日又領每年四箇月分散一次兩廂各八錢監丞六錢博士六堂等官各四錢吏典各二錢監生每名一錢辦事官吏醫生同嘉靖二十三年督理湖廣等處錢糧戶部主事郭乩移文南京戶部稱無坐派南監數目湖廣司呈堂行本監以查明事例復之

菜園戶辦納分爲四季春芥菜夏茄子秋冬瓜冬白菜照依時估價直以多寡定散師生吏典如遇過湖亦在內支取舊定芥菜租銀六兩二錢九分茄子租銀一兩八錢八分冬瓜租銀八兩六錢九分五釐白菜租銀六兩四錢九分八釐每年額辦菜地租銀三十三兩三錢六分三釐

稻皮上江二縣遞年各納一百三十石乃洪武

中奉

欽依用以滌器宿火者弘治十七年奏准各額辦銀五兩解納

以上俱爲會饌而設者按洪武以迄景泰間會

饌之制掌饌預備椅卓器皿于饌堂祭酒南向司業北向監丞博士六堂等官東西向坐諸生分東西班坐其後大約膳夫一人掌監生二十五人饌先食則鳴鐸傳唱曰食不語坐必安久食畢二十五人食器皆一膳夫收之無敢喧譁失次者日以爲常景泰後以缺新而止成化間祭酒周洪謨弘治初祭酒謝鐸皆嘗建言復之終不果行乃計日而均之師生焉則猶會饌也惟是膳夫攺爲雇役公用得以任意支費嘉靖六年十月北監祭酒嚴嵩題准以十分爲率其

九分按季給散監生内除一分以備公用十年六月太常寺卿掌北監事許誥奏言膳夫者厨役之别名觧米銀兩雇人造饌因不會饌各官分用宣德年間鈔錠直錢監生既每月關支錢鈔麥豆已自足用豈有復分散雇役膳夫銀之理是膳夫銀原係監生不當得者應合查明議處

上命禮部議之爲户科給事中葉洪等參奏節奉

聖旨禮部并南京禮部還各委該司官一員會同該監將額設監生膳夫供給等項逐一查明按月

給與以副
朝廷儲養之意其堂上官與各屬官再有仍前將錢
糧開稱別項公用及侵分入己的着兩京科道
官指名叅奏坐贓論罪不饒欽此禮部題准如
嚴嵩所言將前項銀兩先儘師生飲饌公共之
資而後會其餘剩以充修買公廨等項費用既
復舊規又革時弊
上從之南京禮部委儀制司主事吳世澤會查過膳
夫收支實在銀兩數目祭酒林文俊費案前後
條陳欲於膳夫數内改十名照北監事例充當

廟戶禮部題奉
欽依每年膳夫銀兩以十分爲率內除一分以備公用仍改撥廟戶十名在監供役於是惟以八分按季均散師生令令諸生備列于通知簿後以憑查考云仍具洪武中會饌則例于後

米則例官吏師生十一月初一日起至二月終每名日該米八合五勺　內府辦事每名日該米四合二勺三月初一日起至十月終無家小每名日該米一升有家小每名一日該米六合五勺　內府辦事每名日該米三合

黃豆則例每頭該麩豆腐黃豆一合

菉豆則例每名乾菉豆粉一兩熟粉二兩湯豆一勺

雜用則例鹽每名三錢醬每名二錢川椒每名一五分香油每名三分醋每四十名該醋一

瓶麵每名八兩猪肉每名生肉四兩熟三兩五錢醃菜每名日該二兩麵觔每名二兩乾魚每名二兩醬每名三錢湯菜每名日該六兩饅頭一雙乾麵八兩肉四兩水四兩共該一斤

飯則例官吏師生十一月初一日起至二月終每飯一桶該人九名半三月初一日起至十月終早午飯每桶該人一十一名半晚飯該人一十三名

按北監諸生每名日支柴二斤本監無之惟琉球官生從人每人日支柴五斤炭二斤

○通知簿式

某人年若干歲係某處府州縣人由舉人或歲貢或援例習某經某堂幾班身材中等或長短青白或紫膛色有無微鬚

曾祖某　祖某　父某俱闕仕不仕

母某氏或繼慈生養等母某氏

重慶具慶或嚴侍慈侍永感下
兄某　弟某　娶某氏或聘某氏
一入監某年月日
一咨單有無
一出復某年月日或無
加丁某年月日丁憂加幾日或無
一監曠有無
逃曠有無
過湖有無
一水程有無
扣至某年某月某日實坐班幾箇月日
一領過膳銀自某年月日始若干兩
饌米自某年某月某日始共若干
月粮家小有無自某年某月某日始共若干
一饌物自某年月日始共若干以下俱同
一乾魚　一黃荳　一菉荳
小麥　一香油　一花椒
一菜　一東瓜　一茄
一鹽　一醬　一醋
一嘉靖某年某月某日撥在某衙門歷事

每月課四書義一道本經義一道論一道詔誥表內科一道策一道

每日讀書上等記一百二十字中等記一百字下等記八十字四書五經說苑律習字一幅

夜誦燈油及廩饌等項查有課方准支給洪武十八年定

○胥徒

吏四名堂上司吏月支米二石本色一石典吏二名及典簿廳典吏一名各月支米一石三十六箇月爲滿近例三十箇月之外仕支六箇月以存省國儲

醫生二名係應天府取撥

直堂皂隸十名把大門二名看倉庫三名共一

十五名繩愆廳直廳三名典簿廳直廳二名每名該銀一十兩

祭酒下六名司業下四名監丞博士助教學正學錄典簿典籍下各二名每名該銀一十二兩遇閏加一兩爲柴薪

膳夫民僉者洪武中原額一百二十名一百名供應會饌二十名改爲園戶一百名内改廟戶十名見存九十名九分爲率一分公用八分分四季見前徒夫充者一百五十名每名一年該納工食銀三兩六錢近議納銀二兩本監召人代役然常移文催徒多不至以是徒爲虛設

敬一亭幷啓聖祠門子三名每名銀七兩二錢遇閏月又加六錢分派溧陽溧水句容三縣解納

刷印匠四名上元縣每年額辦銀二十四兩江寧縣二十八兩八錢俱分爲四季解納

庫子一名每年南京兵部武庫司定派鎮江府編僉連人并工食銀一十兩一同解監

廚子六名上江二縣募令應役

菜園戶洪武中原撥膳夫二十名爲園戶今無定額

器用

彝倫堂器用中位香案一張　磁香爐一箇　公座暖卓二張　案衣二付

涼卓二張　案衣二付　暖椅二把

暖褥二付　涼椅二把　涼席二付

屏風二面　地臺二付　大書厨二箇

印架一座　印卓一張　簽卓一張

簽同二箇　銅鐘一架　鼓一架　圈椅一把
講案一張　講椅一把　長條靠凳二條

東堂器用

案卓二張　圓椅二把　書厨二箇
屏風五面　長條靠椅二條
又圓椅一把
書卓二張

東廂房器用

案卓一張　案衣冬夏各一付　小卓一張
圈椅一把　地臺一扇　小卓一張
錫硯盒筆架一付　書厨一箇　卷簣一箇
水盆一付　火盆一付　石硯一付

南廂房器用

案卓一張　案衣冬夏各一付
圈椅一把　地臺一付　小卓一張
錫硯盒筆架一付　書厨一箇　卷簣一箇
水盆一付　火盆一付　石硯一付
廂房倒厨房　鍋竈二箇　水缸一箇
水桶二箇　錫茶壺一把
茶鍾盤匙杓一付
卓凳二箇

繩愆廳器用

公座案一張　案衣一付
公椅一張　書案一條

內屬椅桌各一張 錫硯盒筆架一付

行樸紅凳二條

博士廳器用 公座案三張 案衣三付 公椅三張 地臺二扇

錫硯盒筆架三付 書案二條 長凳三條

大圓石硯一箇 大小書厨二箇

率性堂器用 公座案二張 案衣二付 公椅二把 俱嘉靖二十三年新造

地臺二付 錫硯盒筆架二付 小卓二張

書卯長案卓二張 大圓石硯二箇

大書厨一箇 東班案卓二十一張長一

丈二尺濶二尺二寸 邊厚五寸 凳十五條長

一丈二尺濶一尺二寸 西班案卓二十一張

凳十條長濶同前

修道堂器用 公座案二張 案衣二付 公椅二把 地臺二付

錫硯盒筆架二付 小卓二張

書卯案卓二張 大圓石硯二箇

大書厨一箇 東班案卓一十九張

凳一十八條 西班案卓二十張 凳十六條

誠心堂器用 公座案二張　公椅二把　案衣二張　地臺二付

錫硯盒筆架二付　書卯案卓二張

大團石硯二箇　大書廚一箇

東班案卓二十一張　凳一十八條

西班案卓二十一張　凳一十九條

正義堂器用 公座案二張　公椅二把　案衣二付　地臺二扇

小卓二張　錫硯盒筆架二付　大書廚一箇

書卯案卓二張　大團石硯二箇

東班案卓二十四張　凳二十一條

西班案卓二十七張　凳一十八條

崇志堂器用 公座案二張　公椅二把　案衣二付　地臺二付

錫硯盒筆架二付　小卓二張　大書廚一箇

書卯案卓二張　大團石硯二箇

東班案卓一十四張　凳一十一條

西班案卓一十七張　凳一十七條

廣業堂器用 公案卓二張　公椅二把　案衣二付　地臺二扇

小卓二張　錫硯盒筆架二付　文書廚一箇
畫卯案卓二張　大團石硯二箇
東班案卓十六張　凳十九條
西班案卓十七張　凳十九條

典簿廳器用　公座案一張　案衣一付
公椅一把　地臺一扇
文書廚二箇　印架一座　錫硯盒筆架一付
大銅缸四箇高尺　徑濶　尺　石缸　箇
官斛升斗各二面
官秤一付有架

典籍廳器用　公座案一張　案衣一付
公椅一把　地臺一扇
收各書頭板大廚一箇　小卓一張
東書樓書板　架　西書樓書板　架

掌饌廳器用　公座案一張　案衣一付
公椅一把　地臺一扇
醬房醬缸　箇　醋房醋缸　箇
肉案一條

銀庫器用　公卓一張　椅三把　官天平一付
銀櫃一付大小廂二箇　鎖鑰八付

桝油庫器油缸二箇平椒簍大凳二條黄菉豆小麥倉五箇

光哲堂器用案桌二條凳二條

鑰匙先師廟三把　廟庫八把

夜誦燈油監生每名日支五錢五月下半月爲給過八月上半月天氣炎熱全不支

公用紙劄按季於刑部關支監生課倣紙月大盡每人給三十一張小盡給三十張

凡在公器物不宜用於私宅洪武初祭酒許存仁因是被論矣可爲殷鑑也

上敘

國初監生坐班支饌者自廣業堂升至率性堂然

後積分以多寡爲叙量與出身凡洪武中除授方面科道部屬等官皆在監者也洪武二十九年始令監生年長者分撥各衙門歷練政事自此迄永樂初年在監與在歷者始兼用矣積分之法既廢惟有歷事乃得出身故坐班者每於月終自計支饌月日計幾年書之紙名曰序单呈送本堂揭查通知簿覈實乃赴繩愆廳監丞總爲扣筭仍發典籍廳查實背訖監規典簿廳查實支饌年月不差然後類呈東廂房看驗查筭曠日參對相同批定乃通以序簿紀之仍榜

其姓名于門外謂之上序然中有虛曠弊端萌矣正統三年祭酒陳敬宗奏准始罰曠焉凡牧班日輪堂長糾之必報曰巡視諸生各在班講習整齊嚴肅遇犯規矩者罰爲曠日坐班三年例得省親畢姻與凡給假告病有定限者違則扣日加曠嘉靖十五年禮部奏准違限者計月加曠例益嚴矣祭酒王道嘗查出本監見行事例一曰會試不中復監查有順天府文引准水程三箇月餘日作曠第二次准一箇月半第三次以後俱作曠二日復

命回還到監准水程三箇月及御史印信手本開稱
本生患病是實仍准一箇月半餘日作曠三曰
在監告丁服滿復班該撥之日查筭本生前後
寔坐堂日數每日加半日其服内一年之外挨
喪者查有一年以裏預申到監每日加一日無
預申及預申一年以外到監者俱不准四曰丁
憂起復到監禮部手本開稱違限聽咨者雖先
前坐堂年深亦候咨文到日果係無碍方准挨
次撥歷五曰告病或依親回還原籍丁憂服滿
復監查有預申一年以裏到監者方准加丁無

預申及預申一年以外到監者俱不准六曰告
就教職不中復監查有吏部咨文并順天府文
引准水程四十五日如無咨文文引俱作虛曠
七曰給假畢姻省親等項自出監至復班中間
日月俱作曠八曰有爲事者以提送法司日爲
始筭爲虛曠俟其事完復監之日方筭坐堂九
曰監生新到監或復班及復
命告就職回者坐堂四十日之内即告丁憂多係匿喪
入監行查雖明亦不准加丁十曰北改南監生
俱不准水程其南京禮部手本內開有齋執號

紙字樣方准北監坐班月日如無號紙止以入本監之日爲始北監月日不准按成化間齎執號紙紅單者多添日月祭酒王倎行查既明乃以坐本監者七分北改南者三分撥出以抑之今查正德五年六月案卷修道堂東二班監生胡東之呈爲收補餼米事本生四川敘州府南溪縣人正德四年六月初九日應例入北監定坐堂兩箇月爲因父胡賢陞南京戶部員外郎毋患發背瘡疾欲改南監隨任讀書養毋具告准改南監肄業至正德五年六月二十日止實坐堂十箇月零四日除水程外寔定坐堂共一十三箇月零四日一向未曾關支餼米理合具呈收補便益禮部咨文開稱雲貴川路廣遠返往不堪准令坐監免撥依親合查本生到班之日爲始扣除兩箇月與支餼米北監坐過日期照例俱作虛曠自是祭酒石珤王瓚俱行查北監紅單真偽至祭酒馬汝驥始准紅單十箇月作四箇月爲例舊規舉貢官生合而爲一

俱寔坐堂滿六箇月挨次上東序援例監生寔坐堂滿十箇月上西序各候挨撥其復班監生先前年月雖深仍坐堂一箇月方許上序查其月日當在某人前後以幅紙揷於其中名曰揷序用印鈐記若及上序之期内有咨单未到及違限聽咨行查未報等項違碍者俱候圓明之日方許上序撥歷如有欺隱冐撥者查出取回除痛責照舊聽候外仍壓撥四次嘉靖二十年例許俊秀子弟及青衣生員援例入監坐堂支餼一年方許上序然鼓舞激勸寔有機焉誠使

季考高等及格者覈其德行道藝果超羣類歲舉十人吏部聽選則在監者得與在歷者相兼除授將來坐班者必衆而積分之法因可復也

撥歷

凡監生歷事者謂之正歷寫本及辦事者謂之雜歷自洪武至成化十六年筭曠監生張英查得南京五府六部等衙門歷事監生二百一十八名中府五名左府五名右府五名前府五名後府五名吏部十名戶部二十四名禮部六名兵部十名刑部三十九名工部三十名都察院

三十九名通政司三名大理寺三十名行人司二名查得洪武永樂以來歷事監生照依入監年月挨次撥送正統三年祭酒陳敬宗奏准以坐堂月日深淺挨次撥送歷事三箇月考過勤行移吏部知會各生仍於原撥衙門歷事挨次取用景泰年間歷事三箇月考勤畢重歷一年送吏部聽用天順六年學正梁端建言歷事三箇月考勤畢重歷九箇月送吏部聽用天順八年欽奉詔書通減作六箇月成化五年訓導虞孟建言加爲一年成化七年監生劉泰等奏准今後重歷九箇月內減他兩箇月成化十二年祭酒王儁等奏准歷事十箇月者減作六箇月奉聖旨只撥歷一次准他以後還照舊例再不許更改欽此

南京戶部等衙門寫本監生二十八名戶部二名兵部一名刑部十四名工部二名都察院七名大理寺二名查得宣德正統年間各衙門寫本監

生不拘年月深淺本監揀選撥送戶部等衙門一年為滿後後節該祭酒李時勉奏准一年滿者於坐堂六年以上人內選撥景泰以來各衙門寫本監生俱以一年為滿本監照例撥送天順八年述減作八箇月成化五年訓導虞孟建言加為一年成化十二年祭酒王倎等奏准寫本一年減作八箇月奉　聖旨只准撥二次以後還照舊例再不許更改欽此差撥內外衙門辦事監生一百二十四名吏科一名戶科一名禮科一名兵科二名刑科一名工科一名尚寶司二名勘合科二名掌房科四名中府二名禮部五名晒晾五十名各道刷卷每道四名查得洪武年間至今俱以半年滿日更替每日辦事畢仍復回監晝酉宿號弘治三年奏准南京吏部禮部各添寫本監生二名

兵部再添一名凡歷事寫本科差共二百六十六名其晒晾後革去四十名刷卷止存四名在監五日一到班後因寫内府精微奏取監生十名弘治八年禮部尚書倪岳題稱天順以前監生作養十年以上方得撥歷後因積滯人多節將撥歷歲月量減以便疏通遂使在監監生視教養爲虚文惟知挨日月以撥歷日國學如傳舍但知圖倖以出身將來國學空虚舊制隳廢合照舊制日月爲滿方與更替待監生如前積至一萬再行查處

敬皇帝從之正德七年南京吏部議處撥歷奏准正
歷暫添二名雜歷暫添一名凡暫添監生正雜
歷一百二十六名通前舊額正雜歷共四百四
十二名嘉靖十年二月爲預處生徒以隆教典
事該禮部尚書李時覆題奉
聖旨這在監坐班人少都因近來將歷事年月減少
并濫加雜歷長差等項用人數多惟務姑息私
恩不論公法倪岳奏内所稱旣天順年間以前
十年以上方得撥歷今却坐監未及一年或八
九月的俱已會緣撥出大壞

祖宗作養之法這等奸弊所宜速革便着吏部查照
舊規各衙門歷事每應用名數明白開奏著為
定例不許似前濫撥數多尋一令他出銀寫本
及無名差用以致他困窮今後凡歷事三箇月
考勤之後着照倪岳題准事例仍歷一年其餘
寫本一年清黃寫誥清軍清匠三年以至出巡
等項俱照舊例月日為滿方許更替其歷事并
出巡凡奏內既都例該監生僉名凡事有可否
許他公同議擬舉察所司奸弊以稱
祖宗設立歷事深意待以後考選貢到京坐監的遵

照
祖宗監規由廣業堂肄業以漸升至率性堂然後積分量與出身果有才學超越異常的取自上裁擢用還併查催給假監生前來增貢事例不必開庶免吏部用人壅塞之弊欽此於是減去正雜歷缺一百六十五名添正歷爲十五箇月雜歷十二箇月十五年十二月南京禮部右侍郎費宷題爲比例查復舊額增減歷缺疏通人才事已經禮部覆題奉
欽依將南京各衙門歷缺仍照舊額之數增復四百

四十二名仍查復舊例將正歷止歷十二箇月雜歷九箇月通行派撥十六年九月南京禮部尚書霍韜題准比照北監事例各遞減三箇月令後正歷九箇月雜歷六箇月其已撥出者一體遞減俟他日坐班生員稀少之時仍行冊議停止然舊規依親給假復班者在前歲月雖深必半年而後撥擇敬謹者爲堂長必三閱月而後差苟取撥太多則舊規紊亂且監生在監者日以少矣常時不逾三百一遇過湖僅差一百八十人又遇京畿道刷卷差七八十人而班已

多容剳暫添之例雖停止可也至於本監撥歷之法東序七人西序三人俟東序人少則臨期酌處務在均平實祭酒謝鐸奏准事例云撥歷舊在東廂房嘉靖五年祭酒湛若水改在東堂會同屬官唱名

行移

洪武禮制國子學凡有行移本學典簿呈六部平關應天府六部劄付國子學典簿成化年間見行本監呈禮部禮部劄付本監其餘衙門俱係典簿廳具手本於司屬往來如禮部奉有

欽依撥送舉人歲貢官生援例生員入監及本監具

題查復事理俱行劄付本監其起送給由官員與監生關領冬夏衣服并改監依親丁憂等項本監俱用呈文徑呈吏禮二部凡引

奏復職官員給散官及依親丁憂復班監生解發膳夫豆麥銀兩祭祀禮儀等項俱是各部該司手本徑行本監典簿廳呈監其告就教職撥正雜歷監生查復加授散官緣由應該行查依丁起復監生年月及戶刑工等部都察院等衙門坐派錢糧查理囚徒關領紙劄修理衙門一應文移本監俱案令典簿廳手本徑行各該部院

司屬徃返施行右乃南北兩監通行舊規也嘉靖十七年

典

簿廳移文據會典備載洪武禮制全文及洪武十六年事例令尚書侍郎左右都御史通政使太常寺卿應天府尹國子祭酒翰林等學士許張傘蓋本貢事例雖副都御史大理卿不與焉乃知 國家崇重師儒自有體統不視權力爲軒輕也近歲因循之失諂因先任正官欲以呈文速達而不知簽名變制之爲非計務日以弄權部堂日以尊大而不知從行劄付之爲過除令撿舉改正外遵照會典禮制明文本監有行於六部俱令典簿具呈六部有行前來必須徑劄典簿一應違 制公文並不敢收受南京吏部回移文查得會典洪武初置六部三品衙門十三年升爲正二品衙門則來文所據乃十五年以前未定之制南京禮部儀制清吏司項下事凡禮部咨送舉人及歲貢等項生員到部劄

付南京國子監收發肄業則南京禮部劄付南京國子監已有定制非禮制所謂劄付國子學典簿矣及查本部卷案弘治七等年間呈送監生童子芳等又一件爲願就教職事呈送監生夏正等俱經名世師儒祭酒章楓山公懋司業羅整菴公欽順等僉呈到部據呈題　請給與冠帶及咨送吏部就教外遵行至今並無典簿廳行移來文既云太常寺卿應天府尹翰林院等學士與國子祭酒在　國家均有崇重之典今查太常寺應天府翰林院俱行劄付則劄付國子監非輕慢師儒八乃法制衙門體統然也典簿廳移文南京禮部其間移文略云成化年間升行體式有禮部劄付國子監之說原無題准事例亦難憑據或云五部並無劄付國子監事例惟禮部有之蓋謂禮部與該監事相臨屬有表裏之體也亦無考據或云洪武初年無祭酒司業只有六堂故劄典簿後設祭酒司業宜劄本監理又費解未設祭酒且不劄付既設祭酒體統益重尤不宜劄付可知也本部尚書霍韜前任吏部並不見祭酒司業姓名申呈問之

曰該監無申呈事例本部侍郎呂　前任祭酒
王部錯行劄付林尚書但覺其非差人取回改
正皆比監事例令窺詳會典體式太常光祿三
品衙門六部皆徑劄付獨國子監不許劄付蓋
太祖高皇帝崇儒重道之盛典超出三代之上與唐
虞比隆也議行該監凡一應文移俱從典簿呈
部式遵　定典本部行監如事體重大即劄本
監典簿尋常細事連送該司類行典簿呈監施
行於是又行禮部查北監事例未至南京吏部
再移文謂正歷監生與撥政進士同必須本監
簽名徑呈雜歷則用典簿廳手本會祭酒倫以
訓養病去馬汝驥代之禮部查北監事例始至
與南京禮部同然正歷竟用簽名呈部至今不
及改正皆由尚書湛若水堅執洪武十五年條
例使與北監異然條
例實會典所不載云

條約

嘉靖二十二年十月頒條約于諸生曰南京國

子監爲遵
成憲明彝倫以敷教化事欽惟我
太祖高皇帝名堂以彝倫者示爾多士尊道以成賢
也弗明則務講誦弗率則行朴罰監規大義惟
在收其放心見諸躬行而已
皇極敷言萬世爲則可弗敬與是以祇承
簡命夙夜兢兢惟表率弗堪是懼所賴兩廳六堂
各端模範以輔不逮然爾等雖皆天下英才其
中急於富貴不安義命者亦或有之書曰怙侈
滅義服美于人驕淫矜誇將由惡終雖收放心

閑之惟艱似爲今日而設也欲閑爾心豈可陵節今倣積分之法季考上等行誼可取者俱各優待五日到班果有材學異群者奏
聞擢用凡上序撥歷以三七爲率如遇東序人少臨期務要斟酌均平係成化年間題准事例今乃入監之初已萌超撥之念視賢關如傳舍苦講誦如桎梏無乃遠我
聖祖之彝訓也乎今遵照監規置集愆冊分初犯再犯三犯發繩愆廳扑罰紀錄除四犯不悛照例發遣安置外若其過出無心初猶免罰怙終迷

復理則難容每遇撥歷查冊以犯之多寡爲先後撥單榜示用彰懲勸仍置稽查講誦簿不時掣籤一如升堂點名之法令各堂長執籤取齊前赴講院聽講自經書外陳詩考禮審及樂律優柔問辯俾以漸入四方髦士琉球官生願受業者聽猶念敷教之法寔非寬縱定爲五品條約開列于後

一曰君臣之倫夫事君之義以敬爲主學古入官以遵

君上之教爲先每遇作課出題照例迴避反逆禍亂

等凶惡字樣遺者自行檢舉行文必須迴避
廟諱下一字或不得已而用仍缺點畫表策提頭例
有一二分別俱各慎寫遺錯者朴五下罰曠一
日凡
聖節冬至正旦送表習儀拜牌及
大祀齋宿每一次不到者朴十五下罰曠半月與
朔望謁
廟不到者同科俱壓撥二次一月以上不銷名者
照舊例以逃監論其所習經書仰遵
聖制以宋儒傳註爲宗近有剽竊釋氏圓覺之說廢

斥傳註譏及
先師其弗率
君上之教罪亦大矣行文内查出杜十五下罰贖半
月與季考不到者同科俱壓撥二次繩愆廳各
紀録于冊以懲不欲
二曰父子之倫夫事親之道在於及時進修期在
顯揚終始哀榮無違於禮而已爾多士遭際
聖明三途並用一拜京職即得
貤封雖任子往往有顯逾科第者今乃科舉下第
輙求省親而去以致監期久曠遂睽榮養是何

心與榜示後毋得查催卽行復班肄業其父母
年老無次丁者例許回原籍侍養若有兄弟毋
得揑詞欺誑或有不幸罹艱坐班加丁接喪預
申等項俱照舊規而行如或假托詐冒及聞喪
而上序撥歷在逃忍情秘匿者訪出定行照律
重治其不顧父母之養冒姓更名從他人撫育
不行改正者與[illegible]鬭毆致傷遺體有違監規
者俱各杖十五下壓撥一次繼愆懲各紀錄于
冊以懲不孝
三曰長幼之倫夫長幼之序內則兄弟外則師友

其究一也疾行越坐也犯名義況於欺凌乎除
撒潑嗜酒挾制師長不守監規者問發充吏已
有明條外其行騎坐馬匹狂悖桀驁徑過
廟門及遇品官爭道闖毆者採訪得實定行重治
如遇本監師長而不下者朴十五下過年長朋
輩而不下者朴十下俱追馬匹入官罰曠半月
壓撥二次堂上點名曠貫竟坐應點在前疾行
先長者朴十下私室見年長朋輩端坐不起者
朴五下俱壓撥一次走班前後喧嘩無復齒序
者堂友長口禀朴十下甚者壓撥一次不待打

鐘先出者朴五下，歷撥一次。凡給假、銷名、告出撥歷等項，早班後俱先禀本堂，待師允可，然後隨直日堂長引赴廂房，具狀帖呈告，以六堂班次爲序，每班以長幼爲序，次第禀告。混亂攙越者朴十下。若事理不可行而强辯飾非者，朴亦如之，俱壓撥一次。繩愆廳各紀録于册，以懲不遜。

四曰：夫婦之倫，夫禮法固當閑乎有家，教化必造端於梱内。爾多士循禮承教之日久矣，都會所在，聲色溺人，不可以不謹。凡居號舍，防範家小出入市聲艷曲俾使徹于帷箔內外肅靜有乎威如斯善學矣其或名雖貼號實僦民居挾妓往來或收在號舍者除事發照例問革外號長連坐若已曾授室而旅寓再娶以致妻妾失序律條有犯者堂友長豫當規誡毋待事發至於給假成婚者例該本處官司預先申部方許如有假托詐冒及告撫取實非家小而納非偶者各朴十五下罰膳半月歷撥二次繩愆廳各紀錄于冊以懲不撿

五曰朋友之倫夫友道之於人重矣所賴以麗澤

成德者也爾多士相與自輔仁責善之外尤當拯捄患難周恤窘乏若有患病給假未痊堂友長引家人具狀告與轉限差倩直生及醫生看視量隨輕重爲限遇來士風不古明知監規當以孝悌忠信禮義廉耻爲本知乃群居終日言不及義明知律例挾妓賭博出入官府起滅詞訟說事過錢等項犯者問發爲民知乃互相扇誘或詐稱患病給假營私者有之其能相觀而善學文敦行者幾何人哉故燕朋逆其師燕辟廢其學大學之明誡也凡爾取友毋近匪人彈

琴博奕星相等術毋得詣私宅求見亦毋得停留號舍有妨肄業今後堂友長倡率在班作課必自行文毋得倩人抄録寫傚必務端楷毋得苟且取完背書必勤諷誦毋得將熟書抵作生書改換僉帖講書先於本堂及博士廳請益必須明辯通曉毋得虚應故事會講復講點名不到者罰曠一日應五日到班者罰曠五日稽考講誦之時通行試驗遺者各朴五下壓撥一次詐病不肯受業者朴十下壓撥二次一月以上以逃監論其有侵尅膳饌及欺騙貼號銀兩因

而爭毆者朴十五下罰曠半月壓撥二次上序之時欺瞞曠日查序生輒與上單者罪亦如之凡趨利欺誑雖已撥在歷仍行究治縱慫廳各紀錄于冊以懲不信

右件不過曲爲之防以禁於未發所望於爾多士睎慕聖賢超越流俗自能立於無過之地又奚犯之有其門隸等役敢有邀索財物詐孽百端者許指名呈禀爲爾除之凡事情重大者俱奏聞區處猶慮奸弊鑑于

成憲利欲錮其良心尚滌前愆毋貽後悔

右仰通知

嘉靖二十二年十月　日

南廱志卷第十七

經籍考

先民有言皋夔稷契何書可讀愚竊以爲非通論也后啓誓師徵于政典說命告君學于古訓而周官三皇五帝之書掌於外史何爲者邪孔門謂何必讀書然後爲學則學在於讀書亦可見矣刪述以來天之牖民緊書是賴其可廢邪然春秋絶筆而遷固諸史作日入於贅矣孟軻云亡而荀揚諸子作日入於駁矣論說辭序則易統其首詔策章奏則書發其源賦頌歌讚則

詩立其本銘誄箴祝則禮總其端韓歐不作而諸家之文日以支離矣至於類書以文韻書以字圖本石刻之屬何其紛紛也及太極西銘定性與夫通鑑之書出而朱子集其大成孔孟之道始復明於世

皇明聖神繼作形諸堯言渾渾灝灝與典誥相表裏萬世之所誦法者皆於胄監乎頒焉奚可無紀邪夫漢不患無蘭臺而患無劉中壘唐不患無芸閣而患無顏秘書宋不患無石室金匱而患無宋集賢然則去取之當校讎之精亦存乎其

人焉爾今依舊志以官書爲上篇梓刻爲下篇

系之曰經籍考

上篇

官書本末

金陵新志所載集慶路儒學官書有宋御書石經本且多諸家奇書卷帙以數千計經兵火後元人收贓亦略全備及改爲國子學而元書皆不存今本監所藏乃我

朝所須及遞年所積之書也正統末祭酒陳敬宗

嘉靖中祭酒費寀所奏請

賜者皆在焉獨

大明集禮近所頒者與舊十九史多失於祭酒陳寰時惟沈約宋書歸然獨存是不可以不紀也舊志有總目有給六堂數目皆重復書之歲久逸者過半或名存而實亡今獨貯於彝倫堂之東西及東堂東廂者卽舊總目之遺也六堂所貯則近年請於工部新印二十一史而已今考其顛末著其存亡於下以備覽者得有所考焉其分給六堂數目者既貯於彝倫堂今不復重書云嘗見天順年間官書往往筆其後曰某堂

失亡某書令抄寫陪補若干篇嗚呼此亦衛書之鈇鉞也後之人可不懼哉可不謹哉

天順年間官書

大誥十二本完每本十葉凡十條○大誥續編十一本完每本七十八葉凡八十七條○大誥三編十二本每本八十四葉凡四十三條後序脫簡存者止一葉以上三書舊志不載蓋近年所貯○大明律四部四本太祖高皇帝覽詔大臣更定新律後洪武六年十一月勑刑部尚書劉惟謙重會衆律以協厥中而近代比例之繁奸吏可資爲出入者咸痛之每一篇成輒繕書上明年二月書成奏揭於西廡之壁上親御翰墨爲之裁定凡六百有六條分三十卷云○大明清類天文分野書二十四卷共八本洪武十七年閏十月二十

七日進舊志不載○爲善陰隲一百八十本永樂十七年三月十五日
序采輯傳記陰隲報應得百六十五人今存者一
百五十六本其間破壞殺面者一十五本○祭酒
胡儼爲善陰隲頌并序臣聞天地者萬物父母聖
人者萬民父母皇上體天地之大德育民物
於皇衷建立皇極弘敷五教作之君師表儀萬
邦功德之盛巍巍蕩蕩民無能名然世雖瑞應
駢臻而聖心恒存謙抑圖治益勤嘗於萬幾
之暇歷觀載籍博究前聞采加古人之力於爲善
而獲夫陰隲之報身享貴富子孫昌榮欲天下之
人家喻戶曉勉於爲善咸躋仁壽乃摭前言往行
類編爲書既繫之以論斷復賛之以詩章發揮善
道廣宣德化法言大訓炳如日星於是鋟梓用廣
其傳吉日臨軒頒賜臣庶使人一覽而衆善皆具
于以啓迪其良心同臻乎福慶此皇上寵之
大恩即天地無窮之陰隲斯世斯人何其幸
歟臣儼拜賜登嘉受恩感激謹拜手稽首而
獻頌曰惟皇聖明致治雍熙德秉覆載恩
被華夷爲君爲師天下表儀萬幾之暇披覽載

籍立教垂訓無踰陰騭陰騭之爲善布德施行之
於已匪求人知　天實降監毫髮無遺日就月
將善積慶滋猶耕獲稼鑿井得泉惠迪而吉理之
自然寔寔其行昭昭其天安富尊榮既厚其身福
畀光華綿延後昆求之昔賢其在簡編主善是式
惟日勉旃惟　皇御宇一視同仁纂茲盛典宣
昭人文表揭大訓播之詩章炳炳烺烺歌詠贊揚
所以贊揚導人爲善鋟梓以傳臣民至願沐浴
聖化去昏即明匪獨今斯萬世法程匪徒誦說力
行惟勤溥天率土俗厚風淳惟　皇萬壽天地
同春惟　皇法天廣乎陰
騭　聖子神孫永永無極　○孝順事實一百五十
本
永樂十八年五月十一日序歷採史傳孝行可
述者得二百七人今存者一百三十四本內損
壞殘面者
一十六本
○仁孝皇后勸善書五十八套六百一十
本
今存者六十一部每部十本共計六
百一十本舊志云五十八套蓋誤
○仁孝皇
后內訓七十八本
永樂三年正月望日序云仰惟
吾　高皇后教訓之言吾耳熟

而心藏之乃於永樂二年冬月述高皇后之教以廣之首德性次脩身次愼言次謹行次勤勵次警戒次節儉次積善次遷善次崇聖訓次謹賢範次事父母次事君次事舅姑次奉祭祀次母儀次睦親次慈幼次逮下次逮外戚凡二十篇今存者大字內訓三十本外又一本不完小字內訓十九本共四十本其三十八本亡○五倫書九部每部六套六十二本正統十二年五月十二日序祭酒陳敬宗奏准頒降今存者九部七部貯彝倫堂二部貯東堂俱藍綾殼藍絹套外八十二本查多重卷又脫首序有抄補一套計十冊天順中祭酒吳節所藏其上書云發崇志堂本班收又抄補十冊書云發廣業堂本班收內一部嘉靖中新頒○歷代君鑑書六部今亡○仁孝皇后夢感佛說第一希有大功德經八十七卷今存首五十四本在東廂○諸佛世尊如來菩薩尊者名稱歌曲

十一本見存東廂○佛說五十三佛大因緣經三卷○靈寶天尊說洪恩靈濟眞君妙經八卷○普法界之曲四卷以上三部皆亡○諸佛世尊如來菩薩尊者神僧名經四卷一本在彝倫堂三本在東廂舊志總目不載惟各堂有之今獨此四本見存○長史黃章等薄福不臣榜文一十二本章福建人洪武三十年爲文華殿直府長史敎韓王等初王與侍讀張信侍講戴彝贊善王俊華司憲修撰陳郊編修尹昌隆劉諤等十餘人翻閱學士劉三吾主考會試落卷以不用心批點且所進卷有一氣文而萬物成及至尊者君至卑者臣等語坐罪寘于法獨彝與昌隆不誅榜其事以示戒今俱亡逸惟都察院榜版尚存○招撫逃民榜文一十二本今亡○四書大全原六部每部二套

共一十二套舊志見在四部零一套今官本論語大全一部止七本缺一本又皆爲蟲損中庸大全章句或問二部俱無皮殼又爲蟲蝕孟子大全二部一部八本十四卷完一部止六本缺二本又首本缺序五葉福建板孟子大全一部四本第三本欠首葉○周易傳義大全原六部每部一套共六套今皆亡逸○書傳大全原六部每部一套共六套舊志見在四部今存者二部每部十本俱有損壞○詩傳大全原六部每部一套共六套舊志不言逸今完者二部每部十一本頗爲蟲蝕損不完者二部一部九本缺二本又第三本首尾殘缺一部五本缺六本蟲爛不可修補○春秋大全原六部每部二套共一十二套舊志見在五部零一套今存者一部十八本三十卷頗有蟲損一部止十六本欠二本且蟲損缺殘又一部僅三本缺爛不完○禮記

大全原六部每部二套共一十二套舊志不言逸今存二部每部十八本內第十本第十一本第十八本俱爲蟲損殘缺又一部九本缺九本又福建板二部每部八本一部首本面欠十三板一部第二本內欠三板末本內欠十一葉○性理大全原六部每部三套共一十八套舊志不言逸今存者一部七十卷三十本皆綾殼綾套每十本一套共三套又一部僅十八本欠十二本又一部僅十二本欠十八本紙殼無套又爲蟲蝕缺爛又破爛者五十七冊不成完書○以上四書五經及性理大全皆我成祖命學士胡廣楊榮金幼孜等編輯進呈永樂十三年十月初一日序曰乃者命儒臣編修五經四書諸家傳註而爲大全凡有發明經旨者取之悖於經旨者去之又集先儒成書及其論議格言輔翼五經四書有裨於斯道者類編爲帙名曰性理大全編成來進總二百二十九卷朕間閱之廣大悉備如江河之有源委山川之有條理於是聖賢之

道燦然而復明猶歟盛哉　成祖之興起斯文刊布天下嘉惠無窮有功聖門大矣今天下家傳而人誦之後世雖有作者弗可及也已

○四書九部每部三套共一十冊今朱子集註存者一套十本綾殼套又大學中庸集註一套二本論語集註共十一本俱爲蟲爛不完孟子集註四部每部四本皆紙殼○易傳九部每部一套六冊皆刻程子傳朱子本義今完者二部每部一套每套六本俱綾殼綾套損者五部每部六本俱紙殼紙套○書傳九套每部一套六冊蔡沉書傳四部每部六本一套皆紙殼○詩傳九部每部一套六冊朱子詩集傳一部六本一套綾殼綾套又二部每部一套六本俱紙殼○春秋傳九部每部一套四冊胡安國傳今存者一部四本綾套外六部每部四本紙套○禮記集說九部每部二套八冊陳皓集說今存

者一部八本二套每套四本皆綾殼綾套一部八本又一部四本缺四本皆紙殼○謹按我

英宗睿皇帝以五經四書經註書坊刊本字有差譌命司禮監將易程朱傳義書蔡沉集傳詩朱熹集傳春秋胡安國傳禮記陳皓集說四書朱熹集註謄寫重刊印便於觀覽司禮監欽此刊布天下其所以嘉惠無窮有功聖門者真有以緝熙

成祖之德業而殫厥心者矣右書嘉靖中奏准須降者皆在其中○春秋左傳註疏十六本六十卷脫二百六十四葉脫簡處皆以白紙釘入○西漢會要七本七十卷首本鼠壞三葉目錄缺二本卷內又欠三十二葉○東漢會要五本共四十卷卷內共缺四十六葉○宋名臣奏議三十本共一百五十卷○文選六十卷三十本今缺第十一本十九至二十兩卷天順中校正抄補凡字之昏者皆書之特爲詳善其間有消蝕在他卷而抄補者則云

不必刊抄簡省存但裝入耳○論衡三十卷共五本共脫三十一板

至元六年重抄於白雲方丈蓋元時已新之至我　朝蓋屢新之矣○文獻通考

六十本三百四十八卷○禮記纂言八本三十

六卷臨川吳澄撰標表註釋特爲詳盡月令檀弓自謂愜意但諸家註有佃駁者兼收之而繕寫者亦有差訛正德庚辰年寧國府刊後送板應天府○前漢書二十

六本二套洪武十七年甲子閏二月二十七日進○後漢書二十

四本二套○三國志十五本一套○晉書三十

本三套○前宋書三十本三套○南齊書十二

本一套○梁書十本一套○陳書六本一套○

魏書三十本三套○北齊書八本一套○後周

書十本一套○南史二十本二套○北史三十本三套○隋書二十本二套○唐書五十本五套○五代史十本一套○宋史一百本十套○遼史十二本一套○金史二十四本二套○元史五十本五套以上二十一史皆藍綾殼藍綾套牙籤錦帶共計五百四十本

凡五十二套貯在彝倫堂大櫃內○率性堂二十一史○修道堂二十一史○誠心堂二十一史○正義堂二十一史○崇志堂二十一史○廣業堂二十一史○以上六堂各有大櫃貯之其裝釘冊數俱同七處總計一百四十七部三千七百八十本○按宋景祐元年九月秘書監丞余靖上言國子監所印兩漢書文字舛譌恐誤後學特請刊過其後元江東建康道肅政廉訪使以十七史鏤得善本從太平路學官之請編牒九路令本路以兩漢書率先諸路咸取而

式之正德十年雖經刊補然未完也及嘉靖七年奉勅校正補刊至十年乃完奏請令工部刷印分貯彝倫堂與六堂以便師生觀覽○千字文帖原六部每部五本共三十本舊志見在二十九本今存者四部一部以魚璽紙書以禮樂射四御書數爲號凡六本二百五十二葉書字本是書上皆有臨過墨迹又一部散缺四十一葉今釘作四冊又一部散縫多僅六十葉又有抄寫本僅三十葉○洪武正韻五本全以下官書俱在東廂○大明會典十套一百本內府大字板全○會典三十本闕板全○大明一統志四十本闕板全○周易傳義大全十二本○復齋易說一冊○易經註疏一本○程子易傳二本又六本○朱子本義三本○尚書疏一本○又尚書正

義一本○書傳大全十本書傳六本○尚書釋文三葉○詩傳大全十二本○詩傳六本○毛詩註疏七葉○春秋經傳集解六本○春秋正義六本○春秋左傳正疏七本○春秋公羊傳疏一本穀梁傳疏一本○春秋集傳大全十八本春秋傳四本○三傳辯疑八本○儀禮經傳通解三十五本○儀禮集說七本有缺○禮記大全十八本○禮記集說八本○論語集註四本大全八本註疏一本○大學中庸集註二本或問二本大全二本○孟子集註四本大全八本

○孝經正義一本○論語旁通一本○爾雅註
疏一本○小學白文一本○性理大全三十本
○荀子二本○太玄集註二本○劉向說苑二
本○白虎通一本風俗通一本○許氏說文一
本○周子太極圖說一本○周子一本○朱子
三書一本○史記十八本○資治通鑑胡三省
註八十本○西漢會要三本○東漢會要二本
○大事記通釋一本○南史二十五本北史二
十五本○晉書三十本（內缺志二本闕板）○宋書五十
本（宋板完好獨缺一葉）○魏書三十本三套○杜佑通典

三十本○五代史十六本外二本重出○讀史管見九本又舊讀史管見四本○諸葛武侯傳一本今存者六葉○景定建康志二十六本弘治年間錄補尚有缺篇○漕河通志五本○臨川志五本○十八史畧四本○瑞陽志一本○武林舊事二本○文選三十本又十四本○朱子大全集四十本閩板竹紙○文章正宗十本續文章正宗六本○宋名臣奏議三十本○朱子讀書法一本○廣韻一本○玉篇一本○武經七書一本○將鑑論斷一本○脩辭鑑衡一本○養老新書一本○檜亭

藁一本〇三事忠告一本〇淮陽獻武王詩集一本〇救荒活民要類一本〇策準二本〇文髓一本〇南臺備記二本〇名賢確論十本〇金陀粹編五本續編五本〇頤齋蒲先生文集三本〇曹文貞公詩集二卷〇歐陽居士文集五本〇通鑑綱目十四本〇南京國子監條例六本續條例二十六本成化十五年祭酒王文肅公與所編以吏戶禮兵刑工分類獨禮類爲多自洪武十五年至成化十五年凡六本自成化十六年至嘉靖二十二年爲續條例二十六本皆未及分類今南廱志頗此書之存編作事紀〇南京國子監條例類編六本草稿二十二本嘉靖二年祭酒崔文

敏公銑所編分爲四十類曰勑旨曰幸學曰賞賜曰學校曰學規曰祭祀曰禮儀曰開讀曰修明教化曰纂修實錄曰查理黄冊曰照刷文卷曰薦舉曰除授曰修造曰修齊曰雜行曰印信曰俸糧曰廩膳曰書籍曰入監曰撥歷曰取用監生曰教養人材曰考試曰陳言曰就教曰乞恩曰改監曰復監曰科舉曰侍親曰省親曰畢姻曰撥取曰丁憂曰患病曰違限曰分豁其草稿二十二本皆錄案卷全文手自筆改删錄以成編者不過四之一耳然節畧或有遺焉蓋務在從簡故也

○儀禮經傳通解三十五本多缺篇

○玉海八十本右俱東廂櫃中頗完好可觀

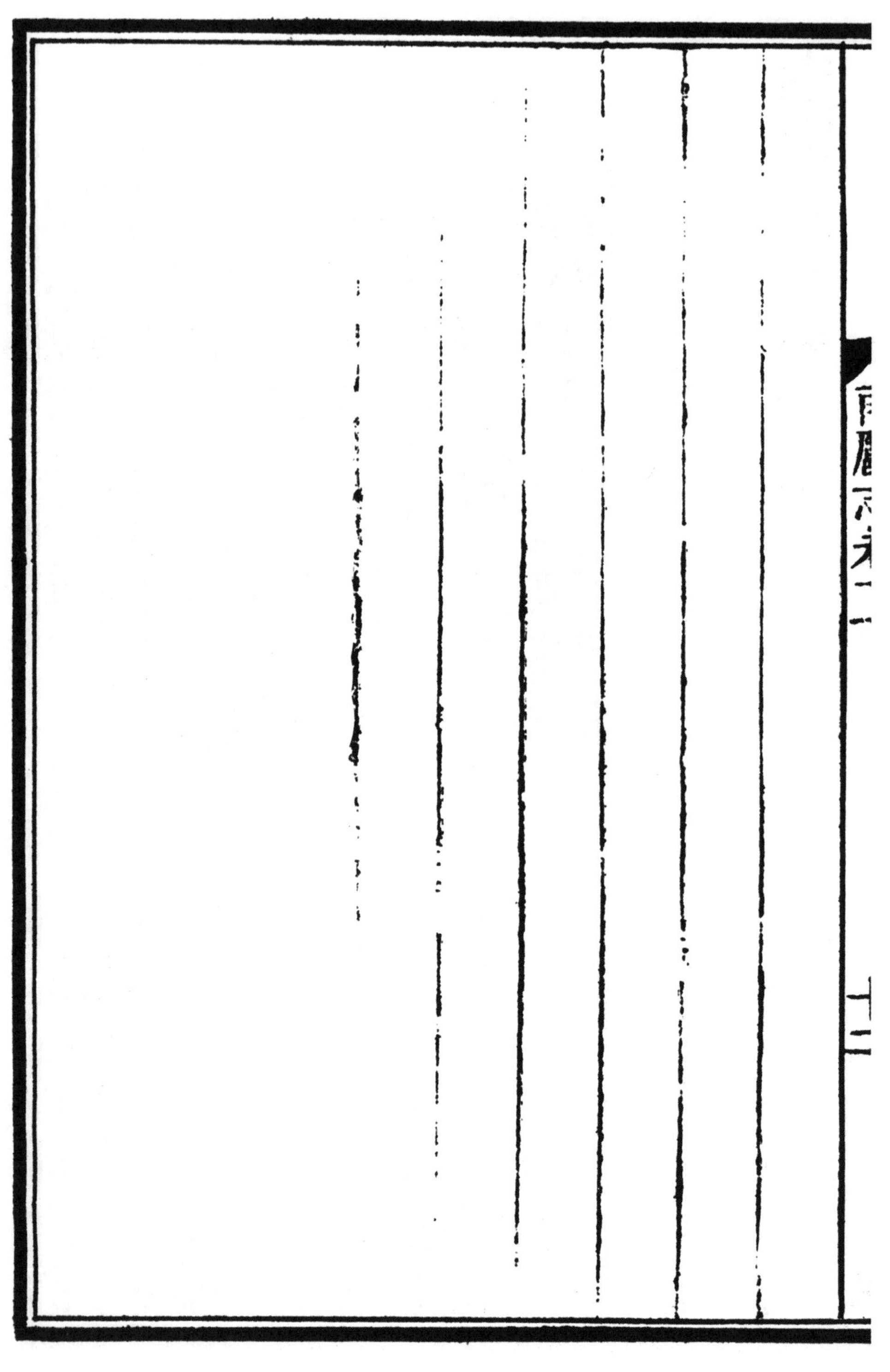

南廱志卷第十八

經籍考

下篇

梓刻本末

金陵新志所載集慶路儒學史書梓數正與今同則本監所藏諸梓多自舊國子學而來也明矣自後四方多以書板送入洪武永樂時兩經

欽依修補然板既叢亂每爲刷印匠竊去刻他書以取利故旋補旋亡至成化初祭酒王㒜會計諸書亡數已逾二萬篇時進視京畿南京河南道

御史上海董綸乃以贓犯贖金送充修補之費文獻通考補完者幾二千葉焉弘治初始作庫樓貯之嘉靖七年錦衣衛閑住千戶沈麟奏准校勘史書禮部議以祭酒張邦奇司業江汝璧博學有聞才猷亦裕行文使逐一考對修補以備傳布於順天府收貯變賣菴寺銀取七百兩發本監將原板刊補其廣東布政司原刻宋史差人取付該監一體校補遼金二史原無板者購求善本翻刻以成全史完日通印進呈以驗勞績

制曰可於是邦奇等奏稱史記前後漢書殘缺糢
糊原板脆薄剜補隨即脫落莫若重刊又於吳
下購得遼金二史亦行刊刻共該用工價銀一
千一百七十五兩四錢七分刷印等費不在數
內其餘十五史費用尚多合於本監師生折乾
魚銀寄貯南京戸部羨餘銀內動支一千八百
兩以給費用巳而邦奇汝壁陞遷去任祭酒林
文俊司業張星繼之乃克進呈然多有遺脫不
如新刻之精緻也今委助教梅鷟盤校分有九
類鷟以已見附焉一曰

制書類二曰經類三曰子類四曰史類五曰文集類六曰類書類七曰韻書類八曰雜書類九曰石刻類亡缺者視成化初又過半矣將來何以處之意欲奏

聞盡籍留都刻印工匠於本監而日補之或庶乎可完也

制書類

監規一卷全洪武以來列聖玉音具在監生所背誦者典籍掌之非背訖監規不得支饌故首載焉○大誥一卷板全洪武十八年十月頒行翰林院學士劉三吾序其後○大誥續編一卷板全仍尾末終○大誥三編一

卷脫者第七十六一面以上三書存者共二百又八面○大誥武臣一卷共四十面內缺一面洪武二十年十二月頒行凡二十有二條○大明令一卷共六十一面脫第十六一面洪武元年正月十八日頒行分為六類○洪武禮制一卷存者八十三面脫第五一面○大明律三十卷存者二面餘皆缺○教民榜一卷二十四面全○洪武三十一年三月十九日戶部尚書郁新等同文武百官於奉天門早朝欽奉聖旨頒行○資世通訓一卷存者八面欠者六面○洪武中頒有御製序○存心錄十卷存者四百五十八面欠者三面○洪武中聖祖令儒臣編次本朝祭祀壇位禮儀為圖詳具于前又以歷代群書災祥可驗者條列于後○洪武正韻十六卷存者四百十八面破者十五面脫者四十一面聖祖諭詞臣曰韻學起於江左殊失正音如東冬清

青之類此獨用當併爲通用者虞模麻遮之屬此一韻當析爲二韻者如斯之類不可枚舉當重刊定之於是翰林學士樂韶鳳宋濂遵詔以中原雅音爲主凡六勝稾始克成編音諧韻協者併之否則析之義同字同而兩見者合之舊避宋諱不收者補之註釋則一依毛晃父子之舊計七十六韻　○洪武正韻小字十六卷存者一百四十一面破板十塊此書舊志失載欠八十面未終　○孝慈錄一卷存者三十八面缺者一面　○洪武七年冬十一月　孫貴妃薨詔廷臣議禮　太祖以父服三年父在爲母則期年祗昂太甚於是立爲定制子爲父母庶子爲其母皆斬衰三年嫡子衆子爲庶母皆齊衰杖期使內外有所遵守　○稽古定制一卷板十五面全○洪武二十九年十一月我　太祖以大臣多不遵定制特命翰林斟酌唐宋制度定到墳塋碑碣丈尺房屋間架及食祿之家與販禁例編類成書　○禮儀定式一卷序六面板共二面

十六面全○洪武二十年冬十月　太祖高皇帝召諭羣臣曰近者臣僚尊卑體統多未得宜汝等宜著禮儀以爲定式於是禮部尚書李原名等取舊增損條列爲款一十有四分條三十有七頒行天下學士劉三吾董倫皆有序○御製帝訓一卷板全○宣德三年二月　宣宗章皇帝御製自君德篇至於藥餌篇凡二十五類○御製官箴一卷板全○宣德七年六月　宣宗章皇帝御製自都督府至於儒學箴凡三十五篇以上二書嘉靖十七年祭酒倫以訓刊得之論德江汝璧云○古今列女傳三卷存者一百零四面失者七面　孝慈高皇后每聽女史讀書至列女傳謂宜加討論刪定爲書請於　皇祖命儒臣攷正有緒未就永樂元年乃命儒臣編次古今后妃諸侯大夫士庶人妻之事分爲三卷頒之六宮行之天下是年九月序

經類

周易註疏一十三卷 好板一百四十二面壞者十九面遺失二百二十四面有餘○魏郎中王弼輔嗣註上下經而上彖下彖上象下象乾坤二卦文言附於各卦爻辭之下其門人韓康伯註繫辭說卦序卦雜卦弼又作略例唐孔穎達等爲之疏序稱十有四卷宋秘閣書目亦云今本止十三卷謹按鄭玄王弼皆傳費氏易者也梁陳以來二註並列于國學隋後弼註獨行宗鄭者謂弼爲野文取弼者謂學爲獨冠愚嘗考之鄭主象占王主義理象據實而有徵理懸空而剿說孔穎達等以溺於象象占不若暢以義理遂專釋弼註後世宗之鄭學遂廢○周易大字註疏六卷 七板 ○周易小字註疏九卷 存者三十八面餘皆缺 ○周易程氏傳五卷 存好板二十面壞者八十二面○伊川程頤撰脫者若干板此書止釋六十四卦而以序卦分置六十四卦之首繫辭說卦雜卦皆未釋 ○周易本義九卷 發例缺圖缺啓蒙上存者

十八面昏蒙[illegible]存者六面上經存者十一面下經存者二十面彖上下傳缺象上傳存二面象下傳存二面繫辭上傳存者十面繫辭下傳缺文言傳缺說卦存二面序卦傳存者二面雜卦傳缺筮儀缺○晦庵朱熹撰謹按漢書藝文志云易經十二篇顔師古曰上下二經及十翼十篇故曰十二篇漢費直初以彖象釋經附近卦後今乾坤二卦是也王弼又分諸卦爻辭之下而增入文言於是始加彖曰象曰文言曰以別之而繫辭以後則仍其舊是爲今易中山晁說之以古者竹簡重大故篇分上下後人誤有上下經之辨故考訂古經釐爲八卷卦爻一彖二象三文言四繫辭五說卦六序卦七雜卦八呂氏曰繫辭明言二篇之策是文王定周易之時巳有上下經之分晁氏之說何其考之不詳哉乃定爲經二卷傳十卷上經一下經二彖上傳一彖下傳二象上傳三象下傳四繫辭上傳五繫辭下傳六文言傳七說卦傳八序卦傳九雜卦傳十是爲古易加十翼各以十傳字始此蓋由史記論六家指要引咸卦九四文言稱易大傳

故也朱子從之然夫天下學者惟誦今易○周
甚至科試合周公孔子之辭以爲題目云
易大字本義九卷發例十板完三四半損圖存者十三面餘缺啓蒙上下存者
二十四面上下經存者四十四面彖上下傳存者
者十十面象上下傳止存八面繫辭上下傳存者
十七面文言傳存者六面說卦存二面上下序
卦存二面雜卦傳俱缺筮儀四板完一面二損壞
○復齋易說六卷存者三十九面缺板者多未詳復齋姓名○周易
本說六卷序欠一葉存者九十一面共脫十四面○沙麓齊復謙撰初補註繫辭旨
略二卷以敷暢本義之旨後更爲說四卷專釋
卦爻之旨至於彖象諸傳夫子所以贊翼卦爻
一二疑滯已具說下其餘則不全釋○周易音訓一卷存者八面餘缺○
尚書註疏二十卷存好板一百一十一面壞板四十五面餘缺○謹按藝文
志漢文景時伏生尚書行于世武帝時孔安國
等專治古文古文者科斗書也遂謂伏生正經

爲今文今文者漢隸書也然古文十六篇語多怪神之辭且內外傳孟荀等所引皆不在內淺陋膚末其失易見時未顯行劉歆表章之後漸行于世後漢諸儒頗有掊擊不信此爲先漢古文後東晉梅賾始得皇甫謐所傳古文上之則凡先秦古書所引蒐畧殆盡要語精言錯落于篇又僞爲安國序并傳孔穎達等爲之疏即此二十卷者是也此晉時古文與漢古文蓋不同矣而伏生正經反附麗之以行又多更改刊落以從古文先儒曲意尊信曾無一人正之何哉朱子曰古文東晉時方出可疑之甚又曰安國註與今孔叢子相似俱是僞書序文柔緩卑弱絕不類先漢文字朱子之言如此鄭樵曰孔安國得屋壁之書依古文而隸之傳之都尉朝傳之膠東庸生鄭玄爲之註不幸遭明皇更以今文馬端臨曰五十八篇之書出自孔壁之後又復晦昧數百年而學者始得以家傳人誦也其意皆以晉時古文即爲先漢孔安國所傳也愚嘗考之太史遷董仲舒皆親炙孔安國者也今武王本紀所載及天人三策中所引皆曰白

魚入于王舟有火流于王屋化爲烏正泰誓所傳也可見安國古文非東晉所出一也劉向父子校書秘閣今據東晉尚書序云悉上送官則向歆必見之驗矣然向所作說苑臣術篇引泰誓曰附下而罔上者死附上而罔下者刑與聞國政而無益于民者退在上位而不能進賢者逐此所以勸善而黜惡也武帝時有司奏議曰夫附下而罔上者死云云與說苑正同使晉時古文悉上送官則向父子豈肯反易而武帝有司豈敢面欺哉可見安國古文非東晉所出古文二也劉歆移書太常欲立古文尚書學官止言古文十六篇與晉時二十五篇數復不同可見安國古文非晉時所出三也後漢書儒林傳安國以古文授都尉朝朝授膠東庸生以及塗惲桑欽扶風杜林傳古文尚書東都賈逵作訓鄭玄作傳賈逵之父徽實授書於塗惲逵傳父業第第相承昭然可考他如尹敏蓋豫周防下鴻楊倫所習皆先漢古文耳儒林傳又言孔僖魯國魯人也自安國以下世傳古文尚書夫馬遷董生親炙安國者也向歆父子校理秘書者

也武帝時有司覩當上古文於古者也都尉朝至賈逵安國弟子之適孤也孔傳皆又安國家傳之世系也皆非晉時所出二十八篇之書故吾獨以朱子言爲的然可信也若夫晉人古文之僞則又有可言者矣造言者曰安國作傳值巫蠱不行流落民間至鄭冲以古文授蘇愉愉授梁柳柳之內兄皇甫謐又從柳得之而柳以授臧曹曹授梅賾賾乃於前晉奏上其書而施行焉而自鄭冲以上則不言所從授是鄭冲又授之何人耶此其僞一矣不惟先漢諸儒莫之見雖晉時杜預博洽號稱武庫其註左傳凡涉古文者皆曰逸書此其僞二矣又其書皆摘六經語孟左傳國語史記兩漢諸書中之粹語紐捏飣餖成篇雖無一字無所本無一言不可行然而比之伏生正經則大不侔此其僞三矣姚方興又得舜典篇首二十八字於大航頭上之此豈從天墜從地出者耶雖大航之造不過一二十年耳孟子引二十有八載放勳乃殂落正作堯典曰不從亞聖大賢而從方興可乎此其僞四矣或曰自晉以來儒者莫不尊信之而吾

子獨不之信毋乃果於言乎應曰有若之言行氣象雖似聖人然門人欲以所事夫子事之則
曾子曰不可且曰江漢以濯之秋陽以暴之皜皜乎不可尚矣吾非果也將以尊聖經故也别
其言又有害於聖經者乎○書傳會選六卷存者二百七十一面壞板一十
八面缺一百二十七面○洪武中翰林學士劉三吾等所選以蔡沈集傳在前而諸儒之説附
於後見事紀及錢宰傳○尚書釋文一卷今亡○尚書表註
二卷上下二卷存者四十二面缺者二十九面內斷板二塊○仁山金履祥註以其書於
上下兩旁故名之曰表註又依註疏冠百篇之序於各篇之首而用朱子孝經刊誤之法圖之
亦疏其失於表其書多有裨於蔡傳者○書經補遺五卷今亡○書
經小字註疏二十卷存好板九十九面遺失九十五面○讀書
叢説六卷存者一百零五面缺者三十一面○東陽許謙撰舊志誤落其説字而附

於雜書今改正之七政疑禹貢圖律呂考并圖皆有益於蔡氏者也蓋多得之於金仁山王魯齋其學亦有所由來矣魯齋云舜讓于德弗嗣之下有闕文郎論語二十章堯曰以下數語是也其言良是

○毛詩註疏二十卷脫者七十六面止存殘板十面

○謹按漢書藝文志傳詩者四家魯齊毛韓是也魏時齊詩已亡西晉時魯詩已亡韓詩雖存而無傳之者今惟外傳而已惟毛詩獨存此書毛公爲傳鄭玄箋之而唐孔頴達等爲之疏者也考之後漢書章懷太子註箋薦也薦成毛義也張華博物志曰鄭註毛詩曰箋不解此意或云嘗爲北海相玄是郡人故以爲敬云朱子因說古文尚書有曰某甞疑孔安國是假書比毛公詩如此高簡大段爭事漢儒訓釋文字多是如此有疑則闕今此却盡釋之且於關雎首節引毛傳以爲摯而有别而郎解之曰毛傳之摯字與至同言其情意深至也蓋以示後之學者不可不讀毛傳之微意也夫以康成之獨步於漢朱子之集成于宋而皆尊敬毛傳者如此後之學

者欲廢註◯毛詩正義一卷今亡◯毛詩音義二疏何哉存者五百一十六面卷今亡◯毛詩集傳二十卷序脫一面辯說脫三面綱領脫十四面後註內脫五十有餘◯晦庵朱熹撰首辯正古大小序求端於二南盡變于列國大規於二雅要止於三頌綱領宏張矣關雎之類爲興葛覃之類爲賦螽斯之類爲比條理精密矣毛氏傳鄭氏箋皆有興賦而無比則匪六義之大全即興而爲比則紊三緯之定法安得與集傳比倫哉且其釋二南也由身而家而國而天下總之曰意誠心正之功不息而久則大學之全功也釋鶴鳴也曰誠之不可掩理之無定在而欲人誠明兩進引伸觸類則中庸之妙旨也至於天載聲臭之無維天於穆之命物則秉彝之妙不愧屋漏之功則凡大易之形上形下周子之無極太極西銘之帥性塞體曾思孟之慎獨二程之主敬無不一以貫之矣淵乎博哉馬端臨謂書序可無詩序不可無夫桑間濮上樂記明謂其誣上行私矣而猶膠序說

多見其不明也○春秋正義三十六卷好板二百一十四面失四百二十七面壞板五百四十一面○謹按朱子有言左氏曾見國史考事頗精又曰春秋制度大綱左氏較可據又曰左傳一部載許多事未知是與不是但道理是如此又曰看春秋且須看一部左傳首尾意思通貫方能畧見聖人筆削春秋與當時事意故學者誠能據左氏之事實而虛其心平其氣以求聖經庶幾聖人精微之旨可得其梗槩也唐以來儒者見韓文公贈盧仝詩有三傳束高閣之語遂脫棄三傳樸守聖經聽其詞則日新日巧究其實則捕風捉影而聖人之意荒矣是何也有史冊之舊文然後有聖經之筆削韓宣子適魯見易象與魯春秋曰周禮盡在魯矣此聖人未修以前之春秋也而宜于稱其善則周公史佚所傳盡在于魯故也其必規模廣大而條理精密視列國之史晉乘楚檮杌不可同年而語明矣孔子又魯人因而修之寓惇典庸禮命德討罪之王法於其中焉公羊子亦往往稱非聖人莫修蓋以此也然則學

者必先知策書之大體而後得聖經之微意必
先治左傳之本末而後知策書之大體左氏爲
魯史官親見列國之史篤信聖人雖其所論義
理有未得聖人之旨不害其爲實錄也後儒顧
乃盡疑三傳并與其所記時月而不之信遂皆
變易以臆度之辭而奪其紀實之錄失治經之
本旨矣或疑左氏卽論語左丘明不知論語左
丘姓明名此則左其姓也又疑虞不臘矣爲秦
時語不知臘自夏嘉平已有之非始於秦也○春秋左傳集解三十
卷好板四百四十面壞板三十六面失四百六十七面有餘○晉杜預元凱撰○春
秋經傳集解二十四卷存者四十三面缺三百四十一面舊板大字
○春秋左傳附釋音二十六卷存好板二百二十面壞板三百
八十八面○春秋公羊疏三十卷舊志作二十九卷者非存者一百九
十七面餘缺○何休註孔穎達等疏按公羊子
蓋未得見列國之史故於事實人名地理或有

不得其實者然於聖人之精意時有得焉蓋親受業於聖門之高第弟子故其傳流之正雖後人之所能及也其曰春秋大一統曰立適以長不以賢立子以貴不以長曰王者無外曰所見異辭所聞異辭所傳聞異辭曰君子大居正則曰義形于色不畏彊禦不食其言曰亟則黷黷則不敬君子之祭也敬而不黷疏則怠怠則忘士不及茲四者則冬不裘夏不葛曰大夫無遂事曰三諫不聽遂去之君子以爲得君臣之義曰君親無將將而誅焉曰春秋爲尊者諱爲親者諱爲賢者諱曰諸侯之義不得專封曰君子之惡惡也疾始善善也樂終曰周公曷爲不之魯欲天下之一乎周也曰古者臣有大喪則君三年不呼其門曰自內出者無匹不行自外至者無主不止曰古者什一而籍什一者天下之中正也多乎什一大桀小桀寡乎什一大貉小貉什一行而頌聲作矣曰春秋內其國而外諸夏內諸夏而外夷狄曰君子不近刑人曰春秋之信史也其序則齊桓晉文其會則主會者爲之也其詞則丘有罪焉耳曰許世子止進藥而藥

穀譏子道之不盡也曰君子之善善也長惡惡也知惡惡止其身善善及子孫曰父不受誅子復讎可也曰麟仁獸也有王者則至無王者則不至曰君子曷爲爲春秋撥亂世反之正莫近諸春秋是皆孔門之精意見乎其書董仲舒之所以下惟發憤而不容已者也○春秋

穀梁疏十二卷　好板一百一十四面失八十七面○范甯註楊士勛等疏穀梁子雖未得見列國之史故於事實人名地理或有不得其眞者然而聖人之精意時有存焉蓋親受業於聖門之高第弟子故其傳流之正非後人之所能及也其曰春秋貴義而不貴惠信道而不信邪曰寰內諸侯非有天子之命不得出會諸侯不正其外交聘弓鍭矢不出竟場束脩之肉不行竟中有至尊者不二之也曰知者慮義者行仁者守有此三者然後可以出會曰婦人從人者也婦人在家制於父既嫁從於夫夫死從長子婦人不專行必有從也曰春秋之義諸侯與正而不與賢也曰誥誓不及五帝盟詛不及三王交質子不及二伯曰禮送女父不

下堂母不出祭門諸母兄弟不出闕門曰孔子曰聽遠音者聞其疾而不聞其舒望遠者察其貌而不察其形曰天子親耕以共粢盛王后親蠶以共祭服國匪無良農工女也以爲人之所盡事其祖禰不若以已所自親者也曰人之於天也以道受命於人也以言受命不若於道者天絶之也不若於言者人絶之也曰善爲國者不師善師者不陳善陳者不死善死者不亡曰古之君人者必時視民之所勤民勤於力則功築罕民勤於財則貢賦少民勤於食則百事廢矣曰諸侯不得專封雖通其仁以義而不與也故曰仁不勝道曰德厚者流光德薄者流卑是以貴始德之本也始封必爲祖曰爲天下王者天也繼天者君也君之所存者命也曰私田稼不善則非吏公田稼不善則非民曰祭者薦其時也薦其敬也薦其義也非享味也曰禮君不使無恥不近刑人不狎敵不邇怨賤人非所貴也貴人非所刑也刑人非所近也其言與孟子公羊子相爲出入者多學者宜游心焉

○春秋諸國統紀六卷 存者

枚一百一十六面失者十四面○魏郡齊履謙撰吳澂序曰內魯會舉周之外經書其君之卒者十八國乃分彙諸國之統紀凡二十巳所特見各一傳于經其目題曰春秋一經聖人以同會異以一統萬之書也始魯終二十國史記而爲之也然自三傳既分世之學者類皆務以褒貶爲工至於諸國分合與夫春秋之所以爲春秋未聞其及之者輒以所見妄爲叙類庶幾全經之綱領自此可以尋宄云前延祐四年○**春秋綱領一卷**今存者四十三面脫者十四面○四明程端學撰其言曰程子曰以傳攷經之事蹟以經別傳之眞僞朱子曰春秋不過直書其事而以爵氏名字日月土地爲褒貶若法家之深刻乃傳者之鑿說今以程朱之說攷正三傳胡氏其得失如指諸掌合於程朱之論則合於經旨矣故此編用三傳胡氏之有合者爲本義諸說之合者亦附見焉其相戾者爲辯疑以正之又摘諸說之害經者爲或問以明去取之由○**春秋本義三十卷**舊志作二十卷非今存者三百四十

面餘缺○程端學撰

○三傳辯疑二十卷 存者一百三十九面半損二面失者三百三十九面○程端學撰

○春秋或問十卷 存者七十三面失者十一百八十五面有餘○端學既作本義以發聖人之經旨復作辨疑以訂三傳之疑又作或問以校諸儒之異同二十年始就在元泰定時

○春秋集註十二卷 今亡

○國語二十一卷補音三卷 存者三百八十面破者六面○謹按藝文志左氏以春秋傳雅思未盡故復採錄前世穆王以下訖於魯悼智伯之誅邦國成敗嘉言善語陰陽律呂天時人事逆順之數以爲國語凡二十一篇按班固藝文志種別六經其春秋家有此書至漢司馬遷遂據國語世本戰國策以成其書西漢左傳未行此書亦弗顯東漢左傳漸布名儒多歸左氏及杜預集解之後左傳始盛雖國語亦從而顯行自是以後皆題曰春秋外傳國語蓋左傳爲內國語爲外鄭衆賈逵王肅虞翻唐固治其章句皆有註釋爲六經

流亞非復諸子之倫然世遠亡逸今惟韋昭所解傳於世刻自元大德間歲久缺損弘治十七年七月祭酒章懋司業羅欽順命監丞戴鏞召匠重刻七十五板修刻六十八板遂成全書

○儀禮註疏五十卷舊板壞失止殘板五面○儀禮十七篇漢高堂生所傳以授瑕丘蕭奮授東海孟卿卿授后蒼蒼授戴德戴聖二戴及劉向別錄所傳各次第不同尊卑吉凶先後倫序惟別錄爲優故鄭氏用之賈公彥等爲之疏今行於世謹按中庸曰禮儀三百威儀三千漢藝文志亦曰經禮三百威儀三千韋昭顏師古皆以經禮三百爲周禮三百六十官言三百舉成數也威儀三千者蓋謂冠婚吉凶今儀禮是陳振叔云儀禮只禮之威儀更須有禮書如云天子七廟諸侯五大夫三士二之類是說大經處以今攷之二說皆未安經禮即冠昏等是蓋其綱也威儀即其中細微曲折升降揖讓等是蓋其目也周禮大宗伯又舉經禮之大綱言之愈益簡質是則禮經之十爲諸侯惡其害已而去其籍者多矣十七篇特其

十分之一耳以周禮爲綱領而摭拾經傳之中以補之可也十七篇藝文志皆以爲士禮又言古經出於魯淹中及孔氏學七十篇文相似多三十九篇及明堂陰陽王氏史氏記多天子諸侯卿大夫之制雖不能備猶瘉倉等推士禮而致於天子之說夫燕射朝聘皆諸侯之禮所謂推士禮而致之天子者朱子以爲特指冠昏喪祭而言是也則河間獻王所得又不幸而亡逸豈不惜哉

○新刊儀禮註疏十七卷共計八百六十面完○十三經註疏刻於閩者獨缺儀禮以楊復圖說補之嘉靖五年巡撫都御史陳鳳梧刻於山東以板送監

○儀禮經傳通解二十三卷好板三百二十面壞板四百六十面○儀禮經傳通解卷朱熹所編以儀禮十七篇爲主而取記傳凡繫於禮者附入之爲傳十家禮三卷鄉禮三卷學禮十一卷邦國禮四卷王朝禮十四卷名曰儀禮經傳通解內缺書數篇及卜筮篇失今欲以周禮大宗伯所載爲總綱而凡經傳所有去其泛文類爲逸經如吳澄

所取公符等篇補之庶不混雜○儀禮經傳續通解二十九卷朱熹以喪祭二禮未及論次屬門人黃幹編之幹嘗謂其門人楊復曰始余創二禮粗就奉而質之先師先師喜曰君所立喪祭禮規模甚善它日取吾所編家鄉邦國王朝禮其悉用此規模更定之勉齋因取向來喪禮藁本精加修改書成凡十五卷又欲撰喪服圖式一卷以提其要而附古今沿革於其後草具甫就而沒矣所修祭禮綱目尤爲詳備復遂據藁本參以所聞稍加更定凡十四卷云○儀禮集說十七卷存者七百八十一面欠者五十九面○元大德間長樂敖繼公撰繼公以鄭康成舊註疵多而醇少輒加刪定意義有未足則取疏記或先儒之說以補之又未足則附之以己見焉視諸家最善○大戴禮記十三卷存者八十八面壞板四十三面○漢信都王大傳戴德所纂蓋因河間獻王所得百三十一篇劉向校定又得明堂陰陽記三十三篇德刪其煩重爲八十五篇其篇目

始三十九八十一中間第四十五第六十一四篇復闕第七十三末復缺四篇總四十六篇蓋小戴所取后人合其餘篇仍爲大戴記者也雖爲小戴摘取而精粹之語往往猶有存者投壺哀公問小戴既已取去而此猶存投壺公冠諸侯遷廟諸侯釁廟吳澄取入儀禮逸經朝事一篇取以備覲禮之義哀公問衍去保傅傳多與賈誼語同公符篇錄孝昭冠詞故朱子謂大戴禮多雜誤難讀先正劉定之有言非禮之亡也漢儒去取之不精也蓋避言云

○六經正誤六卷 存者一百五十八面外濫重板二十一塊○柯山毛居正所修臨卬魏了翁序嘉定十六年春命胄監刊正經籍馳書幣致居正至盡取六經三傳諸本參以子史字書選粹文集研究異同凡字義音切毫釐必校刊修者凡四經猶以工人詭紿仍誤未改者什二三繼欲修禮記春秋三傳以病目移告其事中輟大德三年刊補

○孝經註疏一卷 存者二十四面 孝經一十八章孔子爲曾參陳孝道漢初河間獻王所得顏芝本

長孫氏江翁后蒼翼奉張禹傳之各自名家經文皆同唯孔氏壁中古文爲異劉向以顏本比古文除其煩惑定爲十八章而孔氏古文亡於梁至隋開皇十四年秘書學生王逸於京市陳人處得本送與著作王邵以示河間劉炫炫遂以庶人章分爲二曾子敢問章分爲三又多閨門一章凡二十二章唐開元七年國子博士司馬貞議曰古文出孔壁未之行遂亡其本近儒穿鑿更改僞作閨門一章文句凡鄙又分庶人章從故自天子以下別爲一章以應二十二之數朱夫子刊誤亦據古文而今篇首六七章爲本經其後乃傳文皆齊魯間儒纂取左氏諸書之語爲之傳者又頗失其次第凡孝經引詩非經本文者皆閣之竊觀孝經爲書文體蓋擬大學者也大學經一章其下傳十章以釋經孝經亦有經一章其後傳十三章以釋經大學經文之末曰自天子以至於庶人而未繳之則曰未之有也孝經經文之末亦用自天子以至於庶人而繳之曰孝無終始而患不及者未之有也疑必曾子門人弟子所述非他人所能也雜取

左氏諸書之語古人多有之乾卦文言見於襄公九年古志有之克己復禮仁也曰季曰出門如賓承事如祭敬也蓋言之善者毎之云耳未可以爲略也故今當依劉向所校刪去劉門一章依朱子所定刊去膚引之詩而更次第之庶爲正本云○孝經魯齋直解一卷存者一百四十面脫六十餘面○魯齋許衡撰○孝經明解一卷今亡○孝經集說一卷存者二十九面欠十八面○行中書右丞朱公以古文今文及朱子刊誤三書學者習而不察乃與儒者議彙次其先後且刪漢唐宋諸家訓註附于古文之下刻本以行金華王禕爲之序朱公不知何名○論語註疏十五卷止存殘板九面○晉何晏與孫邕鄭冲曹羲荀凱集諸家訓解爲書之注宋孫昺等採諸儒之說刊定而爲之疏又按唐藝文志有賈公彥疏十五卷若誠有之其書必善觀於周禮可見○論語集註攷證二十卷好板九十三面壞板十八面缺者三

十二面○仁山金履祥○論語旁通二卷序脫二葉
撰文學掾中山李桓序
好板四十二面舊云壞板三塊餘○論語旁解
缺○緱山朴氏撰中山李桓序
二卷語上存者八面語下存者十六面餘皆缺
又序存二面○首載何晏等序後於本文
之旁註細字以○論語明本大字二卷今亡○大
解之故曰旁解
學疏義一卷好板三十六面壞板六面缺者四
十一面○仁山金履祥撰如曰在
明明德一句是下二句之綱領下一句是上二
句之標的又引其師王魯齋曰至善即是中又
引先師何文定曰聖人之道只是至善曰明明
德於天下有以見體用之一曰上而致知誠意
乃正心之材料下而脩齊治平乃正心之推拓
故正心以下皆以序言以上獨不以序言也曰
脩身以上是忠齊家以下是○大學魯齋詩解
恕皆其言之有所發明者也
一卷存者八面逸者十一面本集慶路儒學梓
見金陵新志○魯齋許衡撰擬養蒙大訓

而作爲大學一義輒以七言絶句解之○大學叢說一卷好板二十六面壞板二塊餘皆缺○白雲許謙撰國初謙孫存仁爲祭酒凡金王何許之書皆其所傳○大學明解一卷好板六十四面高郵月湖李氏撰仕通州教授不知何名○中庸叢說一卷好板六十四面失十八面○許謙撰謙有四書叢說二十卷今語孟不存○孟子簡明大字一卷存者八十五面失者八十六面○孟子節文二卷好板四十四面破板三塊缺三十六面國初翰林學士劉三吾等奉　旨徵天下耆儒同校蔡氏書傳會選又校孟子一書中間辭氣之間抑揚太過者八十五條其餘一百七十餘條悉頒之中外校官俾讀是書者知所本旨自今八十五條之內課試不以命題科舉不以取士○孟子旁解七卷存者七十五面缺者八十餘面首載趙岐題辭於書本文之旁細書以釋之故曰旁解此與論語

旁解皆未詳撰人姓名○四書集編十卷大學存者三十七面孟子存者八十七面中庸存者三十五面○西山真德秀所輯先書朱子集註於前而後纂集或問輯略朱子語錄與先儒之說於後○文公家禮四卷存者一百零六面外模糊八面失者三十四面有餘○朱子居母祝令人之喪因讀喪葬祭禮遂成書又推之於冠昏共成一編其自序曰嘗獨究觀古今之籍因其大體之不可變者而少加損益於其間以為一家之書大抵謹名分崇愛敬以為之本至施行之際則又略浮文務本實以竊自附於孔子從先進之意顧與同志之士熟講而勉行之至其門人楊氏惜是書之中亡迨先生沒而後出不及冊修於是取朱子平日去取折衷之言悉附於逐條之下以見朱子之意○大學衍義四十三卷脫者止二面存者八百五十三面○真德秀用大學之條目附之以經史纂集為書名之曰大學衍義首之以帝王為治之序次之以帝王為學之本綱也首之以

格物致知之要次之以誠意正心之要脩身之要齊家之要目此目之中又有細目焉每條之中首之以聖賢典訓次之以古今事蹟諸儒之釋經論史有所發明者錄之已見附於後焉人君所當知之理所當爲之事備見於此矣

史類

資治通鑑二百九十四卷好版一千二百四十五塊壞二千九百二十一塊○資治通鑑考異三十卷○存者四十二面宋司馬光奉詔編集上起戰國下終五代凡一千三百六十二年又略舉事目年經國緯以備檢閱別爲目錄又別爲考異各一編自謂平生精力盡于此書神宗以爲賢於荀悅爲製序以冠其首○

資治通鑑三省編二百九十四卷釋文辯誤十二卷見印○天台胡三省註通鑑先有釋文蜀史炤所著或以爲温公之子公休所著三

省之父以爲乖剌命三省刊正之其父既没三省乃釐爲廣註九十七卷著論十篇又著讎校凡例後以考異及所註者散入通鑑各文之下歷法天文則隨日録所書而附註焉訖乙酉冬乃克徹編凡紀事之本末地名之同異州縣之建置離合制度之沿革損益悉疏其所以然若釋文之舛繆悉改而正之乃著辯誤

○資治通鑑外紀十六卷脱者八十餘面存者三百四十六面半損十七面○宋劉恕道原撰司馬光序恕以史記始黄帝而宓羲神農缺漏不録資治通鑑爲歷代書而不及周威烈王之前因取諸書編爲外紀

○資治通鑑問疑一卷存者十面○劉羲仲纂集其父秘書丞恕與司馬公往復相難者爲此書

○資治通鑑綱目五十九卷好板一千零三十七塊壞五十六塊半破五十二塊

○通鑑綱目凡例一卷俱朱子撰

○通鑑紀事本末四十二卷板完計四千四百面○建安袁樞撰

○通鑑前編十八卷舉要二卷存者九百八十二面失者七面仁山金履祥撰履祥嘗謂司馬公資治通鑑劉道原外紀以記前事不本於經而信百家之說是非既謬於聖人不足以傳信迺用邵氏皇極經世曆胡氏皇王大紀之例損益折東一以尚書爲主下及詩禮春秋旁採舊事諸子表年繫事復加訓釋斷自唐堯以下接于通鑑之前勒爲一書既成以授門人許謙曰二帝三王之盛其微言懿行宜後王所當法戰國申商之術其苛法亂政亦後王所當戒自周威烈王二十三年以前司馬公既已論次而春秋以前迄無編年之書故是篇不可以不著也

○大事記通釋三卷存者十八面壞者四面○著作郎東萊呂祖謙撰伯恭有大事記十二卷解題十二卷通釋三卷自敬王三十九年以下採左氏傳歷代史皇極經世通鑑稽古錄輯而廣之雖上接獲麟而書法則視太史公所錄不盡用策書凡例解題者略具本末或附以已意多所發明通釋者經典綱要孔

孟格言以及歷代名儒大議論初意欲起春秋接于五代僅及漢武征和三年而止朱子曰伯恭大事記甚精密又曰解題煞有工夫只一句要包括一段意思○子由古史五十卷脫者四十七面存者五百六十五面○宋蘇轍撰始伏羲訖秦始皇為七本紀十六世家三十七列傳謂之古史謹按其序言帝王為善不為不善之意朱子謂非近世論者所及其譏馬遷亦中其病然而其謂文又言帝之道以無為為宗則於馬遷未免同浴而譏裸裎者矣柳宵考之三國志譙周傳周嘗作古史考又晉書司馬彪傳初譙周以司馬遷史記書周秦以上或採俗語百家之言不專據正經周於是作古史考二十五篇皆憑舊典以糾遷之謬誤彪復以周為未盡善也條古史考中凡百二十二事以為不當多據汲冢紀年之文亦行於世今子由亦以古史名書但去其考字耳然則其書亦不為無所本也○戰國策十卷脫者三十六面存者五百三十八面○劉向校定三十三篇漢高誘註宋鮑彪校註元

吳師道正誤補註○吳越春秋十卷今亡○史記大字一百三十卷完計二千二百三十五面○司馬遷撰遷父談世掌太史遷續父業據左氏國語采世本戰國策述楚漢春秋接其後事訖於天漢創爲十二本紀十年表八書三十世家七十列傳上下三千餘載凡爲五十二萬六千五百言褚少孫補景武紀禮樂律書三王世家漢興以來將相年表日者龜策傳靳蒯列傳等十篇詞旨淺陋大非遷比然此書傳寫之訛失其本眞爲不少有增三皇紀者有以老子首列傳者有以漢書雜於其內者如司馬相如傳贊末載揚雄有言美麗之賦勸百而諷一如曲終而奏雅不亦戲乎乃班固所增若此類者多矣眞西山選文章正宗於史記贊內既載此篇於漢書贊內又載此篇吾不知其何說也凡此類皆別而去之庶使後人復見史記之舊矣嘉靖七年川○史記中字七十卷存者一千六百面缺者二百一十九面本集慶路儒學梓見金陵新志○史記

小字七十卷存者一千一百六十面○前漢書一百卷○完
後漢班固撰十二帝紀八年表十志七十列傳
起高祖終王莽二百三十九年凡八十餘萬字
八表并天文志未竟而瘦死和帝令其妹曹世
叔妻昭就東觀藏書補就之朱子曰司馬遷書
疎爽班固書密塞可謂一言以蔽之矣然猶有
崇遷而鄙固者有甲班而乙馬者何其紛紛也
鄭夾漈曰班固浮華之士全無學術專事剽竊
遂以後世衆史掠人之美竊鍾掩耳者皆歸罪
於固之作俑噫甚矣其沒人之善也毋論其他
史記董仲舒但載其言災異明公羊春秋數事
而已漢書則備載其三策使後人知仲舒之所
以度越諸子者史記賈誼附于屈原之後但載
其二賦而已贊之之詞曰且怪屈原以彼其材
游列國何不見容而自令放死此反離騷之所
從出也又曰至讀鵩鳥賦同死生輕去就則又
爽然自失矣而誼之通達國體伊管流亞者後
人何由知之漢書則備載其陳政事之疏使人
知其憂時憤世之情不減於屈原焉只此二傳

可見其詳而有體有裨於選多矣夫子曰文勝質則史夫史而繁之以經者論廣大而無當也故銖稱寸度豈獨固然雖遷亦不免於指摘若漢能不以小疵掩大美不因衆口爲附和則自漢書而後未見有其倫者也續一二而漏十百夫豈尚論之當哉按集慶路儒學梓計二千七百七十五面見金陵新志嘉靖七年重刊

◯後漢書一百二十卷并完

前漢共計五千二百五十二面◯宋范曄撰梁劉昭補註曄本書隋唐志皆九十七卷今書紀傳皆九十卷蓋未嘗有志也劉昭所註乃司馬彪續漢書之八志爾初曄令謝儼撰志未成而曄伏誅序文固云范志今闕按曄譏班史而自叙其作書之意稱自古體大而思精未有如此者又自謂諸序論筆勢放縱實天下之奇作往往不減過秦論其自負有如此者然自今觀之叙盤瓠鳧舃羊鳴之類涉於怪升文姬爲列女惜張騫不取佛經涉於妄刪取諸家之史以成一家之言幾於略序論華而近巧不及遷固遠甚但其記載整齊用意精密則誠有足多者亦

國之流亞也集慶路儒學梓二千三百六十六面見金陵新志嘉靖七年重刊○三國志六十五卷存者一千三百九十二面缺者六面○晉陳壽撰魏四紀二十六列傳蜀十五列傳吳二十列傳宋文帝命裴松之補註博採群說分入書中以補其畧壽以魏爲帝作紀指漢爲蜀與吳俱謂之主作傳可謂乖矣然王通氏稱壽有志於史依大義而黜異端而高簡有法謂可逼馬遷則其長處亦不可沒也集慶路儒學梓計一千二百九十六面見金陵新志與今不同○晉書一百三十卷集慶路儒學梓見金陵新志今存者三千一百五十二面失者十三面○唐貞觀中房玄齡等奉詔撰帝紀十志二十列傳七十載紀三十西晉四帝五十四年東晉十一帝一百二年而載紀者胡羯氐羌鮮卑五胡割據中原爲五凉四燕三秦二趙夏蜀十六國也是書宣武紀陸機王羲之傳論乃太宗所自爲故房喬等稱曰制旨又總題御撰按此書集諸臣之長而成其間志論詳明有足取者至於紀傳

雜取怪異之說先儒有言晉書除去事實○宋

其餘只是一部小說其爲贅冗亦可見矣

書一百卷存者二千七百一十四面缺二面○梁沈約撰十本紀三十志六十列傳

其書本缺趙倫傳一卷按約史本何承天采徐

爰之說諸志比於漢魏以來頗爲詳悉蓋欲以

補范曄陳壽之缺故不爲限斷或者以殆成會

要籤之謂其煩雜故也創爲符瑞一志則又所

謂近誣者矣○梁書五十六卷存者九百六十七面缺三面○唐姚思廉

撰六本紀五十列傳異端之亂天下蕭氏其最

而在梁爲尤甚韓子佛骨一表言事佛愈謹享

國愈促正周公自將厥後立王生則逸亦因弗

克壽之遺意也可謂深切著明矣而竟以梁武

帝捨身事佛餓死臺城二言忤憲宗之意朝奏

夕貶幾致於死憲宗削平禍亂因機立斷而惑

猶不解如此豈獨憲宗往往文人才士英材之間

氣悉皆誠心嚮之謂其言誠有得於內而世之

議佛者皆其外也又曰佛之言與論語大易合

是誠不可非訾之也至於一介之儒縠然不顧

而鏞敦乎權陷之陳者亦不過曰天之上豈有堂地之下豈有獄人死精神消散挫燒舂磨將安所施是皆不得於佛之情者是以不得而奪其氣傾其巢也嘗觀藏經內有所謂靈伽經者載維摩居士與爭名之言曰此土人剛强不可柔伏故我佛世尊言是夜叉言是餓鬼言是畜生種種可畏者以威怖其人化誘其俗然則佛之說彼其黨皆自以爲幻也彼方自以爲幻而或者乃辯以爲彼誠一有得於內者吾不知其何說也假令佛之祖父一如佛之說斷滅其生生性則佛之身且何從而有哉既無有其身又安有所謂得於內者哉假令信佛者之祖父一又如佛之說斷滅其生生性則身且無有又安知所謂佛之得於內與吾儒同者乎故吾以爲佛之說皆無足辯者原道所謂人其人火其書明先王之道以道之誠討邪說之義刑也○

南齊書五十九卷存者一千零五十八面缺三面○梁蕭子顯撰子顯乃齊豫章王嶷之孫也其書八紀十一志四十列傳本傳稱六十卷謹按南豐曾鞏曰唐虞之世爲吾典

者推明堯舜治天下之本之具所紀者豈獨其迹并與其深微之意而傳之是可謂明足以周萬事之理道足以適天下之用知足以通難知之意文足以發難顯之情者矣當是時執簡操筆而隨者莫非聖人之徒也爾漢以來去之遠矣雖司馬遷之文可謂雋偉拔出之才然而明不足以周萬事之理道不足以適天下之用知不足以通難知之理文不足以發難顯之情況宋齊梁陳後魏後周之書蓋無以議為也于顯之於斯文喜自馳騁而其文益下豈夫材固不可以強而有也子固之論固甚宏矣然愚之意則以為唐虞之才皆其所自為也詩曰倬彼雲漢為章于人周王壽考遐不作人蓋周室人才降自夏商皆不能及匪唐虞則無與擬倫皆文王之德有以振作綱紀之是以在位者皆羔羊之節在野者有罝兔之雄而得人之用亦莫非聖人之徒自周衰秦漢而下正心誠意之功既與二帝三王懸殊則無堯舜文王而興者其與有幾故不獨史材寥乎稀矣而內外上下皆非其人是亦士之生於是時者之不幸也然則為

後世之士者宜加之何曰豪傑之才聖賢之學亦存乎其人焉耳豈可以凡民自期而忽於自奮耶

○陳書三十六卷存者九百四十八面缺八面○唐姚思廉撰六本紀三十列傳思廉繼父察之業採謝旻顧野王等諸書綜括爲之按此書歷三世傳父子更數十載而後乃成蓋其難如此及其既成世亦罕傳祕府所藏往往脫誤南豐曾鞏奉詔校讎請博求其書於京師及州縣藏書之家稍稍始集以之相校三十六篇者始校定疑者缺之舊無目錄別爲一篇使覽者得詳焉復爲之序其意

○魏書一百二十四卷存者三千三百八十二面失者三面○齊天保中始詔魏收撰次魏史十二紀十志九十二列傳書多不平凡涉姻戚多被美錄夙有怨者多沒其善又受爾朱榮子金故減其惡世謂之穢史

○北齊書五十卷存者七百零十四面缺二面○唐李百藥撰八本紀四十二列傳其父德林在齊嘗撰紀傳貞觀初百藥奉詔因父書續成以獻臨文而諱立例復

粲議者少之○後周書五十卷存者八百七十二面缺者五面○唐令狐德芬等撰八本紀四十二列傳初以德中德芬建言近代無正史詔諸臣論次議者以魏有收澹二家書爲巳詳惟五家史當立命分撰之德芬與岑文本崔仁師撰次此書○隋書八十五卷存者一千六百九十四面缺三十七面本集慶路儒學梓見金陵新志○唐魏徵等撰五紀五十五列傳長孫無忌等撰志三十以其兼志五代亦號五代史志鄭樵曰隋志極有倫理而本末兼明可以無憾遷固以來皆不及也今按夾漈之言恐非事實姑以經籍志尚書一經考之則甚無倫理本末舛錯何以言之以河內女子所得泰誓篇足伏生二十九篇之數其失一也不志倪寬受業孔安國其失二也不書尹敏蓋豫周防受古文尚書其失三也不書孔僖魯人自安國以下世傳古文尚書其失四也於杜林傳古文尚書賈逵作訓馬融作傳鄭玄爲註之下不書出是古文尚書遂顯於世其失五也其下遂變文云然其所傳惟

二十九篇又雜以今文非孔舊本自餘絕無師說其失六也又云晉世秘府所存有古文尚書經文今無有存者其失七也又其後不書王肅得見古文尚書及皇甫謐梁柳鄭沖等所傳古文次第其失八也其辭氣抑揚幾於左氏所謂上下其手者矣又蘇子瞻嘗言隋開皇仁壽戶口繁多倉廩充實意其必有所以致此之由而史臣失志使後人無所考証及讀貞觀政要太宗謂黃門侍郎王珪曰隋開皇十五年大旱人多饑之是時倉庫盈溢竟不許賑給乃令百姓逐粮隋文不憐百姓而惜倉庫比至末年天下儲積得供五六十年煬帝恃此富饒所以奢華無道遂致亡滅煬帝失國亦由其文以此觀之可見隋文節用斬惜亦所以致倉廩實之一節也太宗知之而史臣不知政要載之而隋書不載何故邪樵取隋書而譏史漢是其臆說可謂無忌憚者矣

○南史八十卷 存者一千六百四十三面缺一百三十一面本集慶路儒學梓

○北史一百卷 存者二千六百七十六面缺四十五面本集慶

路儒學梓見金陵新志 李延壽撰其父太師嘗謂宋齊逮周隋南北分隔南謂北爲索虜北謂南爲島夷欲改正擬吳越春秋編年未就而卒延壽因究父志更依馬遷體南起宋盡陳百七年北起魏盡隋二百四十二年爲二史唐書本傳謂其刪略穢辭過本書遠甚司馬溫公謂其亦近世之佳史可亞三國志然好述妖異兆祥謠讖特爲繁猥 ○唐書二百十五卷釋音二十五卷 存者四千七百九十六面失八十五面本集慶路儒學梓見金陵新志○宋嘉祐中曾公亮等被詔刪定歐陽修撰本紀十卷志五十卷宋祁撰列傳一百五十卷凡二百二十五卷又釋音二十五卷范鎮王疇宋敏求呂夏卿劉羲叟同編修其進書上表曰其事則增於前其文則省於舊而當時增秩訓辭曰筆削舊書勒成一家凡十有七年大典乃立闕當精覈度越諸子矣然司馬公通鑑多採舊史而唐子西直謂新唐書敢亂道劉元城亦謂事增文省正新書之失處乃反自以爲善耶 ○五代史七

十五卷完計七百六十三面本集慶路儒學梓周本紀共十二卷及家人傳臣傳死節死事一行六臣義兒伶官宦者又雜傳二考世家年譜四夷附錄其褒貶謹嚴最得春秋之法發論必以嗚呼以致慨亂世之意也曰某臣傳以其止事一朝也曰雜傳以其更事歷朝也昭然足以爲世戒矣載李氏斷臂以斥馮道之亡四維取從璟得其死以甚明宗之叛君父然縱死留皮得之於王鐵鎗而追贈死節失之於韓瞠眼亦獨何哉○宋史四百九十一卷好板七千七百零四面裂破模糊板二千零四十三面失者一百二十七面○本紀四十七卷志一百六十二卷表三十二卷列傳二百五十五卷元丞相脫脫等撰首有阿魯圖進表歷觀前史四夷皆附錄於後一讀宋史面元人主定中國之史天道至此爲可慨也已成化中巡撫兩廣都御史朱英刻于廣州嘉靖八年以板送監○遼史一百一十五卷完計一千零三十五面失者三

面○本紀三十卷志三十一卷表八卷列傳四十六卷元丞相脫脫等撰首有脫脫進史表嘉靖七年刊○金史一百三十五卷完計二千三百九十八面○本紀十九卷志三十九卷表四卷列傳七十三卷元丞相脫脫等傍首有元丞相阿魯圖表嘉靖七年刊○元史二百二卷完計四千四百七十五面○本紀四十七卷志五十三卷表六卷列傳九十六卷翰林學士宋濂王禕奉敕修洪武二年八月十一日太子少師宣國公李善長表上○歷代十八史略十卷存者四百四十六面蘂四十一面欠六十一面尾未終○廬陵前進士曾先之編至正間浙東憲使范陽張士和重加校刊○貞觀政要十卷存者七十八面缺一百二十二面○唐史臣吳兢輯合四十篇臨川戈直當集諸家而校正之刻于集慶路儒學歲久糢糊學士宋濂遂假中秘本重校序於首簡洪武初重刊○讀史管見三十卷脫者一百餘面

存者九百零九面○宋致堂胡寅撰朱子曰胡致堂叢論英發人物偉然讀史管見乃嶺表所作當時並無一册文字隨行只是記憶所以其間有牴牾處又曰致堂管見方是議論○

西漢會要七十卷存者三百四十一面○撫州教授徐天麟撰自叙云三代而下言治者必首漢唐今唐有會要而漢獨未備見謂缺典輒倣唐及國朝會要彪分節析輯成西漢會要七十卷專以班固漢書本文編次其或史記互有發明間取一二其餘若漢紀諸書雖合採用止附註于班史本文之下於是西都一代之制粲然矣○

東漢會要四十卷好板二百三十二面○撫州教授徐天麟撰○

兩漢詔令十二卷存者一百七十五卷失八面二卷失○西漢十二卷吳郡林虙德祖錄東漢十一卷四明樓昉錄至正巳丑五月趙郡蘇天爵官浙省刊行開於潛洪咨夔纂兩漢詔令不傳得其總論刻置卷首命進士高明輯目文學椽許益正訛○

蜀漢本末三卷脫者

十七面存者一百五十六面○信都趙居信撰居信著於至元間中間失亡至延祐間復得元藁再叙編摩之意合而成之中山靖王勝之子貞坐酎金失侯因家涿郡及其立國漢中賢主良相忠臣孝子備書于冊眞可以白綱目之意於百世之下洪武時蜀王覽而悅之命工重刻教授方希貞序○南唐書十卷本紀三卷列傳十五卷內八卷全缺釋音存者九十二面脫者八十八面○宋陸游撰本集慶路儒學梓見金陵新志○歷代帝王統論一卷存者四面餘缺○首言五帝以前蘆綿先生難言之而起自堯舜其家寥簡質未詳撰人姓名○宋遼金正統辯一卷存者四面脫者五面○元江西等處儒學提舉會稽揚維楨撰維禎以世祖皇帝立國史院嘗命承旨百一王公修遼金二史宋亡又命詞臣通修三史延祐天曆之間屢勤詔旨而三史卒無成書者豈非以三史正統之義未決乎故作此辯言契丹自灰牛氏而部落始廣固唐之與夷也唐衰草竊石晉

氏割幽燕以與之議者以遼承晉統吾不知其
何統也金自完顏氏實臣屬於契丹後雖篡遼
傳九主而亡豈若宋主天意有屬正朔相仍爲
中華之正哉元承有宋宋承唐唐承漢與其以
荒夷非統之統屬之我　朝則視
今日爲何時　聖主爲何人哉○諸史會編
一百十二卷完計六千面○嘉定余廉撰嘉靖五年巡撫都御史陳鳳梧以板送監
○諸葛武侯傳一卷存者三面○宋侍講張栻撰敬夫以陳壽之史挾私
憾而淺識見錄有匪實於是採集他傳及裴松
之所注爲此傳且削去管樂自許一節朱子以
爲不然又爲後論以達其意謂武侯體正大而
學未致使得游聖人之門當與顏曾冉閔比肩
故曰惟忠武
侯識其大者○朱子行狀二卷脫壞者各十二面存者四十三
面○朱子門人黃幹撰元至正間江浙行省參
知政事趙郡蘇伯修刊行題其首言幹定爲草
藁以諗同志反覆詰難一言之善亦必從一義
未妥亦不苟從明白而不晦昧平正而不艱澁

其於著世變明世教事君之大義言論之楔○槩靡不備書而詳記之可請纖悉備具矣

將鑑論斷三卷 存者三十四面失者十一面○宋戴少望紹興間取春秋訖于五伐諸將行事而折衷之凡一百篇

○百將傳十卷 止存壞板一百餘面

子類

老子一卷 存者三十九面缺者五面○老聃所撰以周平王四十二年授關尹喜凡五千七百四十有八言分爲八十一章言道德之旨道家所宗

○顏子一卷 脫者十二面存四十三面○高安李純仁所著凡十篇附以學顏鞶履爲五卷而後以子史所載附於各篇之後

○曾子二卷 存殘板四面餘皆缺○不知纂者姓名大槩雜取家語大小戴記及荀子諸書而爲之者也然董子策中引曾子曰尊所聞則高明矣行所知則光大矣則漢初已有此書非後人所作也

○列子八卷 存者殘板八面餘皆缺○晉張

湛處度註朱子曰列子語佛氏多用之如曰西方之人有聖者焉不言而自信不化而自行曰精神入其門骨骸反其根我尚何存即四大各離今者妄身當在何處之類也然太史公不爲作傳或疑後人因莊子所載會粹而成文耳 ○荀子十六卷存者三百五十三面缺者六十四面有餘○荀況之書以性爲惡以禮爲僞其言曰一之於性情則兩失之矣一之於禮樂則兩得之矣人性惟善故可以用禮樂不然其如禮樂何哉其言戾矣 ○呂氏春秋二十六卷存者三百六十三面半損十六面失五面○高誘註秦呂不韋招延四方辯博之士成此書凡百六十篇或問不韋以呂易嬴揚子雲曰不韋以位易宗其爲人無足論者然史角往魯之說足以祛明堂位祭統之誣成王伯禽學者不可以不之考也 ○劉向新序十卷今亡 ○劉向說苑二十卷共計存者三百零六面缺四十三面有餘 ○揚子法言五卷今亡 ○太玄

索隱四卷存者四十一面不知著者姓名○集註太玄經十二卷存者二百一十面○江原胡次和編○周子太極圖說一卷存者十一面缺者十面尾末終○周子書四卷好板三十一面缺九面其一卷全缺○元張淮遠編○程氏遺書并外書四十二卷禮部尚書豐城楊廉刻送監完計五百八十九面○朱夫子集錄程明道伊川之語也二程門人李端伯而下諸家所聞見問答本有語錄又附錄行狀哀辭祭文朱子又作年譜焉外書又遺書之所遺者也○朱子語略十卷脫者十三面存者三百五十二面○朱子門人建安楊與立編○朱子三書三卷好板一百三十四面缺板十面有餘○朱子所註太極通書西銘也朱子曰通書與太極圖相表裏又曰書不盡言圖不盡意又曰太極圖與西銘都相貫穿則三書者爲四書之楷梯也朱子沒而微言絕闡府通守黃君益會粹儒先之言論

旨刻

通類聚所以發揮三書之意可謂宏富矣非博
學而篤志者疇克爾哉咸淳間朱子彌孫波題
其標槩著於篇○爾雅註疏十卷存者二十九面○郭璞註邢昺疏○
爾雅三卷存者二十餘面餘缺○近思錄十四卷完計板一百八
十一面○祭酒汪偉司業景暘校正德十四年刊○武經七書七卷存者
一百一十七面壞者十五面欠者三十九面有
餘七書者孫子吳子司馬法李衛公問答尉
繚子黃石公書六韜也洪武三十年兵部奉
完武經七書送監各印一本以給公侯駙馬伯
都督以下武職子孫附監讀書者景泰二年因
國子監司業趙琬言內外諸學生徒合令兼習
兵書劄至南監搜求舊板已失其半本監祭酒
吳節因與應天府尹馬諒府丞陳宜謀撙俸資
命工重刻○論衡三十卷脫者十二面存者五百六十面○後漢王充撰書八
十五篇二十餘萬言閉門潛思戶牖墻壁各置
刀筆可謂勤矣釋物類同異正時俗嫌疑可謂

博矣充之自言曰人無一引吾百篇人無一○字吾萬言爲可貴矣然謂精覈肅括則未也

白虎通十卷 存者六十三面失八十七面尾未終破損二面○後漢章帝紀曰建初四年十一月壬戌詔諸儒會白虎觀講議五經同異使五官中郎將魏應承制問侍中淳于恭奏帝親稱制臨決如孝宣甘露石渠故事作白虎奏議注云今白虎通又按班固傳曰天子會諸儒講論五經作白虎通德論令固撰集其事跋云以家藏監本刊行與衆共之歲月姓名未詳

○風俗通十卷 存者四十九面爛失六十六面有餘○漢應劭撰唐志二十卷宋存十卷○嘉定十三年東徐丁黼借本於會稽陳正卿正卿蓋得於中書徐淵子外訛已甚後得中都館中本又得孔復岩寺丞本互加參孜刊行

○小學白文四卷 存者五十八面脫者三十二面○朱子所撰內篇四外篇二

○女教四卷 脫者七面存者九十二面○相臺許熙載著蒐獵經史傳記摭其嘉言善行凡六篇內訓昏禮婦道

母儀孝行貞節嬖不畢具刊於皇慶間

文集類

楚詞十七卷 存者二百十面火者止二面○王逸註

○樂府詩集一百卷 脫者二十四面存者一下三百一十六面○太原郭茂倩編程夫子謂古者三百篇如今之歌曲則風雅者樂府之祖也自鄭衛音作而風雅變遂妖淫豔麗使人聞之誠所謂尊欲增悲者也此書几古今號稱樂府者蒐集殆盡嫁而成章哀樂有則可以厠於風雅之間者矣讀者慎擇之而取其醇者以爲式庶其有得乎

○文選六十卷 計好板六百四十八面外模糊難認字號壞板一千餘面○梁昭明太子蕭統撰所錄皆前人之文以何遜在當時不錄其文唐李善集註子邕更加以義釋解精於五臣

○歐陽居士文集五十卷 存者四百四十七面今補八十六面乃完○宋歐陽修撰以五

行統之各十卷金卷前序目錄存者九十九葉木八十七葉水九十七葉火八十九葉土八十三葉此集修所親定故諸本相同訛闕亦少其子棐手寫成部門人蘇軾序之藏久遺脫者多洪武辛亥求豐尹蔡玘參互考訂重鋟梓以廣其傳至洪武六年癸丑乃成番陽李均度臨川危素皆序之

○晦庵文集九十九卷存好板四千二百二十八面失四百九十八面○朱子撰天生孔子於周所以集群聖之大成天生朱子於宋所以集群儒之大成欲有志於孔孟周程之學者捨此書猶航斷港絕潢而望至乎溟海也不可得矣

○文鑑一百五十卷大字板缺者半字亦模糊難以校次

○文鑑一百五十卷小字好板二千二百面完○宋著作郎東萊呂祖謙奉旨裒輯建隆以後建炎以前諸賢文集取其辭理之醇有補治道者以類編次周必大爲序當時臨安府及書坊皆有刻板歲久散佚成化中浙江副使張和命嚴郡太守鄧淮刻之商輅序曰周程之理學歐

蘇之古文韓范之相業與夫文人才士後先相望上足以格君心而扶人紀下足以明善惡而別邪正文之有裨治道者如是

○文章正宗二十四卷存者一千一百二十八面壞者六十五面○宋參知政事西山真德秀編纂分爲四類曰詞命曰議論曰敘事曰詩歌自序曰正宗

○續文章正宗二十卷存者五百二十三面壞者四十六面○宋參知政事西山真德秀輯本朝諸儒述作以續文章正宗也咸淳丙寅金華倪澄刊

○國朝文類七十卷存者一千六百面略模糊○此乃元人文也元翰林待制趙郡蘇天爵謂秦漢魏晉之文則收於文選唐宋之文則載於文粹文鑑國朝文章之盛不采而彙之將遂散軼沉泯赫然休光弗耀於將來非當務之大缺者歟乃蒐摭國初至今名人所作若歌詩賦頌銘贊序記奏議雜記書說議論銘誌碑傳積二十年爲七十卷當時評其去取精詳有裨治道至元二年十二月刊行

○順齋蒲先生集二

十六卷存者四百三十一面欠者一百四十一面猶未終○蒲道源撰金華黃溍序
○陳子廉詩集一卷三面今亡○羅圭峯文集二十
卷完計五百八十面○圭峯續集五卷完計一百五十三面略模糊
○懷麓堂藁一百二十卷板完計二千一百零五面有模糊○少師
兼華蓋殿大學士李東陽撰徽州張昕所刻正德十年以板送監○陽明文錄
八卷完計二百一面○雅頌正音五卷共存四十三面欠者三十二面
○鄱陽劉仔肩編洪武三年十二月十五日國子司業金華宋濂爲之序刪後無詩而以雅頌
名又以正音綴蓋雅頌雖不同而賦比興則同○曹文貞公集十卷續
集三卷本集慶路儒梓金陵新志云二百八十五面存者九十一面壞者一百二十八
面○元中丞曹伯啓撰自題其集曰漢泉漫藁既沒其子南臺管勾復亨刊○淮陽

獻武王詩一卷存者僅十五面○元張弘範撰○**檜亭詩藁八卷**存者五十四面失者四十三面○天台丁復撰有前集有續集前卷其壻饒介刊○

古廉詩集六卷○存者一百六十二面失十七面○國子祭酒李時勉所著景泰冬其門生國子祭酒吳節刊○**戴石屏先生詩集十卷**共板三百五十三面完○宋戴復古撰紹定間已板行歲久湮滅其後裔監丞鏞弘治間重刊○**白沙詩教**完計一百八十面○祭酒湛若水輯解

類書類

杜氏通典二十卷完計三千四百面○唐宰相杜佑編先是劉秩爲政典三十五篇房琯稱其才過劉向佑以爲未盡因廣之參以新禮爲二百卷以食貨選舉職官禮樂刑法州郡邊防八門分類敘載世推該洽三十七年始成德宗時上之故有目錄散在各類今槩

括爲總目冠之嘉靖十七年南京禮部尚書霍韜以發賣庵寺僧尼銀四百九十八兩有奇托祭酒倫以訓任其事承行者儀制郎中吳惺主事閔旦校正者博士張世宜王製唐臣助教李山諸傑劉應春孫良輔方宗重胡恪學正辛紹佐湯訓蔣廷壁趙士讓喬嵩學錄馬寅王蘭益以監銀七十三兩有奇監生卞崇助銀百兩而董匠事司出納者製及典簿楊依江也○

通志略二百卷○計板一萬三千七百二十四面○宋鄭樵撰采歷代史及他書爲自三皇至隋倣遷固爲紀傳而改表爲譜志爲略其自言云於紀傳即其舊文從而損益制誥書疏寘之別錄唐書五代史本朝大臣所修非微臣敢議故紀傳及隋若禮樂刑政務存因革故引而至唐二十略百代之典章學者之能事盡於此矣其五略漢唐諸儒所得而聞其十五略漢唐諸儒所不得而聞也其高自稱許如此元時所刻字獨大而板亦完○

文獻通考三百四十八卷舊板多損壞模糊共雙面板七百四十一塊○宋馬

端臨撰其書與唐杜佑通典相爲出入杜書肇自隆古以至唐之天寶馬氏所著天寶以前者覩杜氏加詳馬天寶以後至宋寧宗者又足以補杜氏之闕凡敘事則本之經史參以歷代會要以及百家傳紀之書信者從之疑者不錄故謂之文凡論事則先之以時臣之奏疏次之以近儒之評論以至名流燕談稗官紀錄有可以訂典故得失證史傳是非者悉採而錄之故謂之獻其史傳之可疑與先儒之未當研精覃思間附已意于後爲類二十有四每類各以小序詳之元至治二年刊行○禮書一百五十卷好板一百四十八面○宋太常博士陳祥道用撰解禮之名物且閒爲圖頗詳博其於歷代諸儒之論近世聶崇義之圖或正其所失或補其所闕○樂書二百卷好板一千八十面○陳祥道弟暘所撰據經攷傳總爲六門別爲雅俗胡三部以五聲十二律爲樂之正以二變四清爲樂之蠹其言自恣與朱子鍾律篇蔡氏律呂新書二變七均之說大相違背世莫有闢其非者○王

海二百四卷脫者四十五面存者九千五百九十六面○浚儀王應麟撰應麟業博學宏詞科故分門析類特爲詳密上至天文律歷下至禮樂器用凡二百四十餘類其統歷代則始於伏羲堯舜終於宋之末年其撫集書籍則自六經諸史百家子集註疏傳紀譜牒藝術隱賾之書靡有孑遺纂次詳備謹而有體序者謂古今奇書○宋名臣奏議一百五十卷○宋丞相趙汝愚編進其言曰慶曆元祐諸臣其辭直其計從而見效如此熙寧紹聖諸臣其言切其人放逐而致禍如彼然則國家之治亂言路之通塞蓋可以鑒矣○東萊先生讀書記四卷存者五十六面破者二塊缺者四十九面○呂祖謙撰乾道淳熙家居日閱書隨意筆之或數字或全篇蓋偶有所感發或以備遺忘者其弟大愚嘗言伯氏退休里中之日居多以詩書禮樂訓授學者俾其有以自得乎此初未嘗喜爲書也○眞西山讀書記六十卷存者二千八百面○

眞德秀景元撰大抵本經子格言而述以己意其書分甲乙丙丁今但有甲三十七卷丁二卷乙上大學衍義四十三卷下讀書記二十二卷丙缺

韻書類

說文解字十五卷 脫者五十五面存者二百十四面內半模糊〇漢太尉祭酒許愼所纂凡十四篇幷序目一篇各分上下卷凡五百四十部九千三百五十三文重一千三百六十三晉東萊弦令呂忱作字林五卷以補叔重所闕遺然於部敘初無移徙唐大曆間李陽冰獨以篆學得名更加刊定頗出私意詆訾許氏南唐徐鉉兄弟反正由舊按許氏書乃字學之祖專主篆字而古文籀文亦該載一二其首林罕以爲忱所增補者非也陽冰二徐互有發明古者小學教以六書至理所寓尤爲切實學者浸灌之久至於成人研窮天下之理力沛若有餘矣否則點畫形象尚不能知況能知文字之義理乎不知字義而欲因文以窮至

理吾不知○韻府群玉十八卷完計一千零五十面○元延佑其可也間陰時夫及弟中夫撰是書一遵　聖祖命編洪武正韻併序而字下所繫諸事則仍陰氏兄弟之舊洪武八年重刻有宋濂記正德丁卯重加修補繼刻有祭酒齊南王敕識○禮部韻十卷存者一百零八面壞者二十四面欠者五十四面有餘○雍熙丘雍景德咸綸所定景祐丁度重修元祐孫諤蘇軾載加詳定○廣韻五卷好欠一百三十九面壞板三十三面○隋仁壽初陸法言等撰長孫訥爲之箋註至唐開元中陳州司法孫愐加字四萬二千三百八十三更名唐韻宋陳彭年等重修復易名曰廣韻至宋祁集韻之出復加二萬七千三百三十一字近代厭其繁故集韻微而廣韻復盛行洪武九年翰林學士宋濂奉　勅校宗一遵洪武正韻分合之例註則並仍其舊舊韻二百又六則省爲七十六刻完模印而爲之記○玉篇三十卷存者一百一十七面壞一面缺者一百五十六

面尾末見終本集慶路儒學梓見金陵新志○
梁顧野王撰說文篆字去頡籀近故其義訓猶
得見古人六書精微之意此書遡源○
流說文而字數增多然俗字居半○增韻一
卷存者二面不知撰者姓名（　）草韻五卷存者一百八十面破者二十面目錄
七面○首載歷代草書人姓名曰漢章帝起至
於元鮮于樞止凡二百五十有九人于首當是
元末人所書也○書學正韻二十卷脫者四十五面有餘存者一千五百
十四面○元辛泉楊桓撰（　）六書統二十卷脫者三十六面存者七百六十
七面○元辛泉楊桓撰自言許慎說文雖有六
書之說惟形聲最備其餘但千百字中一字下
間注曰此象形此會意此指事餘皆略而不說
但類集偏傍亦已其所以引而不發者欲人自
求之也因欲悉取古文篆籀之存者析爲六門
冠以六書之目數年之間凡三起草而後成書
以凡文字之有統而爲六書因名之曰六書統
一曰象形其別有十二曰會意其別一十有六

三曰指事其別有九四曰轉注其別一十有八五曰形聲其別如轉注之數總其聲則有四六曰假借其別一十有四其字守義聞於朝奉勑往江浙刊行

雜書類

大觀本草三十二卷 板模糊○神農舊經止於三卷藥數百種而已梁陶弘景因而倍之唐蘇恭李勣之徒又從而廣焉宋開寶嘉祐之間詔儒臣論撰收摭凡未載者悉取而著於篇藥之增至千餘種而世之醫師方家下至田父里嫗猶時有以器方異品効見奇捷而世所未知者蓋非一郡謹微因其見聞之所逮博采而備載於本草圖經之外又得藥數百種益以諸家方書與夫經子傳記佛書道藏凡該明乎物品功用者各附于本藥之左凡六十餘萬言謹微不知何許人大觀二年集賢學士孫覿得善本刊之大德壬寅宗文書院重刊○唐刑統三十卷 存者八十六面○刑統賦二卷 十六

三板有者四面　宋傅霖撰本集慶路儒學梓見金陵新志○博古圖三十卷存者一千一百七十面脫者十四面○呂氏曰皇朝王楚集三代秦漢彝器繪其形範辨其款識凡三十卷然陳氏以爲穿鑿洪氏又謂荒陋可笑蓋政宣間蔡京爲政禁士大夫不得讀史春秋三傳始廢且又當王氏字說穿鑿之後故其所引用誠不能無乖盾也○了齋先生年譜四卷存者十二面失者六面○陳了翁之孫宜子令其婿綸編了齋生于嘉祐丁酉之四月其孫生于嘉熙丁酉四月是編作於大德元年丁酉之四月同郡樊世書其後○困學記聞二十卷存者三百三十三面破者四十四面脫者七十三面有餘○浚儀王應麟撰自識云幼承義方晚遇難屯炳燭之明用志不分困而學之庶自別于下民開卷有得述爲記聞○策準三卷存者二百零三面脫者二十面○孫可淵所纂首賈山至言終宋陳師道策延佑元年青山趙文儀可序成化十五年南

京國子監重刊〇晦菴讀書法四卷存者四十三面壞者六堤欠者十一面〇朱子門人輔廣所述程端禮校正前集〇七卷後集四卷教人之法次第工程備矣

讀書工程三卷脫者二十三面存者一百二十二面〇程端禮述慨世之教子弟者無一定可久之見爲師者不免阿意曲徇失序無本欲速不達輯爲讀書分年月程以救斯弊一本輒漢卿所梓朱子讀書法先儒之論有裨於此者亦間取一二其書成刻於宋延佑間池州

〇文則一卷存者二十五面欠者二十八面破板十一面〇陳騤所撰騤之言曰詩書二禮易春秋所載丘明高赤所傳老莊孟荀之徒所著皆學者所朝夕諷誦之文也徒諷誦而弗考猶終日飲食而不知味名騤考而錄之遂盈簡牘古人之文其則著矣因名

〇文法二卷共板六十四面好板四十三面欠八面壞五面〇採集諸書凡涉於論文者皆取之首詩賦等及作史罔不備述但缺板多不可詳校

〇文髓五卷

存者一百一十六面欠者二十一面未終○宋進士周應龍標註澤之六世孫岐鳳爲國子博上嘗以其祖讀書處請記於司業吳溥爲記時永樂壬寅夏五月則是板當刻於是時○

金陀粹編十卷存者三百零三面失一百五十二面○岳珂守攜李之明年始刻家世籲天之書于郡塾卽漢制佩章之義粹五編爲一名之曰金陀嘉定著雍攝提格歲攝余初吉珂序

○**金陀續編十卷**存者三百四十七面失者一百五十八面○家故有金陀編因先爵以叙道烈嘉定戊寅刻之攜李矣而絲綸之褒忠乙酉之錫謚異渥殊榮焜燿狎至則未之續也故又作續編

○**平宋錄二卷**存者五十七面欠者十九面尾未見終○元翰林學士劉敏中撰

○**修辭鑑衡一卷**五十六面本集慶路儒學梓見金陵新志余七

○**憲臺通紀二十三卷**存者二百八十五面失二百五十八面有餘○元監察御史潘迪編乃集慶路儒學梓見金陵新志○南

臺備記二十二卷有者三百六十四面失者二百五十八面○元至正三年臺官纂○牧民忠告二卷存者二十面餘失○元御史中丞張養浩著自拜命至居閉凡十篇○風憲忠告一卷存者七面餘缺○元御史中丞張養浩著起自律至全節凡十篇至正元年十一月刊○廟堂忠告一卷前後皆缺獨任然六面存○元張養浩撰自脩身至退休凡十篇○千家姓一卷板五十五面完○洪武十四年五月翰林編修吳沉等進以姓氏類爲頌語我　朝輿地之廣人民之衆此可見矣○千字文字帖一卷存者一十三面完○九成宮一卷完計二十二面○唐歐陽詢書○夢華錄十卷存者四十九面半損四面○宋孟元老撰少從其先人宦遊居於京師靖康丁未避地江左因憶當年節物風流人情和美編次成集取古人夢游華胥之國故名○南廱條約一卷

八面完○祭酒黃佐頒行○南廱舊志十八卷景泰七年刊○祭酒吳節編內缺二面○南廱志二十四卷嘉靖二十三年刊○傳習錄二卷完計一百七十一面○尚書王守仁著門人徐愛序司業歐陽德刻○二業合一訓二卷完計四十九面○舉人黃綸編祭酒湛若水所論○聖謨衍一卷完計三十五面○祭酒湛若水撰○明論新論各一卷完計九十四面○進士余胤緒刻祭酒湛若水所論○古文小學九卷存者一百八面○祭酒湛若水編○太學燕會詩一卷存四面○成化乙未冬十二月二十四日祭門竈諸神以報其力禮也事訖祭酒王倎慨然命典簿丁試掌饌徐偕諸執事者點檢神庖復自出家饌設宴於彝倫東堂列坐衣冠畢集獻酬交錯式禮莫愆酒半日百日之蜡一日之澤不可孤也因舉既醉詩之首章十六字分書之盛以一器人探一字

各賦古體一章以歌詠太平盛事詩成爲序其首諸君各錄一本以藏諸家而又與鋟梓以傳韓退之有言與衆共之之謂樂樂而不失其正者樂之尤者也夫歲終報祀之典大司成專主之祭畢以讌諸僚屬樂亦得其正哉○壽俊會詩一卷止存一面○南京參贊兵部尚書王恕集同輩十有六人作壽俊會以擬洛陽文潞公耆英會致仕南京吏部尚書華亭錢溥預焉○臨川志三十五卷共板八百六十六面首尾無存以後志書○宋景定癸亥刊○天文志二十四卷存板七百七十四面○景定建康志五十卷存者七百五十九面○宋承直郎安撫使周應合編凡十類疆域山川城闕官守儒學文籍武衛田賦風土祠祀○金陵新志十五卷存者一千一百六十四面壞板九十二面○元奉元路學古書院山長張鉉輯首地理圖次金陵通紀次金陵世年表次疆域志次山川志次官守志次田賦志次民俗志次學校

志次兵防志次祠祀志次古蹟志次人物世譜列傳次摭遺次說辨終焉○桂林志二十七卷存者一百五十八面失者二百三十九面○一宋靜江教授江文叔編乾道五年刊○漕河通志十四卷存者四百九十六面欠者十八面未見卷尾終數○成化七年冬十月朝廷以漕河舊規廢弛輸運愆期命官分治其事命尚書三原王恕總理之以責其成凡河洪閘壩湖泊泉源舖夫樹井及一切河道事宜根究本末暇則稽諸典籍分牘圖志碑刻復詢于識者若漕渠漕數之類有所聞則錄之彙集成書○河防通議一卷存者二十面○河議制度料例功輸運算法等每篇又列細條例○壽親養老新書四卷存者二百一十一面壞者六面欠者五十六面○元承奉郎泰州興化令陳直撰首載古今嘉言善行七十二事後爲藥方○救荒活民書八卷存者八十六面脫者四十六面○元桂陽路教授張光大編本慶集路儒

學梓見金陵新志○農桑撮要六卷五十八面存者三十面本集慶路儒
學梓見金陵新志○元延祐三年刊○營造法式三十卷存殘板六十面
○宋李誠撰○永樂二年登科錄一卷存者六十一面前後皆缺
○會稽三賦一卷存者二面○宋王十朋撰○五禮新義撮
要一卷存者一面○長安志二十卷存者二面多混入桂林志○
瑞陽志二十一卷存者八十八面○厚德錄四卷六十面存
者二面本集慶路儒學梓見金陵新志○留都錄五卷存者四面○群
書音辯七卷○諭俗編二卷○經渠圖說二卷
○祭禮從宜四卷○禮篇二卷○釋文三註十
卷○鄉飲酒禮一卷○筭法二卷○洗冤錄五

卷○導道録二卷湛若水撰○杜環千字文一卷○
虞世南千字文一卷○虞世南百家姓一卷○
水馬驛程一卷○存古正字一卷○趙子昂千
字文一卷○鮮千眞草千字文一卷已上俱亡○心
統圖義二卷七十六面完○律呂古義二卷一百三十面完
○已上俱呂懐撰○南雍申教録十五卷二百九十四面完○
太學儀節二卷六十二面完○已上俱王材著○史記萬曆二年刊計
一千九百九十面○祭酒余有丁司業周子義重校註侍御劉唯刻○五代史計七
百九十三面○祭酒余有丁司業周子義重校刻○梁書計七百五十八面○祭酒
余有丁司業周子義重校刻○周禮全經計九百三十六面○閩人柯尚遷註

侍御傅龐刻○曲禮全經完計五百七十四面○閩人柯尚遷註侍御林應訓刻○子彙鬻子晏子孔叢子賈子陸子小荀子鹿門子文子關尹子亢倉子鶡冠子黃石子天隱子玄真子無能子齊丘子鄧析子尹文子公孫子慎子鬼谷子墨子子華子劉子凡二十四子○司業周子義校刻九百四十三面○何大復文集計六百三十面○仲點註司業周子義校刻○剡源文集元人戴表集計四百九十八面○祭酒戴洵刻○大字千字文詹夢樂書計二百五十一面○祭酒許國刻○四書集註計四百五十一面○詩經集註計三百四十二面○書經集註計三百二面○易經傳義計五百十三面○春秋四傳計八百九十三面○禮記集說計七百十八面○以上六經係池州板侍御鮑希顏贖金買板送庫○為善陰騭計一百二面○侍御李之禎刻

○孝順事實計二百一面○侍御姚光泮刻○御製大誥計四十七面○司業周子義刻○老子彙詮計六十二面○祭酒刻○文字談苑計六十五面○祭酒王弘誨校刻○甘泉文集計一千二百六十五面○問辨録計二百二十八面○曲江文集計二百七十六面○新泉志計二百四十九面○參贊行事計一百五十一面○大學古本計四十五面○中庸古本計五十四面○楊子折衷計一百二十六面○守潼宣訓計一百八面○大科訓規計四十二面○心統圖說計十八面○以上俱湛若水刻于新泉書院萬曆十一年書院廢祭酒王弘誨移文取送監

孔子像及四配像○欹器圖俱在先師廟前南廂○朱文公書邵堯夫遊伊洛詩詩四首六日驅車出上陽初程猶宿水雲鄉更聞數弄神仙曲始信壺中日月長煙嵐一簇崎崔嵬到此令人心自灰上有神仙不知姓洞門閒倚白雲開秋月廷秋禾黍邊農家富貴自豐年一簞鷄黍一瓢飲誰羨王公食萬錢七口南巖噴玉泉千峰萬峯遥相連中間一道長如雪飛落寒潭不記年在詩刻在徽州尚書楊寧取刻置東廡今在像旁○陳祭酒種松栢二記在晦菴書邵子詩側○呂中允心統圖說古律圖叙俱在講院觀光堂東西之壁

南廱志卷第十九

列傳一

宋訥

胡儼

陳敬宗

王輿

宋訥字仲敏大名滑縣人父崇祿元陝西行臺侍御史贈參知政事追封魏郡公謚忠肅訥爲名家子雅性持重不妄言笑讀書記問該博登元至正癸卯進士第筮仕鹽山縣尹遭世亂隱

居求志入

國朝文名益昌于時洪武二年春正月中書省徵儒士十八人纂修禮樂訥與焉事竣不仕而歸五年秋過元故宮盡焉傷之作詩以寓黍離之感其一鬱葱佳氣散無蹤宮外行人望九重一曲歌殘羽衣舞五更檐罷景陽鐘雲間有闕摧雙鳳天外無車駕六龍欲訪當時沉舟處滿池風雨落芙蓉其二清寧宮殿閉殘花塵世回頭換物華寶鼎百年歸漢室錦帆千古似隋家後宮鸞鏡投江渚北狩龍旂沒塞沙想見扶蘇城上月照人清淚落胡笳其三離宮別館樹森森秋色荒寒上苑深北塞君臣方駐足中華將帥已離心興隆有管鸞笙歇劈正無宮玉斧沈落日凭高望燕薊黃金臺上棘如林其四黃葉西風海子橋橋頭行客問前朝鳳凰城改宸遊歇龍虎臺荒王氣消十六天魔金屋貯八千霜

塞玉鞭搖不知亡國盧溝水依舊東風接海潮其五雲霄宮闕錦山川不在穹廬氊幙前螢燭夜遊隋苑圃羊車春醉晉嬋娟翠華去國三千里玉璽傳家四十年今日消沈何處問居庸關外草連天誦訥詩者知其明於春秋華夷之辨也十三年四輔官杜斅薦訥才堪任用勑符召至京

師

上與訥語大說之授國子助敎横經發難擊節廓塞學者如客得歸十五年五月同諸儒應

制撰諸勑文操筆立成稱

上意超拜翰林院學士奉議大夫尋

命撰國子監碑文又復稱

旨賞賚衣帽文綺及鈔已而召其子安賜鈔十錠七

月

上觀尚書至敬授人時謂訥曰敬天之事後世中主

猶能知之敬民之事則鮮有知者蓋彼自謂崇

高民皆事我者分所當然故威嚴日重而恩澤

薄由視民素輕故也視民輕則與已不相干而

畔渙離散不難矣惟能知民與已相資則必無

慢視之弊故曰可愛非君可畏非民衆非元后

何戴后非衆罔與守邦古之帝王視民何嘗敢

輕故致天下長久者以此而已尋有上治平策

者

上覽之顧謂侍臣曰此人論治而不及用賢天下之大乃欲朕一人理之乎蓋獨智自用則所見者狹資賢而用則所及者廣訥對曰誠如

聖諭但賢才之在天下人主豈能周知必賴群臣薦舉然得賢與否繫夫舉之者何如爾

上曰然小人所舉未必爲君子君子所舉未必爲小人故觀其舉者即可知其人之賢否矣十一月

改文淵閣大學士時年逾七十

上親製誥詞曰朕觀古今賢能者遇君有遲速名彰

有先後蓋時運不齊而壯衰相臨故也然昔望於磻溪猶有非熊之兆而興周八百爾訥年雖高邁宜往欽哉訥感知遇每有所補拾日見親信嘗寒附火火燎脇下衣至膚始覺

上聞之製文警訥曰脇者協也豈爾居內相不能協助人主爲政致神怒若此耶訥頓首慙謝時太學初成中外歲貢生徒日夥適選愽者掌之師生相奸教尼不行十六年訥轉朝列大夫國子

監祭酒請于

上嚴立學規諸生皆知敬畏

上由是特厚眷之處功臣子弟有不服朴罰者命曹國公李文忠兼領監事由是貴冑肅然受教一日訥有疾

上遣中使致諭有曰卿秉天命之性發仲尼之誠施己幽德修道教人所以病不泰病而速差以其有神也恒謂訥骨格必壽適有畫工至

上命繪其像肖焉喜溢

天表然終老之以其子麟主望江簿特

勑召之還俾使侍養其被遇優渥類此十八年二月久雨求直言訥獻安邊策曰今海内既安蠻

夷奉貢惟沙漠胡虜未遵聲教若置之不治則恐歲久醜類爲患邊圉若欲窮追遠擊又恐六師往還萬里餽運艱難士馬疲勞

陛下欲爲

聖子神孫萬世之計要不過謹備邊之策耳備邊固在乎屯兵實兵又在乎屯田屯田之制必當法漢漢本始年中匈奴帥十餘萬騎南欲爲寇漢將趙充國乃將四萬騎分屯緣邊九郡單于聞之引去夫以四萬騎分屯九郡而充國統制其間則當時之籌畫區分槩可想見我

朝諸將中勇智謀畧無如充國者哉

陛下宜選其智謀勇畧者數人每將以東西五百里為制隨其高下立法分屯所領衛兵以充國兵數斟酌損益率五百里屯一將布列沿邊之地遠近相望首尾相應耕作以時訓練有法遇敵則戰寇去則耕此長久安邊之策也又何必勞師萬里求僥倖之功以取無用之地哉

上嘉納之遂令邊軍皆屯田且耕且守著為令乙丑

戊辰兩科

上策進士魁選恒在太學得士大率三天下之二大

被褒賞學錄金文徵畏其教範嚴厲嗾吏部尚書余熂移文以年老致仕比訥陛辭

上詰知其故以熂蔽賢擅權併文徵等皆誅之

賜諭慰訥居位如故二十二年五月建歷代帝王

廟及廣惠諸祠落成例使翰林詞臣記其事

上以訥文體莊重乃特命訥撰之訥居常寢食恒在

廟房未始一日宿于家二十三年春正月訥有

疾

上遣尚醫來治二月乙未朔疾革子麟等托諸監官懇請歸家訥厲聲曰是何風雲氣少兒女情多

况在丁祀兩祭齋戒中邪丁酉祭畢乃就舁歸

一不口及家事薄暮甫抵家卒年八十

上自製文遣官致祭追臨發柩時

上再遣祭舟車之費一出于官故事文臣四品無給

費者蓋異數也長子麟擢進士第拜監察御史

出主望江獮次復祖鄉邑訓導其後歲辛未太

學生有連舉大魁者

上思訥曰此宋祭酒訓迪之功也凡諸生守官稱職

者多出訥門

上每舉訥爲教國子者楷法復祖服闋

上召爲國子司業進而諭之曰若尚思繼武若翁也其始終眷注自開國以來文臣罕有其比人以訥素履純恪所致云訥家西南三里郎瓠子堤忠肅公嘗構亭名曰西隱訥更築白雲茅屋其間故所著詩文二十卷號西隱集今行于世

胡儼字若思江西南昌人天資穎悟自幼好學受經於伯父虞部員外郎汝器自求賢士相師友熊伯幾以古文辭自高一見儼亟稱其有所養以古文法授之既長博極羣書至於天文地

理律曆醫卜皆通其說洪武丁卯舉于鄉第二
人明年會試中副榜授華亭縣學教諭時年尚
少而能以師道自任勸勉諸生務實學勵行檢
以變浮靡之習日親講授每至夜分雖隆寒甚
暑不廢父老皆稱重之俄以內艱去丙子改授
長垣縣上疏乞近便養親改饒之餘干自是著
爲令其在餘干如華亭時士子樂從之成效居
多己卯以薦陞安慶桐城令爲政以愛民爲本
凡可便民者以身任之民間積年逋負悉與奏
免邑中虎爲害傷民物乃齋沐告于神虎遂滅

跡表朱桐鄉墓俾民奉祀嘗督漕運次三山値
大風雪遇中流有覆舟命僕夫援之活其被溺
者三十餘人捕蝗途中見饑餓病者悉命皆胥
扶掖就民舍給以藥食是夜大風雨得免暴露
存活數百十人其政行往　草異不羣識者知
其必將大用壬午軍旅方殷廣求材以集事御
史府左副都御史練安薦干
朝稱儼學足以達天人之際智足以資帷幄之籌
必拔而用之乃知臣言不妄於是
召至京師未及任用而

又皇帝已渡江矣翰林闕人吏部以儼名上
上曰儼既曉天文宜令欽天監驗之且送翰林供事
已而欽天監言儼果通象緯及風雲氣候侍讀
解縉復薦之遂授翰林檢討尋陞侍讀直
內閣與縉及胡廣楊士奇金幼孜黃淮楊榮共事
儼在七人中遇有顧問必從容審度而後對未
嘗以才智先人時論多之甲申陞左春坊左諭
德兼官如故侍
仁廟于東宮在講筵凡古今治亂得失必反復敷陳
以圖裨益以外艱去

詔奪情道過南京入見
東宮詢及民情所對皆切時事其年九月拜國子
祭酒以身率諸生奉守學規以圖成效一時人
才翕然從化同朝公卿大夫咸推敬之
文皇帝每加禮重時國子生有以故告歸者皆坐戍
邊儼爲言其情有可矜者得免
上幸太學御彝倫堂賜坐講經從容敷暢
上俯聽甚說賜賚優厚雖掌國學然
朝廷有大制作若纂修
高皇帝實錄及永樂大典天下圖誌諸書皆爲總裁

未嘗去館閣儼既耆書所進歌頌詩文詞翰並美

上益簡注庚寅

上北征命以祭酒兼侍講掌翰林院事復直

內閣輔導

皇太孫監國縝密謹敕上下無間言洪熙春以疾乞致仕

賜璽書褒美加授太子賓客致仕復其子孫

賜寶楮爲道里費仍命有司給舟車還閒居二十餘年日與學者講求性理之學親藩禮遇之方

岳重臣咸待以師禮與之言未嘗及私自處甚澹薄歲嗇僅足衣食嘗表許遜章丹廟請春秋致祭修白鹿書院且達於報施之理凡處是非利害可否之間必審度以求至當惟恐貽患於人羣倫中有不合即引退不與辯以故所至能全交既歸田里雖聲聞不至於

朝廷而在朝論舊德者俊者必歸焉館閣舊遊歲時存問不絕輒相與倡和大學士楊士奇寄儼詩豫章先生厭軒冕歸來物外托閒身青山江上迢迢郭碧樹泉頭淡淡春歲暮丹砂和玉屑日長羽扇映綸巾城中冠蓋多如雨解識堯夫有幾人樂靜忘憂養性靈豫章城外一茅亭牕涵南浦千尋碧門對

（西山萬疊青蓊鬱林泉歸倦翼獨憐江海尚浮萍已知安定渾無累猶有人求伏氏經大學士楊榮和儼詩江南歸老近何如別墅幽偏勝舊居齊也豈無經國術消閒惟有滿牀書西山雨歇秋風後南浦雲生夕照餘二十年來同事者退休應羨獨懸車胡儼早秋寄在朝諸公詩二首玄晏先生老卜居年年長共一牀書烹葵及菽情依舊問舍求田計已疏幾樹碧梧秋信早半窗明月夜凉初天河豈有支機石秪恐君平語亦虛大火西流暑已消貫沈東畔斗回杓青山幾處遺蟬蛻銀漢多時望鵲橋清露碧天秋似洗凉風老樹夜如潮昔年曾記揚州路月照蘭舟聽玉簫諸公和章多不錄）達官顯人與東南好文之士徵言者足相躡於門正統癸亥八月己酉卒年八

十三訃聞

詔遣官諭祭命有司營葬德望之隆國恩之厚天

下之似者蓋少其爲文以理爲主不尚辭藻所著有頤庵文集行於世

陳敬宗字光世寧波慈谿人少勵志問學取永樂甲申進士館閣鉅公知其俊才選入翰林爲庶吉士時與選者七十餘人再加精選得狀元曾棨等二十八人以應列宿之數讀中秘書文淵閣中敬宗與焉

文皇帝自敎之令内府給以書籍筆札工部布几席擇近居與處以便宣召禮部給夜誦膏費光祿供饌醞茗果食罷許出遊息仍免朝謁自是益

得以沈潛經史百氏之言
上時至閣試之勗其文行期與韓歐茲驅後先敬宗
愈加磨礲奮發會大召名儒纂修永樂大典
命敬宗等考正訛謬書成授刑部主事乃明習法
律練達時政以宏博其器識甲午召入修五經
四書大全繼入史館預修
太祖高皇帝實錄既進呈遂改翰林侍講嘗獻北京
賦賦曰惟聖皇之建北京也紹高皇帝之鴻業啓龍潛之舊邦廓天地以宏規順陰陽而向方準四隅以佈維搦八表而提綱綮星分於箕宿映黃道之開張壯天險於居庸亘重關於太行會百川於遼海環河嶽於封疆拱北辰兮帝居儼翠圍於金湯均萬國兮會同而

適居天下之中央也於是頒綸音建皇極布深恩施廣澤補內帑之金錢出天府之玉帛賫工垂錫厕石備聲傳衆奔走萬國雷動雲興紛紜絡繹忻忭踴躍各供厥職遂選材而度物貢百神以輿集魁奇挺拔千仞之名材五色五采希世之珍特輦載旁午舟運充斥紛河輸而海會肆丘蘊而山積爾乃太史告吉司空奉策魯班運斧公輸削墨智者獻謀勇者宣力精論巧思悉就經畫百堵皆作奮鼛鞈鼓之弗勝庶民子來咸頌靈臺之勿亟崇歸壯麗於崇朝觀崔嵬於瞬息前朝後市之規既肅肅而嚴嚴左社右廟之制復亭亭而翼翼布列有序不爽寸尺妙合化工莫究窮測其正殿則奉天華蓋謹身之尊嚴翊以文樓武樓左闕右闕之翬飛開千門兮萬戶帶巖廊以迴縈臺百尺以巘嶨重三階以隮登屹中天以層構抗浮雲而上征激日景以納光耀丹碧於紫清觀其瓊階瑤砌赤墀彤庭青瑣金鋪綺牕珠櫺鏤檻文陛玉碣繡楹時丹鳳於阿閣棲金爵於觚稜懸綵虹於脩梁躍蒼龍於飛甍含靈曜以欲翔望北辰而高興飾華榱以

壁璫綴瑪瑙兮列星彤霞映荼䕷之葩萼薰香鬱椒壁之芳馨日華麗文栱之玲瓏空彩鏤罘罳之品熒三光臨耀五色璀璨壯麗兮隆莫蔥名賛憑鴻蒙以特起亥太虚之汗漫岌嶪乎雲霞之表嵬峩乎啓漢之半落天關以益崇炳祥光而增煥目炫轉於仰瞻神惝怳於流盼雖使都盧之巧捷不敢以躋扳翱翔之扶搖不得以鼓翰此誠所謂曠千古之希逢飽百代之奇觀者也其前則九門洞開輦路如弦軒豁谿坦坦平平望圜丘兮岧嶢接靈壇兮山川昭神兆兮景彰揚璘彩兮雲煙啓大明兮當中翼長安兮東西森拱衞之嚴密列周廬之逶迤耀雪霜於戈矛揚鷹隼於旂旗選鵰冠之桓桓精百萬兮熊羆維方叔兮召虎蘊謀略兮神奇聯金貂與上蟬紛舄奕而光暉襟冠佩兮翹鏘蔚百司兮威儀各攄忠以獻納亦覃慮而論思天官之明衡鑑司徒之謹度支宗伯之修禮樂司馬之整六師秋官之邦刑是慎司空之百工惟時百僚濟濟各謹攸司小大率職庶績咸熙其後則有太液之池萬歲之山珠樹瓊榮金芝芳妍異

鳳飛兮繼嶽波能鱗兮登瀾聳靈峰於天上流惠澤於人間其右則爲乾清坤寧之宮太乙紫微之所壯 皇居於九重肅勾陳兮天府若夫蓬萊方丈之神區閬苑瀛洲之仙宇臣寔昧於聞見不可得而殫數其左則爲文華之殿鶴禁青宮玉葉金枝儲副是崇講道育德惟孝與忠禮文王之三朝詳視膳之禮容又其左則有天祿之閣金馬玉堂之署濟濟蹌蹌我我章甫講說六經之言談論羣書之語斟酌禮樂之文涵泳仁義之府莫不欲臻於治道黼黻乎皇度至若靈囿之所畜亦雜沓而紛綸麒麟之振振騶虞之穆穆白象之瑩潔如雪金猊之威猛如神顯靈姿於龍馬逞奇文於福鹿絢綵霞於丹鳳胚玄兔於蒼玉鸚鵡之色維黃素烏之質耀霜紛珍異之炳煥咸獻瑞而呈祥他若內藏實貨之充金玉珠貝之富象犀虎豹之雄驊騮騄驥之庶 國家富有萬國茲固塡瑣不足數也其外則都城列兮萬雉開十二兮通衢前邦畿兮千里北百萬兮民居接棟連甍溢郭塡郛謳謌鬱鬱蔥蔥而不疏邑里錯紛則遂分區四民樂業

室家懽娛農務乎耕桑士究乎詩書術工及賈貿遷有無百貨之所充斥百器之所崇積粲金珠兮列肆聯珠綺兮阡陌珊瑚琳琅耀璨赫奕飛畫棟兮彩甍譪王侯兮第宅塡車馬於閭閻紛雜沓而絡繹喧舞榭與歌樓樂鐘鼓兮昕夕載瞻壁廱學宮逶迤穆穆乎宣聖之廟肅肅乎羣賢之祠崇祀有典釋奠有儀歌棫樸以作人偉髦士之攸宜贊 朝廷之禮樂炳道德之光輝於是經營既終厥功告成方青陽兮届辰逢吉旦於元正于時萬象維新三光以明麗慶雲於璇霄燭祥光於太清 皇上服袞衣乘鸞輅設警蹕陳鹵簿翠華葳蕤飈雲飄霧絜精誠寡思慮奏雅樂諧韶濩謁郊廟告 太祖香苾芬其上升靈昭昭兮來下眷胙蠁兮方集綏萬福兮純嘏於是升金根旋太常御正殿開明堂朝百官臨萬方會諸侯陳玉帛旌淑慝明黜陟然後布德和令行慶施惠錫高年兮上尊進賢達於庶位敦唐虞之道德厚湯武之仁義興三代之禮樂熙漢唐之功利炳玉燭調元氣協重明於日月侔化工於天地使九州八荒含齒

戴角之羣四方萬國懷仁負義之士莫不熙熙嗥嗥於泰和仁壽之域仰事俯育於漸磨涵煦之內此誠所謂恢鴻業於千古開太平於萬世際輿圖於覆載大一統而無外也是知 國家萬萬年隆盛之慶 皇上萬萬年高厚之壽 聖子神孫萬萬年無窮之祚蓋與天地同爲悠久也

平胡頌

頌曰維 皇聖德克協萬邦惠洽黎庶浹于窮荒編髮椎髻雕題黑齒王帛煌煌罔不率俾惟玆醜虜逆道違天敢肆陸梁殺使侵邊方其孤窮稽顙歸命迨錫封爵慢不復靖 帝赫斯怒爰整六師躬行天罰剿以絕之王節金戈熊熊旌犀甲鼓鉦一動鐵騎雲合百萬之衆如熊如虎挾矢控弦如林如雨北出燕然萬積之山鳥道獸藏以逞其奸文謀武略贊翊變化天造神斷靡資于下下肅伏披偃草雍禽獮前擊後衝左擒右翦闔樂海北士馬奮騰天兵聿臨醜虜震驚悉棄輜重匍匐奔命天誅背逆胚䖍悖病斬負 國恩悔亦何追鬼神不容殛以斃之于兀良哈剿其餘寇屈裂之河卜大授首 帝曰除蔓芟絕根株覆其巢穴永

矣無虞連連穹廬纍纍草野塞坂爲途年牛及
馬惷惷應來千百其羣奮勇一呼倒戈如雲殲
殪渠魁撫其降附蕩滌羶腥澤之化雨弦矛丘
積毁以聚焚年牛來歸蝗集雲屯萬乘旋馭六
師奏凱塵清沙漠鯨潜瀚海伐鼓鼘鼘振旅闐
闐六龍迴翔靈光燭天歸御明堂萬方畢會告
于郊廟神靈忻喜布告德音四方徵騰凡我有
生樂此太平穆穆我 皇聖神文武道冠百
王治軼千古惟 皇萬福天高地厚惟
皇萬壽天長地久赫赫巍巍 聖德神功臣
作頌詩傳 及爲善陰隲頌 頌曰於皇 聖心
广無窮仁竝天地綏厥兆民
萬邦底治民性若流導之孔易爰稽古昔諭以
報施德施靡咲彼獲攸齊陰隲冥冥有赫斯至
作善降卄天道孔邇彼矜不靈曷喻斯旨纂纘
皇猷翼翼 聖制丁帳金聲玉昭日麗德音
諄諄爲善之義有克踐之介以繁祉王侯之升
卿相之貴報豈不遐施于孫子胝矜 聖謨
豈特在位凡厥黎民矜跡以勵種始有獲啓斯
靡晦伊嗟濟夫悉爲善士惟 皇聖明貽憲

垂世訓誥典謨理同一揆人文孔昭禮樂斯備
治化之隆無與爲儷臣拜稽首詠歌德意臣拜
稽首
聖皇萬歲

已亥正月卿雲見甘露降獻

聖德瑞應頌其年十一月甘露再降于

孝陵松栢復爲頌以獻頌曰瞻彼鍾山
孝陵之
宮鳳翥龍蟠有矗其崇神御
孔嚴靈貺昭融天降甘露于栢于松元氣淋漓
薰蒸陰陽軒轅儲精天乳耀芒有液其津有犀
其滂湛其濃濃浥浥瀼瀼泫葉垂柯彌林布樹
積潤含滋躍華合素有漬其集以沛以聚密密
紛紛亦孔之富其凝如脂其白如肪有飴其甘
有餳其芳有玉其豐而瓊其漿有馝其芬亦苾
其香精英璀璨光采的瀝映日不晞皓皓奕奕
如貝之編珠璣紛積發耀揚輝晃蕩洞射 東
宮承慶載顧載忻曰惟天賚爲澤之仁上啓
聖衷下福萬民孰克致茲 帝德寔臻采獻
瞯廷玉几流權 帝咨受禧 宓告 郊廟勅賜
臣工衍子有道臣拜稽首我
皇聖孝於穆我

皇紘御萬邦功高千古道冠百王九有八蠻罔不梯航神化洽滂鴻恩汪洋諸福畢臻玉壘既滋至嘉禎奇祥莫可殫紀　聖敬日隆孝德益備格于天心致茲上瑞惟　皇神聖赫赫明明甘露之應式昭治平惟　皇大德至孝純仁甘露之彰　聖壽之徵惟　皇萬壽天高地厚惟　皇萬福如山如阜永永萬年臨御九有臣作歌詩以播永久他如龍馬麒麟獅子騶虞諸福之祥畢集亦皆獻賦以揄揚之每元夕觀燈

賜讌偕儒臣應制賦詩

上獨稱善永樂十五年觀燈應制五首其一皓月金門夜和風玉殿春雲移三島近燈簇萬花新天仗臨丹扆星橋接紫宸中宮宣德意宴賞及詞臣其二紫禁睐鐘靜高城刻漏傳五雲迎寶蓋萬炬綴金蓮瓊醴行仙席龍盤進御筵數坊呈百戲齊過上階前其三劍珮青霄近峯巒

翠閣重花明金殿月香度玉樓風拜舞諸番集歡娛萬國同遥聞歌吹發五色慶雲中其四紫陌連青禁彤樓接絳河九門星彩動萬井月華多寶炬通宵朗鸞笙叶氣和臣民涵聖澤齊作太平歌其五山擁金鰲壯雲飛彩鳳來星河隨斗轉珠闕倚天開歡洽春聲遍恩從淑氣回願歌魚藻詠長奉萬年杯後丁母憂宣德改元起復修

兩朝實錄未及成轉南京國子司業精察積弊首疏三事上之九年秋滿陞祭酒爲人美鬚髯容儀端整步履有定則望之者起敬當會食諸生稍有失儀即待罪不輕容也或有所稟嚴於對君之禮居常持敬以身表率之每遇丁祭豫齋十日於廂房宿焉久居太學力以師道自任不

少厭倦嚴立教條痛革舊習日勵諸生進學成德有違犯者扣除坐堂月日悉爲虛曠豫示而堅守之以是畏憚不敢放肆成均肅若朝廷焉戶部尚書關中楊鼎初發解于鄉試赴春官不利自北京求入南監從敬宗卒業其爲士大夫所重如此敬宗每對客善飲襄城伯李隆雅重斯文或延賓罷必留敬宗再飲主至酩酊猶自儼然若未嘗飲者人皆服其量一夕飲過劇兀坐喧顛中人或伺之見其拳握惟謹其矜嚴好禮此類也平生剛正介潔勢利紛如一無所累

評者謂其撓之不亂澄之愈清官太學二十餘年諸生位有至卿貳者而敬宗獨久不調意豁如也時北監祭酒李時勉約束諸生身教亦嚴世稱南陳北李景泰元年引年致仕德望文章名聞天下退而家居不輕出入有被接見者雍容談論莫不感發興起别號澹然居士至是又號休樂老人云有詩文十八卷行於時曰澹然居士集天順三年卒年八十三

王與字廷貴常州武進人祖友諒福建延平府同知父守正兵部武選主事皆累贈南京吏部

尚書儼十歲能爲詩正統甲子以縣學生舉應
天鄉貢景泰辛未與禮部會試
賜進士及第第三人授翰林編修
旨偕諸庶吉士讀中秘書給酒饌筆札諸物癸酉旱
代祀東嶽雨輒降有讓嶽神并代嶽神答詩景泰
癸酉秋大旱儼奉　命函香祀東嶽以七月望
抵泰安州致齋之夕夢有神人訪予公所儀觀
偉然輿從甚都予起迎之問神爲誰曰我嶽神
也因詰其不雨之故既寤作詩讓之二氣統萬
有妙運無停機發生藉雨露品彙咸遂熙伊誰
操其端天尊而無爲山川出雲雨澤物霈攸司
矧茲五岳宗巋然峙坤維或云天帝孫血食生
所資所以古聖王告成必於斯云胡頃歲間神
職莫治炎旱肆爲虐膏澤秘不施郊原既灼
爍禾黍咸萎蕤勿謂天可玩勿謂民可欺民貧

祀不充那知報與祈天道豈幽昧蒞謹應無私行矣叩天閽神責將安辭獄神答造化均一理無間明與幽明焉苟茫昧幽冥胡可尤昭昭彼蒼天臨下罔不周栽培與傾覆山嶽難爲謀陽驕蹇所至赤日行中州不聞先民言炎旱各有由天旱求諸仁仁洽斯有秋國旱求諸德德潤而澤流人旱求諸政政清俗乃休不圖人事盡謾有天時憂是謂棄其本而惟末之求羔羊爲我羞醴酒爲我醻禍福命在天那能爲爾庥歸告爾君王上下當交修甲戌以父憂去天順丁丑仍舊職庚辰同考禮部充

太子講讀官辛巳預修

大明一統志成有白金綵幣之賜癸未再考禮部得人尤多秩滿遷侍講甲申

憲宗登極錄侍從勞擢左春坊左庶子仍兼侍講時

始開
經筵勑充講官復賜金幣又
勑修
英宗實錄分掌禮館纂述詳慎得史臣體念母老求便養成化乙酉李文達公薦名改南京翰林學士乃迎養于官丁亥
實錄成復以舊勞賜金幣戊子以母喪去辛卯服闋適南監缺祭酒
朝廷用吏部薦即其家起之時教法久弛乃嚴立程制核勤惰爲懲勸諸司差遣一按名籍不爲

私假又條奏便宜數事與風采凝峻廉角峭厲素善弈且所酷嗜及爲祭酒輒絶不復事其克制操執不爲俗變類如此故教法修整群士皆斂衽欽服稟然稱嚴師焉壬寅秩再滿擢南京吏部右侍郎吏弊滋甚凡差撥則庭鬨不可制乃酌爲定規弊始息丁未召爲户部左侍郎弘治初遷南京户部尚書尋改吏部考諸司官屬諏訪去取務合輿論又奏其有小過而才可用者若干人得降秩補外俾圖自勵又上疏陳八事多見采納自餘細務悉爲綜理咸得其宜癸

丑年七十疏請致仕
上優詔勉留再上亦如之甲寅以兩考還鄉卧病疏
復上辭益懇
上重違其意許之又念與舊臣進階榮祿大夫命有
司歲給廩粟輿隸以示優異報至已疾篤以乙
卯五月二十二日卒年七十有二訃聞贈太子
太保謚文肅遣官諭祭賜葬與奉親極孝養事
伯兄甚謹以三品
恩移廕兄子澄爲國子生歲出所積穀贍族人者若
干斛遇鄉黨子弟有恩嘗購得楊氏别業有世

墓慰令勿徙缺其垣俾歲時往祀焉與博學高識爲文章雅健有法兼精吏事敏而能勤久在散地老雖居重位又不值繁劇人以爲未盡其用云所著有思軒稿若干卷行于世子沂成化乙未進士累官至都察院右副都御史以才行世其家

南廱志卷第十九

南廱志卷第二十

列傳二

謝鐸

章懋

石珤

魯鐸

崔銑

謝鐸字鳴治台州太平人家世出晉康樂公後經畧使鞅十二世而至鐸敏穎不羣少爲縣學生以好學聞天順己卯舉鄉薦第二甲申登進

士第入翰林爲庶吉士成化乙酉授編修丁亥
預修
英廟實録成陞從六品俸壬辰冬十二月奉
命校勘通鑑綱目上疏言神宗喜通鑑理宗好綱
目而不能推之政治因勸求賢講學以史冊質
經傳窮理義則大本立而萬目自隨矣
上納其言乙未秩滿遷侍講仍加從五品俸當直
經筵撰講章必盡所欲言者嘗發明誠之者人之
道謂務虛名而不實用工夫如漢武帝內多欲
而外施仁義唐太宗外行仁義而內多慚德便

是不誠又如梁武帝酷好佛法唐德宗信任盧杞不能明於治道之邪正人才之賢否是不能擇善也唐玄宗初年勵精幾致太平後乃窮奢極欲溺於所愛唐憲宗初年發憤志平僭亂後乃好神僊迎佛骨有始無終是不能固執也時

純皇帝頗有偏好鐸以此諷然

上不以爲忤也庚子連遭父母喪壬寅例當起復乃謝病家居弘治初臺諫部屬言事者交薦之會以修

憲廟實錄徵乃起供職庚戌擢南京國子監祭酒動

以身教每嚴約束禁諸生班見禮捐皁役錢以沛僚屬籍膳夫錢于官構東西二書樓以度鏤版上疏請增楊時從祀而黜吳澄餘若擇師儒慎科貢廣載籍復會饌均差遣諭列尤多辛亥陳情致仕而歸論薦者以十數特擢禮部右侍郎管國子祭酒事

命吏部遣使卽其家起之鐸再辭不得道得疾徑歸復請而敦迫日益急乃行至京辭所加職以本官治事亦不許居二年辭至再癸亥修歷代通鑑纂要

命爲潤色官疏又五六上復乞歸養疾乃
命給驛以行令有司俟病愈奏
聞正德戊辰吏部例上其名會權奸用事恐其復
起遂仍
命致仕庚午正月卒年七十六鐸孤介寡合性氣
屹屹嗜義如渴見不善若將浼然家居孝友自
違養後輒無意仕進平生以行義爲重見事敢
言亦勇爲以此見知于時而亦爲人所嫉其在
北監也請增號舍修堂室又謂廟門衢面多狹
邪以爲褻慢買其地而廓之又買官廨三十餘

區居學者以省僦直皆出夫皁雇役悉籍爲公用諸生貧困亦有給死者請京府致賻給驛歸其喪又請别祀叔梁紇曾皙顔路孔鯉配之以全倫義而議黜吴澄論尤切皆不果行凡所建白皆師古義持獨見未始有徇俗希人之意雖尊官要地忌者不能無而輿論所歸若出一口其辭則相率請留其去則爭爲論薦如輸粟納馬諸途素爲所抑者亦連名薦之前後所上辭疏

朝廷每優詔慰答至停祿以俟

命僅予告歸既其沒也
特贈爲禮部尚書謚文肅鐸父世行嘗出祭田三
十畝鐸買田代之而以其田分諸弟及供家塾
閒以塟族之貧者又買田以益弟姪數亦如之
又修宗譜構墓廬爲合族計其高祖孝子溫良
遺行久弗白至鐸始表著之祖母趙氏以節死
後鐸以侍郎考績請輟所得封
誥移爲旌典
詔特表爲貞節之門仍予
誥命以至鄉郡諸先正如方希直輩遺文善行皆

輯錄以傳與南京工部侍郎黃孔昭爲知己始終不負嫻黨知識困乏者皆有周卹然實無長物帷節俸入爲之其居常第蔬食醴飲而已爲詩精鍊不苟力追古作當所得意殆忘寢食伊洛遺音引序予嘗讀伊洛諸書見其精深奧博茫無涯涘因取其詩日讀之而涵泳焉得百五十七首萃而錄之曰伊洛遺音或疑詩人有志者所不屑處矧伊洛之道顧於此而求之不亦左乎是不然虞廷之賡歌周室之進戒古之所謂大聖大賢者詩固在所不廢伊洛之詩亦豈外是以爲道哉獨怪世之冒伊洛以爲名者其發而爲詩不曰太極則曰陰陽不曰乾坤則曰道德不曰鳶飛魚躍則曰雲影大光往往以號於人曰此道學詩也是詩一出遂使詩家者流指爲口實以吾儒爲不識詩有若顧子敦者乃欲與伊川讀通典十年噫不亦重可笑哉昔者趙

括徒能讀父書而一將輒敗霍去病不學古兵法而所向無敵是則以道學爲詩者固不足爲知詩而以吾儒爲不識詩者又寧知詩之所以爲詩哉予生也晩固未知伊洛之學亦不敢自謂能知伊洛之詩者姑錄所見以代今年秋吾友廣信大守王君良玉乃以書來索予詩予詩豈足以示人而以浼吾良玉哉因取是編以應或者良玉刋之郡齋與淵源錄並行以竊自附於三先生論事錄之義則亦豈非欲知伊洛之學者所願聞哉文尚理致謹體裁考訂評隲多前人所未及

（懲忿窒慾銘）火燎原原於星星而不可遏水潰隄於涓涓而不可止然則忿之熾而徒撲其焰慾之流而不塞其源幾何其不至忘身及覩而沈溺以死也哉

（遷善改過銘）進方覆之蕢勢必底于成所既更之蝕光曷損於明然則欲自異於禽獸之幾希以必造乎聖賢之極致者可不致力於不遠之復而拳拳以服膺也哉

（澄心齋銘）水汨其源厥流乃渾性繫於情心曷以清汨也澄之鑒也疑之不汨不鑒惟聖其能

之然則澄心有齋而不敬以居其何以爲作聖之階乎我朝度越歷代五事昔邵康節有言我朝五事歷代所無一革命之日市不易肆二克服天下在即位後三未嘗殺一無罪四百年方四葉五百年無腹心患臣愚亦謂我　太祖皇帝遠過於宋者亦有五事固歷代之所無也一攘克夷狄以收復諸夏二肇基南服而統一天下三威加勝國而鋒刃不交四躬自創業而臨御最久五申明祖訓而家法最嚴蓋自昔霸除暴亂以大定天下者有矣未有攘克夷狄以收復諸夏者也自昔崛起江左以偏伯一方者有矣未有肇基南服以統一天下者也自昔誅其君簒其國以代其位者有矣未有戰不交鋒兵不血刃而遂有其國者也自昔中興繼世者在位享國之久者則有之未有創業之初而臨御至于三紀者也自昔創業垂統者大綱衆目之舉則有之未有家法之嚴而垂訓至于諄復者也於乎若我　聖祖之神功大業可謂高出萬古而絶類離倫者矣所著有桃溪集續眞又豈直遠過於宋而已哉

西山讀書記伊洛淵源續錄伊洛遺音四子擇言元史本末宰輔沿革國朝名臣事畧尊鄉錄赤城新志及詩集論諫錄蝗恍藁汲綆餘誠歸吏雜詠總山集祭禮儀注若干卷虛齋蔡清上書畧曰清家居時提學周時可先生道及盛德云秉禮執義一時學士大夫所共推重清雖不肖心已知向往矣已而得赤城論諫錄讀之又得遜志齋集及赤城詩集讀之三集者皆執事所訂定表章其所闡涉與近時人所刊行汎汎者迥不類執事所養於是益昭然可辨私心益用勸向慕不能忘第愚下之資不能遂籍是以私淑爲愧耳三集之中遜志一編則天地正氣沉鬱百年而幾泯滅者一旦遂得其人以顯行于當世執事與黃亞卿公及前學諭趙先生之功大矣

章懋字德懋金華蘭谿人少游庠校讀書學問負經濟志畧然不自衒露與人交恂恂儒者也天順壬午舉鄉薦以易魁浙士丙戌再至禮部褎然舉首入翰林為庶吉士丁亥冬除編修戊子春正月

朝廷舉張燈故事

命下詞臣詠詩懋謀諸同官黃仲昭莊昶曰國家無事海宇乂安内庭燃燈朝士踏歌傳之往史已非盛事此蘇長公所以有疏而深惜其君之不用也

今天子仁聖孝奉
兩宮將以備耳目之娛極天下之養則斯舉固足以
爲樂然而大孝在乎養志雖舍是亦無有不樂
者吾輩盍進諫焉越明日偕二人同上章大要
以培養
聖德爲本
上怒左遷懋知臨武縣時修撰羅倫亦以起復元臣
言事坐貶時人稱爲翰林四諫會廷臣論救
上頗悟命與仲昭俱改南京大理寺評事旣至留心
職業日取刑書故牘詳閱之遂至精練平反庶

獄老吏不如法所當執雖貴卿莫奪也南倖入視北爲縮例益以堂隷額直之贏懋獨無所益三年考績省覲予告尋擢福建按察僉事閩有番舶銀礦屢爲患懋建議許民與番互市商夷兩便弛銀礦禁聽民採取自是不復盜患遂息浮稅病民令以海田抵之泰寧寇作梗陽爲清戎往掩捕之寇悉就擒沙尤饑盜起開倉賑濟卽時解散會與巡察不相得加之行部積勞觸瘴成疾因有去志考績至京遂疏求謝事吏部尚書尹旻固留不可三詰而終不變乃可之時

年四十一從子拯撰行述曰公求謝事冢宰尹公旻慰留之辭益力尹公詰之曰不罷軟不貪酷不老病如何可退公對曰古人正色立朝懋懋之罷軟多矣古人一介不取懋懋之貪多矣古人視民如傷懋懋之酷多矣年雖未艾鬚鬢早白亦可謂老疾矣請舉一退之足矣尹公憮然驚歎知其意決特爲具奏得從所請至家即杜門足不入城府

奉親之外日惟讀書講學甘貧守道若將終身詣門請誨者無間遠近常往來楓木庵中學者稱曰楓山先生嘉靖將二十年廷臣論薦無虛日

孝宗勵精圖任儒宿北以謝鐸爲祭酒南以屬懋懋方遺父喪力辭

詔添設司業虛位以待及終制就官謹槃度尚德化厲廉耻六館之士翕然向風豪傑有志者排日執經質問所疑隨方而答人人自以爲得師

國子監策士問國學之設所以維持世教造就人材而非徒爲粉飾太平之具也自昔以來其建學之制爲教之法得材之效互有不同則游於斯者不可以不知也請以所疑從諸君質焉孟子論學爲三代所共宜其無異名也而禮有上庠東序右學東膠成均瞽廱之異何不合於孟氏孔門傳大學之道不過三綱五目宜其無他道也而禮有三德三行六藝六儀四術四教之目何以不同於大學師一也而有大司樂樂正師氏保氏司成司業之職何以分士一也而有曰選曰俊曰造曰進之義何所取周之五學與漢之三廱唐之七學宋之四學其數之不同亦各有說歟今太學之六堂其亦有同於古歟古之士以德業相先今乃行業不修惟筭撥歷

之月　豈以是爲惜寸陰耶古之學以明經爲務今乃　經術不講羣爭短差之甜苦豈以是爲奪錦標耶欺誕相習每稱病以免坐堂奔競成風或附勢而求速化憚拘束而樂放縱避勤勞而求安逸若是者可望其有成材乎茲欲變化士心作新士習使爲師者各舉其職不爲倚席之博士爲士者各修其業不爲城闕之子矜爭先於學問而資格之不計相尚於道德而奔競以爲恥不負菁莪之化聿成棫樸之材何所施而可　國初積分之法可復舉乎湖學經義治事之教程子吏師尊賢之議亦可用乎抑別有其道乎前代太學諸生有舉幡而救鮑司隸者有倡義而不污朱泚者有殺身以爭宰相之用舍者有捲堂以論宰相之起復者亦有優劣之差乎諸若皆四海之英由貢舉而來肯自處若人下乎願一吐胷中之奇老夫當斂衽以拜下風又問天生斯民立之司牧而寄以三事卽孔子所謂庶富教者是也然其設施之畧可得聞歟稽之周官則所以庶之者有九兩之繫與夫保息之養本俗之安焉所以富之者有九職之

任與夫土會土宜土均之法荒政職事之類焉其所以教之者又有八統之馭十二教之施與三物八刑五禮六樂之類不一而足其經制之詳可得而悉陳歟孔門諸子言志有三年而可使足民者有三年而可使知方者彼固有得於畢人之數而其所以行之者何先漢唐諸臣爲政有戶口增倍比室給足者有教化大行道不拾遺者彼固未必能盡舉周官之政也而其所以致之者何由或謂制田里薄賦斂可以富之今之賦斂非不薄也而公私匱乏饑饉相仍浮殍載路其失安在或謂立學校明禮義可以教之今之學校非不立也而流俗日弊欺詐相凌寇攘不息其咎誰執子諸生藏修璧水目孔子之教明先王之道有年矣他日出而致用皆將處司牧之任有三事之責者也茲欲呻吟轉爲謳歌盜賊化爲君子于此比隆成周之盛而度越漢唐之治亦有其道歟其參酌古今之宜講究設施之術以俟他日舉而措焉　姑蘇

尤樾母病據例不得歸省晝夜涕泣懇許之歸

或以爲言懋曰吾寧以違制獲罪不忍絕其母子之情也聞者歎服兩疏學政時政條陳宿弊皆不報凡再乞休不允正德改元陳勤聖學隆繼述謹大婚重詔令敬天戒五事先後五疏乞休又不允居無何引年以請凡三疏始允尋轉南京太常寺卿辭進南京禮部侍郎又辭詔許致仕懋既退而逆瑾之難作縉紳相繼蒙禍

人服其先見當道咸疏懋耆儒宿德

詔有司歲時存問以風天下

今上登極詔陞南京禮部尚書致仕辭弗允辛巳歲

且暮忽搆疾親朋子姪更迭問候至屬纊語不

亂衢守林有年至疾巳劇臥榻上與論古今天

下事甚悉及夕與姪贄論君大夫保國保天下

之道因及春秋列國名卿推許士會父子庶幾

歲除令親友各歸守歲嚮晦遂卒年八十六是

日未旦有星墜所居之前山有司以

聞與塟祭贈太子太保謚文懿懋胷度夷坦與人

言輒露肝膽或許亦不逆億也見人有善不啻在己汲引後進惟恐不及居常無甚異同至臨大事決大議是非可否確乎不拔性寡嗜欲衣服飲食宫室器用隨寓而安薄田僅自給不求增益辭受取予出處去就一於道義一毫不慊萬鍾弗顧故自入翰林以至八座立朝僅四十日官不過三考乞休凡十餘疏難進易退當於古人中求之其心常在天下每聞進一善人行一善政喜動顔色否則愀然不樂夜必露天焚香默以親賢遠姦康國庇民爲禱民生利害輒

爲上官言之其學以關閩濂洛爲宗本之自得非有傳授亦世所閒見也於書無所不讀於天下事無不理會要在精究而力行之不襲口耳不涉支離故能眞見獨到洞貫道妙其發之議論精實切當多有前賢所未發者嘗謂人心有小大大以窮理小以慎獨謂政體始於格君心收人才固民心格言至論不一而足皆其所獨得者一時同志若羅倫謝鐸莊㫤陳獻章皆極推許諸人皆蚤世惟懋年踰大耄巋然獨存殆天佑之以壽斯道也然倫嘗立鄉約過嚴則移

書責之其盡交誼如此書云鄉約之行欲鄉人皆入于善其意甚美但朱呂之制有規勸無賞罰豈其智不及此蓋賞罰天子之柄而有司者奉而行之居上治下其勢易行今不在其位而操其柄已非所宜況欲以是施之父兄宗族之間哉或有尊於我者吾不得而賞罰焉則約必有沮而不行者矣可不慮其所終乎在比之九五王用三驅失前禽夫子以為舍逆取順蓋來者不拒去者不追不能必人人以從我也凡入約者必其誠意感乎革心向化而後可有不能從則當聽其出約今欲假官府之權力邀強制以必人之從已殆非所謂顯比之道也又聞族人有為盜者必親置之死地此於當代之典先王之制聖賢之事皆所未聞孔子曰古之為盜惡之而不殺也不先其教而一殺之是以罰行而善不反刑張而罰不省若孟子所謂不待教而誅者蓋指殺人於貨之盜而言耳如穿窬鼠竊而皆殺之則彼亦人下國門之外者將何法以加之乎禮曰公族其有死罪有司讞于公公既三宥之矣而又使人追

之曰雖然必赦之有司對曰無及也然後爲之素服不舉如其倫之喪親哭之夫以朝廷之上法度所在其處宗族之死罪者若是而況於手自殺之乎又況罪不應死者乎以是知聖賢之在鄉黨其所以處族人者殆有不然昔漢人有爲盜者告曰刑戮是甘乞不使王彥方知彥方遺布一端卒能化盜使之道不拾遺是不猶愈於殺乎陽城居於晉之鄙晉之鄙人薰其德而善良者幾千人溫公與康節在洛里中後生皆畏廉恥欲行一事必曰無爲不善恐司馬端明邵先生知是皆君子之居鄉有不約而自化者以先生名德當不下於諸公自身而家自家而鄉久於其道彼將自孚何用汲汲乎強人以從約重法以禁盜耶雖曰君子之所爲衆人固不識然某之愚實有不能無疑者深願先生熟思而審處之如使今之吉豐亦如溫公康節之洛則朱呂之鄉約庶可行矣

文章不甚求工達意而止或以相諷曰小技爾予弗服或勸以著述曰儒先之言

至矣盡矣又何加焉第删其繁蕪可也嘗欲摘選程朱後諸儒經書粹語爲集說及刋宋史之繆患力不足而止平生所著惟蘭谿金華鄉賢祠志及遺文數卷而已子孫皆夭歿孫誥不慧年八十一始生子接既膺卹典

上優詔録接爲國子生

石珤字邦彦眞定藁城人少博雅穎悟明周易與兄玠齊名先後皆舉鄉魁成化丁未俱登進士第時稱二鳳珤被選入翰林爲庶吉士除檢討德器剛毅知識不羣館閣稱重之以纂修功

陞修撰侍
經筵講讀賜金帶四品服正德初士風漸漓於前
類多巧宦琢憤世嫉邪作媒說以諷說曰西里之婦有胥
為媒者三年不成凡為絲蘿之好鮮叩其門釜
竈蕭索將營他技聞國有大媒氏乃載束帛往
問之再拜而進曰自婦之為媒也膏脣錯手毀
方削廉意隨波流辯逐風生化强為姦扛甲使
尊堅白同意燦爛紛綸眄移喜怒咳定取予左
顧漢勝右麾齊衂自以為術已精矣一行而節
應再舉而轍亂久益齟齬行唾于塗立詈于垣
不敢出戶庭者歷寒暑矣將逃之他郊無復言
媒妁事竊聞大媒氏旁通于道大化于藝願進
之階下以袪愚婦之惑大媒氏呼而起肅而入
布席于堂斂神凝思屏左右人三引其端里媒
不悟廼閉之別室致潰發悱明日又問之對曰
將無夸毗大繁翁訾失幾功急大勞反損事圖
速成反敗與曰未也越復入戶三日然後召焉

則見里媒之眉間栩栩然有動意曰幾矣得之矣問曰汝知吾媒有大權變乎曰然吾爲汝言之天下之道有經有權聖人用之智者效焉先王之道至大極遠吾儕巾櫛賤婦委巷小人安敢議之雖然御有百車不如詭驅兵有百萬不如反間是故我遇其常揚兵正旗三戰而勝功非我誰卒遇勍敵我詐不展進與無所得退與有後患彼乃嚴兵以待我亂我乃騰飛語飾謗書賂左右私名姝嫁怨賈禍以保我軀是以亞父抑田單走樂毅奔鼂錯剖忠反遇禍正反蒙詬必如是然後兵可制勳可就矣媒有兵道焉汝之所習者蓋勤盟屢講朝平暮成孽食而更戰既陣而後擊之法斆故口血未乾而盟已解圍柵未備而敵大至矣汝所謂知媒之常而不知媒之變者乎吾爲三十年矣彼選入宮亦復十年吾詧枯楊使爲春華吾毀白台使爲嫫母吾言一出彼各心醉彼執一端我當其會收兩家之歡得三倍之惠卒有乖忤吾委諸其鄰其鄰不受吾委諸其親其親不受委諸他人彼自交惡而吾絜其身故吾老矣國中推善焉媒者

無以逾我而者婦壯子少孫行女感我者亦多矣雖然其難易之理成敗之數爾亦宜知貞女易成治女難成妍女易成醜女難成禮法家易成失節婦難成蓋其孅惡素定風聲素遠幸我輩者雖黃炫亂黑白顛倒使芍藥之艷得儕行露而升者以有此舌與齒耳故吾輩者爲正人小利爲邪人大利而然不及焉抑吾聞之嫁怨於人其怨將繫貫禍自我其怨始大吾恐明王之世終無稅駕之所姑以卒歲利吾身而巳乃更教汝爲之吾不仁吾不仁於戲大媒氏固不足取然其言時合於道特擇術之不精餬口之欲亟以至此耳以吾觀之今之仕者何止一大媒氏哉而靦偃然自以爲得計亦甚矣

陞南京翰林院侍讀學士

已巳遂補南監祭酒教法嚴遂濟之以恕時閹瑾用事以勵精爲名士大夫當官亦附會振作監生査對軍册有患病不容給假瑶力主之晒

晾黄冊有不至者輒行典簿廳取供令其每夕畫酉疏以

祖宗成憲不敢擅改答之諸生感悦會廷臣議令納銀監生增報年歲或謂將揀選聽點人情恟恟疏拘集至班惟令遞增一歲繳冊至部亦竟無他人益服其有見明年改北監祭酒教法如在南時後晉南京吏部右侍郎尋調禮部右侍郎又晉左侍郎兼翰林院學士庚辰主會試號得人嘉靖初又晉禮部尚書兼學士掌詹事府事初疏法古爲文頗喜莊列在南監時取名士梅鷟

爲季試首文體奇崛爲之一變癸未復主會試所作録文乃更醇雅人固莫能測也是年五月陞吏部尚書每銓輒以職名書諸片楮爲丸納袖中探而出之囑託不行七月仍兼翰林院學士在

内閣專管

誥勑甲申五月兼

文淵閣大學士乙酉六月加

太子太保

武英殿大學士尚書如故琉瞢以

大禮定議爲是而言或時有從違門生有當柄者每謂其情懷不盡已而罷歸卒于家

上特贈少保謚文隱（按璡行義殆不止此姑舉諸集書之又求嘉王瓚爲祭酒亦有聲不得其事狀姑闕）

魯鐸字振之湖廣景陵人弱冠遊邑庠提學副使薛綱愛其文由是知名全楚成化丙午領鄉薦高等家在東岡嘗賦詩以見志（古樹岡頭屋數椽主人家世只殘編住臨江漢東南會望到雲龍五百年七澤鳶魚皆理道九州兄弟或顛連西周老鳳將雛起飛見梧桐日影圓）弘治壬戌舉禮部第一擢進士高第改翰林庶吉士少師李文正公東陽雅重之

授編修預修
孝宗實録
武宗卽位詔諭安南鐸充正使
賜一品服以行比至宣布威德正其儀禮諸所餽
遺悉卻之交人稱歎遷國子司業進南京祭酒
尋改北京鐸屢歷成均其教主于理道不事章
句南北士多所造就尤持清操澣宿弊搢紳歆
仰之屢謝病歸至是復得告廼闢園亭蒔花木
屛跡深居爲投老計嘉靖初刑部尚書林俊上
疏謂經師易得人師難得鐸約質渾晦志尚清

純道足以鎮雅黜浮學足以訂頑立儒方今鼞革庶弊正育賢成德振作士風之時況魯鐸與謝鐸人品爲類謝鐸以祭酒養病

孝宗用吏部薦進禮部侍郎掌祭酒事起之于家遣官以速其行重道尊師頌美有作

陛下今日處魯鐸如謝鐸則今日之頌美

陛下將亦同

孝宗矣一時撫按之臣曁兩都臺諫交疏論薦先後以十數皆謂德器溫粹問學淵源植德毅簡宅心廉直莊重渾厚之文可以華王言淳懿端恪

之行可以式鄉俗於是推卿佐者五皆莫之應
年六十七卒撫按諸臣以卹典請
詔諭祭一壇
賜謚文恪仍令有司營葬鐸性恬退器量深閎文
章節槩見推天下家居以身率物嘗作俗言以
勸鄉人有巨盜起掠民馬牛或紿爲鐸物必釋
之其感化如此所著有蓮北使交東西廂巳有
圜諸藁若干卷藏于家

崔銑字子鍾更字仲凫河南安陽人父陞仕至
叅政廉靖有聞母李淑人之娠也芝産門閾及

月夢蛟龍鷩寤而生啼聲洪亮風骨岐嶷見者
異之五歲口占成對十歲從父延安通四書毛
詩能文章明年從諸儒官游博及羣書年十五
講太極圖通周易能筵弘治戊午舉于鄉庚申
入太學祭酒謝鐸歷試稱首大奇之壬戌會試
又不利乃與三原秦偉馬理高陵呂柟榆次寇
天敘林慮馬卿同邑張士隆相友約明經修行
毋慕高虛毋溺訓詁毋躭詞章毋陷利名其志
毅然以洙泗為師乙丑舉進士改翰林庶吉士
正德丁卯授編修預校

實錄戊辰會試爲同考宰執欲私其子以託銑銑不可竟出他手時閹瑾竊政因戍元老奴僕端揆銑與修撰何瑭見瑾長揖而已瑾怒謂其黨吏部尚書張綵曰翰林白面後生輕薄如崔銑尤甚欲重罪之綵不可瑭謂曰吾兩人不可易節對曰銑安義命久矣是歲

實錄成瑾僞傳

上旨史臣未練政體各陞俸一級調部屬州縣銑改南京吏部驗封主事部儲歲縱糧長易美以惡銑廉出之糧長賂請權貴固執不可尚書謂曰

爾謫僊也何苦爲此對曰何勤非忠孰忠非分
竟裕姦庚午　瑾誅
召還史館辛未會試再爲同考時輔臣治文藝銑
上書勸以及時悟
主救民薦賢理財强兵毋事瑣末懇懇千餘言癸酉
册封
周藩歸卻厚餽便道歸省甲戌還京掌
廷試卷充
經筵展書會講官有他故卽代之御史王廷相下
獄瀕死亟詣執政曲捄出之丙子

經筵講説命啓
上以擇相輔德納誨去讒頑戒逸豫時權倖錢寧錢
安廖鵬在側大御之冬歷三考晉侍讀丁丑春
罷
經筵引疾求去少傅梁儲素重銑固留之乃三爲
會試同考事竣得歸稱壽二親時陛巳八袠矣
己卯作後渠書屋董耕授徒刪定二程遺書作
郡志庚辰罹母艱三年食粗寢
今上即位輔臣諫官交薦起修
武廟實錄以備

經筵癸未講論語開陳治本啓沃懇切尋擢南京
國子祭酒諸生相顧曰吾輩得師矣銑開誠心
崇正義明教條嚴祀事正文體獎儁彦警輕惰
禁遊戲清廩餘革蠹耗日衣冠坐東堂諸生朝
夕問難銑響答不倦周貧佚老問疾賻喪士林
大說逸尹梅緇南謫時友也抗瑾奪官貧且卒
矣其母自鬻書屋銑分禄以養病爲治棺歛先
内書堂中以待受教者厚幣來謁悉卻之甲申
議
大禮銑抗疏勸

上勤聖學辨忠邪以回天變自分必被逮已而報休
銑曰
天恩蕩覆見老父幸矣諸生愕然如失怙恃設帳爲
文贈曰忠孝兩全出處中道銑行不役一夫囊
中無江南一物惟攜古書數篋因自笑曰人言
金祭酒我今若冰矣公卿及諸生送者千餘人
從而渡江者又數十人羣拜潸然涕下銑乘醉
登舟歌曰故園菽水知堪養捷徑南山保未曾
歸見父陛愉愉如也日讀書洹上折衷羣言明
年喪內不復再娶及四方來學者衆銑教以研

經飭行曰道在五倫學在治心功在慎獨論學曰古之好異者以明志今之好異者以昧心夫正物之謂格至理之謂物今之異言也然則心當何功而至善有別名乎聖賢之道如日月五星點綴求異而不求其所循與否秖以抗名譁世而已非昧其心與孟子曰良知良能心之用也愛敬性之實也本諸天故曰良今取以證其異刪良能而不挈非霸儒與論讀書曰讀經見諸行事因事驗其經旨是故卒至不駭可以即變矣邇言不狎可以出令矣小物克慎可以舉大

矣僕婢服義可以使民矣日誦六經不力行則得其字爾丙戌惟父艱哀更甚於毋時著松牕寤言中庸凡演大學全文又著士翼政議中說考文苑春秋家居十六年初號後渠客有遺泗磬因號少石又定號曰洹野己亥立

皇太子

上慎選宮寮起銑詹事府少詹事兼翰林院侍讀學士少師夏言政暇過談夜午忘歸贈句曰一字不曾通政府十年始得見先生尋進南京禮部右侍郎庚子署戶部篆清耗釐弊無何進賀

萬壽聖節部例公賵悉拒不受時有風霾之變銑自
劾
溫旨慰留冬過家疾作杜客調攝著讀易餘言辛
丑病不克南行議乞休未果病劇卒年六十四
銑博學善談從之遊者多所感發門人如吏部
郎中王與齡輩皆日夕依之不能舍去撫按以
訃聞
上遣官治塟
諭祭贈禮部尚書諡文敏子滂舉人先卒汲監生
至是仍

命以其孫粜補廕所著書多行于世天下學者惟
稱曰後渠先生

南廱志卷第二十

南廱志卷第二十一

列傳三

劉丞直

宋濂

劉崧

王嘉會

張智

吳溥

穆孔暉

劉丞直字宗弼江西贛縣人幼穎悟博通羣籍

吐詞成詩卓犖如宿構者年弱冠始治經聞泰和王以道明周易遂辭家從之遊者數年徧讀其所藏書學益膽而文益雄遂擢進士第入

國朝被薦召見

高皇帝與語奇其材識即除國子博士吳元年太學初設堂上官乃拜司業贊襄祭酒許存仁立規條以束諸生時在列者多貴游子弟目不知書丞直每切切誘掖奬勵以是盡知大義一時學者莫不敬業樂羣多躋顯仕每朝

上呼諸生試其所業有通悟者召丞直襃賞之丞直

爲人剛正每面折人過存仁方將予告歸祭先墓丞直謂曰主上天與人歸公爲儒臣宜竢登極不宜遽去存仁不聽洪武初存仁果得罪始悔不從丞直之言巳酉浙江部使者缺人丞直侍朝上召使前面諭持憲事宜拜浙江道按察司僉事時方谷珎初降人情洶洶丞直按部懲其尤梗法者一道肅清先是丞直與劉秩熊鼎朱夢炎皆出江西以文學知名當世氣誼相許會朝廷方修典禮丞直及秩輩皆與焉書既進擢秩

知崇明州豪猾之徒相與構陷之遂坐謫籍丞
直行部遇秩子靜於途厚遺之靜特年十三適
上遣使巡問四方靜匍匐走六百里以被誣狀訴於
馬前使者憐其幼以狀聞
上勑臺臣申勘其事於是改授秩以他官而坐誣者
罪丞直之力也其曲盡友道類此時承元亂後
國法嚴重丞直按浙三年遂以疾乞歸從之家
在空同山陽自稱空同雲樵學士宋濂爲之作
賦王以道嘗爲丞直言其避兵荆沅至洞庭之
君山遇異人長髯碧瞳授以龍虎金碧丹經受

而行之志氣日愈冲邕丞直得其書以爲異端不之信也既隱居多疾乃据其方術導引吐納宿疾皆蠲竟以壽終有雪樵詩集傳于世

宋濂字景濂金華浦江人幼聰敏强記從同郡吳萊黃溍學爲古文有聲元至正中有薦濂翰林編修官者濂以親老辭歸服道士服隱居青蘿山中著書號龍門子歲辛丑金華既歸附

高皇帝遣使以書幣徵至金陵與括蒼劉基葉琛章溢四人同見

上問以取天下大計濂以不殺對

上大悅日被禮遇建禮賢館以居之擢濂江南儒學
提舉既而遣授太子經每詢以治道未嘗不以
仁義爲言甲辰十月改起居注嘗侍
上御端門論黃石公三略濂進曰尚書二典三謨帝
王大經大法之所具載願
主上講明是書心學復傳矣乙巳三月濂臥病館舍
上聞之憂形于色曰宋起居誠篤之士不參以分毫
人僞侍予五年猶一日也顧謂侍臣曰爾往傳
予命俾歸山中父子祖孫驩然同聚必速愈矣
愈則必亟造朝國家文翰庶有賴哉乃賜以金

幣太子致賻有加濂歸上表謝且奉書太子勉
以孝友恭敬毋惰毋縱懋脩德業以副天下之
望
上覽書喜甚褒以御札曰先生教吾子以嚴是不佞
也用時言講解聖人之意以教之是不固也以
忠直立心以節儉制行是得體也昔聞古人今
親見之仍侑以文綺洪武二年濂終喪詔修元
史以爲總裁官六月進翰林國史院學士亞中
大夫知制誥兼修國史
上方稽古以新一代耳目正彝倫復衣冠制禮樂立

學校凡先王之典多講行之而濂寔與其事三年以失朝叅左遷編修四年遷國子司業嘗作六經四子論以迪國子六經論六經皆心學也心中之理無不具故六經之言無不該六經所以筆吾心之理者也是故說天莫辯乎易由吾心即太極也說事莫辯乎書由吾心政之府也說志莫辯乎詩由吾心統性情也說理莫辯乎春秋由吾心分善惡也說體莫辯乎禮由吾心有天序也導民莫過乎樂由吾心備人和也人無二心六經無二理因心有是理故經有是言心譬則形而經譬則影也無是形則無是影無是心則無是經其道不亦較然矣然而聖人一心皆理也衆人理雖本具而欲則害之蓋有不得全其正者故聖人復因其心之所有而以六經教之其人溫柔敦厚則有得於詩之教焉疏通知遠則有得於書之教焉廣博易良則有得於樂之教焉絜淨精微則有得於易之教焉恭儉莊敬則有得於禮之

教焉屬辭比事則有得於春秋之教焉然雖有是六者之不同無非教之以復其本心之正也嗚呼聖人之道惟在治心心一正則衆事無不正猶將百萬之卒在於一帥帥正則靡不從令不正則奔潰角逐無所不至矣尚何望其能卻敵哉大哉心乎正則治邪則亂不可不慎也秦漢以來心學不傳往往馳騖於外不知六經實本於吾之一心所以高者涉於虛遠而不返卑者安於淺陋而不辭上下相習如出一轍可勝嘆哉然此一皆吾儒之過也京房溺於名數世豈復有易孔鄭專於訓詁世豈復有書詩董仲舒流於災異世豈復有春秋樂問亡矣至於小大戴氏之所記亦多未醇世豈復有全禮哉經既不明則心則不正心既不正則鄉閭安得有善俗國家安得有善治乎惟善學者脫略傳註獨抱遺經而體驗之一言一辭皆使與心相涵始焉則戛乎其難入中焉則浸漬而漸有所得終焉則經與心一不知心之爲經經之爲心也何也六經者所以筆吾心中所具之理故也周孔之所以聖顏曾之所以賢初豈能加毫末於心

哉不過能盡之而已今之人不可謂不學經也而卒不及古人者無他以心與經如冰炭之不相入也察其所窮不過割裂文義以資進取之計然固不知經之爲何物也然而至此可不謂之一阨矣乎雖然經有顯晦心無古今天下豈無豪傑之士以心感心於千載之上者哉○四子論四子論語大學中庸孟子也論語孔子及門人問答之微而記于曾子有子之門人大學亦孔氏遺書其經一章孔子之言而曾子所註傳十章則曾子之言而門人記之中庸三十三章子思之所作孟子所著或曰其門人之所述也論語先漢時已行蕭望之張禹皆以傳授而諸儒多爲之註大學中庸二篇在小戴記中註之者鄭玄也孟子初列於諸子及趙岐註之後遂顯矣爰自近世大儒河南程子實始尊信大學中庸而表章之論語孟子亦各有論說至新安朱子始合四書謂之四子論語孟子則爲之註大學中庸則爲之章句或問自朱子之說行而舊說盡廢矣於是四子者與六經皆並行而教學之序莫先焉然而先儒之論以謂治六經

者必先通乎四書四書通則六經可不治而通也至於六經四書所以相通之類則未有明言之者以余論之治易必先自中庸始治書必自大學始治春秋必自孟子始治詩及禮樂必自論語始是故易以明陰陽之變推性命之原然必本之於太極太極卽誠也而中庸首言性命終言天道人道必推極於至誠故曰治易必始於中庸也書以紀政事之實載國家天下之故然必先之以德峻德一德三德是也而大學自修身以至治國平天下亦本原於明德故曰治書必始於大學也春秋以貴王賤霸誅亂討賊其要則在乎正誼不謀利明道不計功而孟子尊王道卑霸略闢異端距邪說其與時君言每先義而後利故曰治春秋必始於孟子也詩以道性情而論語之言詩有曰關雎樂而不淫哀而不傷又曰可以興可以羣可以怨禮以謹節文而論語之言禮自鄉黨以至於朝廷莫不具焉樂以象功德而論語之言樂自韶舞以及翕純皦繹之說莫不備焉故曰治詩及禮樂必始於論語也此四子六經相通之類然也雖然總

而論之四子本一理也六經亦一理也漢儒有言論語者五經之管轄六藝之喉衿孟子之書則而象之嗟乎豈獨論語孟子爲然乎故自陰陽性命道德之精微至于人倫日用家國天下之所當然以盡乎名物度數之詳四子六經皆同一理也統宗會元而要之于至當之歸存乎人焉爾

又作孔子生卒歲月辯

辯曰或問於濂者曰孔子之生傳記所載歲月不同公羊氏云魯襄公二十一年冬十有一月庚子孔子生穀梁氏之說年之與日同於公羊而謂冬十月孔子生則與公羊實差一月月固差矣至賈逵注二十一年經云此年仲尼生昭公二十四年服虔載賈逵語云仲尼時年三十五則皆以孔子爲二十一年生也司馬遷著孔子世家云孔子生於襄公二十二年則與公羊穀梁實差一歲日月雖與公羊同而月復與穀梁異杜預主司馬遷以注左氏傳謂二十二年生司馬貞主穀梁公羊以證史記謂二十一年生遷誤爲二十二年者蓋以周正十一月屬之明年也孔若古主公羊穀梁謂爲不

易之論胡舜陟主司馬遷謂如穀梁公羊所書則孔子出處之年與經史諸子皆不合孔宗翰亦主司馬遷羅泌之議略與與宗翰同洪興祖穀梁而謂周家改月十月二十一日庚子即夏之八月二十一日焉夫疾見傳記與辭則造爲調人人之言曰襄公二十一年實己酉之歲也是歲八月置閏以曆法積之則大雪節當在十月十七日或十八日是爲十一月朔氣又三四日方爲庚子是孔子之生已在十一月之節矣既在十一月則是二十二年庚戌歲首無疑公羊書于十一月似誤而非誤也司馬遷書于二十二年而又謂孔子之年七十三以卒亦未嘗誤也穀梁於年於月皆據實而書公羊於年亦據實而書於月則以節書書有日可以表見也司馬遷於年則以節書三者皆非誤也若是衆言之不齊何如濂應之曰公羊穀梁二氏傳經之家也傳經之家當有講師以次相授且去孔子時又爲甚近其言必有據依司馬遷固良史則後於穀梁公羊者也吾則無徵乎爾孔子所生之年吾當從公羊氏穀梁氏然以春秋長曆考

之二十一年己酉十一月無庚子庚子乃在十月之二十一年口孔子所生之月吾當從穀梁氏注家謂己酉爲己卯卯酉之文相近故誤書也曰孔子周流諸國之年世家所紀多可於考宋之大儒或取之若如子言無不遲一歲者遷尚不足信乎或曰衛靈公之時孔子適衛又適陳匡人以爲陽虎而拘之世家謂孔子使從者爲甯武子臣於衛然後得去按甯武子仕於成公之朝在穆公末武子之子相巳與孫良夫將兵侵齊則武子年當耄矣復歷定獻二公凡三十七年至靈公三十八年而孔子至衛使武子猶在其年將一百五十有餘歲矣武子之事然也孔子之年乃獨可信乎非惟此也孔子去魯世家謂定十四年年表則又謂爲十二年以年表爲是則以世家爲非以世家爲是則年表爲非一書之中自相矛盾若此他蓋不足深論皇王大紀曰遷載孔子言行不得其眞者尤多言行且爾而況於年乎曰洪興祖謂周之十月即夏之八月者然乎曰非也三代雖異建而月則未嘗改也殷嘗建丑矣書則曰惟元祀十有二月漢

嘗建亥矣史則曰元年冬十月舉前後以例之則周制可知孔子作春秋行夏之時爲萬世法不過截子丑二月於前歲之終耳月固不之改也否則春入於夏夏入於秋錯亂而不成歲矣曰馮去疾謂十月庚子在大雪後即爲十一月者可乎曰亦非也世之星史曆生以六物占人休祥當氣會之交固有生於巳酉而以寅戌之歲推之者乾云吾儒乃有是耶此野人之語舍之勿以汁齒牙可也曰孔子之生予既得聞命矣其卒之時亦有一定之說乎曰左氏云魯哀公十六年夏四月巳丑孔丘卒司馬遷之諸儒又從而遵之理之所在孰得而違之故孔子所卒之年吾當從左氏然十六年乃壬戌之歲也是歲四月戊申朔有乙丑而無巳丑巳丑乃在五月之十二日巳與乙文亦相近故誤書也所謂乙丑則四月十八日謂當夏正二月十八日者非也世謂十六年爲辛酉巳丑日爲戊戌者亦非也自壬戌歲上遡巳酉孔子之年乃七十四謂七十三者尤非也曰近代王應麟博極羣書者也頗致疑於是而謂今不可考矣子乃質言之

何耶曰衆言紛淆者當折衷以經經無明載當索之於傳索之於傳不猶愈於史乎謂今不可考者過矣曰子之言辯則辯矣夏周二正千古難决之疑也何言之若易易耶曰是非爾所知也雖罄徂徠之松以爲煤盡剡溪之藤以爲楮未能竭吾冢也他日當爲受春秋者詳焉是年秋以議祭孔子禮稽緩貶知安遠縣乃上孔子廟堂議議曰世之言禮者咸取法於孔子然則爲廟以祀之其可不稽於古之禮乎不以古之禮祀孔子是褻祀也褻祀不敬不敬則無福奈何今人之與古異也古者將祭主人朝服即位于阼階東西面祝告利成主人立于阼階上面尸出入主人降立于阼階東西面此皆主人之正位也卒齊祀盥于洗升自西階主人盥升自阼階祀先入南面主人從戶內西面祝酌奠主人西面再拜稽首皆爲几筵之在西也尸升筵主人西面立于戶內拜妥尸尸酳主人主人西面賓爵拜皆爲尸之在西也漢晉春秋所載章帝元和二年幸魯祀孔子帝升廟

西面再拜開元禮亦謂先聖東向先師南面三獻官皆西向是猶未失古之意也今襲開元二十七年之制遷神於南面而行禮者北面則非神道尚右之義矣古者造木主以栖神天子諸侯之廟皆有主卿大夫士雖無之大夫束帛以依神士結茅爲菆無有像設之事開元禮亦謂設先聖神座於堂上西楹間設先師神座於先聖神座東北席皆以莞則尚掃地而祭也今因開元八年之制搏土而肖像焉則失神而明之之義矣古者灌用鬯臭鬱合鬯臭陰達於淵泉旣灌然後迎牲致陰氣也蕭合黍稷臭陽達於牆屋故旣奠然後焫蕭合羶薌蓋求神於陰陽也今用薰薌代之庸非簡乎古者朝覲會同與凡郊廟祭饗之事皆設庭燎司烜共之火師監之其數則天子百公五十餘三十以爲不若是則不嚴且敬也今以秉炬當之庸非瀆乎古之有道有德者使敎焉死則爲樂祖祭於瞽宗此之謂先師若漢禮有高堂生樂有制氏詩有毛公書有伏生之類也又凡始立學者必釋奠于先聖先師釋奠必有合有國故則否謂國無先

聖先師則所以奠者當與隣國合若唐虞有夔伯夷周有周公魯有孔子則皆自奠之不合也當是時學者各自祭其先師非其師弗學也非其學弗祭也學校既廢天下莫知所師孔子集羣聖之大成顏回曾參孔伋孟軻實傳孔子之道尊之以為先聖先師而通祀於天下固宜其餘當各以其邦之先賢雖七十二子之祀亦當罷去而於國學設之庶幾弗悖禮意開元禮國學祀先聖孔子以顏子七十賢配諸州但以先師顏子配今也雜置而妄列甚至荀況之言性惡楊雄之事王莽王弼之宗老莊賈逵之忽細行杜預之建短喪馬融之黨附勢家亦厠其中吾不知其為何説也古者立學專以明人倫子雖齊聖不先父食久矣故禹不先鯀湯不先契文武不先不窋宋祖帝乙鄭祖厲王猶上祖也今一切置而不講顏回曾參孔伋子也配享堂上顏路曾點孔鯉父也列祀廡間張載則二程之表叔也乃坐其下淳祐初張居程上後因國子監集議再定張遂居程下顛倒彝倫莫此為甚吾又不知其為何説也古者士之見師以菜

爲贄故始入學者必釋菜以禮其先師其學官四時之祭乃皆釋奠今專用春秋亦非釋奠有樂無尸而釋菜無樂是二者之重輕繫乎樂之有無也今則用魏漢津所製大晟之樂乃先儒所謂亂世之音者其可乎哉古者釋奠釋菜名義雖存其儀注皆不可知唐開元禮仿佛儀禮饋食篇節文爲詳所謂三獻各於獻後飲卽尸醋主人主婦及賓之義也今憚其煩惟初獻者得行之其可乎哉嗚呼學校者禮之所自出猶河瀆之宗海也猶山岳之祖崑崙也今乃舛謬若是則其他可知矣禮固非士庶人之所敢議有人心者孰能默然以自安乎雖然此姑言其略爾若夫廟制之非宜冕服之無章器用則雜乎推俗升降則昧乎左右如此類甚多雖更僕不可盡也或者則曰子之言信辯矣建安熊氏欲以伏羲爲道統之宗神農黃帝堯舜禹湯文武各以次而列焉皐陶伊尹太公望周公暨稷契夷益傳說箕子皆可與享于先王天子公卿所宜師式也當以此秩祀天子之學若孔子實兼祖述憲章之任其爲通祀則自天子下達矣

苟如其事則道統益尊三皇不汨於醫師太公不辱於武夫也不識可乎昔周有天下立四代之學其所謂先聖者虞庠則以舜夏學則以禹殷學則以湯東膠則以文王復各取當時左右四聖成其德業者爲之先師以配享焉此固天子立學之法也奚爲而不可也

上不以爲然十一月召還授禮部主事五年冬遷太子贊善大夫六年七月復以爲翰林院侍講學士中順大夫知制誥同修國史仍兼贊善大夫

八月

上命濂與詹同樂韶鳳等纂修大明曆日一百卷又與吳伯宗朱右等修寶訓五卷每旦侍膳燕見必命茶賜坐濂素不能飲一日侍飲醉行不能

成步

上見之歡甚爲詩賜之仍命侍臣咸爲歌辭且曰使後世知吾君臣同樂如此也九年拜翰林學士承旨嘉議大夫知制誥兼修國史仍兼贊善大夫擢濂長孫愼爲殿廷儀禮司序班復召濂仲子璲爲中書舍人子孫聯班内廷儒者榮之濂既老難于步趨

上命選良馬以賜復爲作良馬歌命詞臣咸賦之以示優寵十年正月濂年六十八

上憫其老命致仕歸鄉里及陛辭

上以御製文集賜之加鈔綵段及衣三襲命濂孫慎護之歸家濂上表稱謝

上復以手詔答之自是每歲一朝至則恩遇之甚厚十三年璲以事得罪濂當連坐有司請罪之

上以濂舊臣特命居於茂州十四年五月行至夔州卒所著有潛溪集四十卷蘿山集五卷龍門子三卷浦陽人物記二卷翰苑集四十卷歸田集四十卷長子瓚與璲俱以能書名

劉崧字子高吉安泰和人元季嘗領鄉薦遇亂不及會試教授鄉里淹貫經籍尤長於詩洪武

三年以材學舉至京師授兵部職方司郎中
高皇帝雅知之嘗祭方丘崧與吳琳宋濂輩侍從應
制賦詩六年陞秩北平按察司副使居官以清苦自持十年考績偕諸道憲官入朝會更定外官九年爲任
上賜慰諭曰今天下太平爾等膺名秩食厚祿而民隱未盡昭恤非爾之責與惟是新制考績必待九年其各還司慎乃憲度毋玩民事毋干天紀後此能復見朕則爾等爲奉職矣居無何坐事輸作京師尋放歸鄉十三年春正月丞相胡惟

庸等誅罷中書省惟設六部

上特賜手勑起崧爲禮部侍郎賜以誥曰國家以禮導民將使天下之人皆由之其品節之分制度之詳亦既考定而頒行矣非得明達朝章者典之豈足以儀表中外乎爾崧學通古今舉止詳雅故命爾爲禮部侍郎爾其敬以持身恭以將事俾朝廷之禮粲然有倫則海內嚮風而有化民成俗之效矣往居迺職爾惟懋哉未幾命署吏部尚書五月甲午雷震奉天殿

上謂崧等曰朕自卽位以來十有三載夙夜兢業不

敢怠荒惟恐治不古若聞者上天有警朕心不寧此必朕有失德政事有乖卿等宜悉陳朕得失毋有所隱嵩等頓首曰人君一心上通乎天災咎之至惟修德行仁可以弭之今

陛下遇災能懼省躬思過復開導臣等盡言臣聞惟德動天無遠弗屆能修人事所以消天變也

上曰唐虞之時君臣更相戒勅卿等輔朕當以古人爲法盡心無怠尋以老疾乞致仕許之賜以勅諭曰君子之生也莫不由父母之賢師友之訓以成其材及其壯也則推而行之以致君垂拱

利澤群生斯仲尼之道君子之志也卿學問該博踐履篤實負成已成物之器備剸繁治劇之才正宜佐朕以理天下奈何年齒衰耄難於步趨故不忍復煩以政特賜致仕卿其去朝歸于鄉里安慎所養以樂餘年十四年三月

上思其老成宿學遣使以國子司業起之一見歡甚賜以鞍馬居位未十日遽得疾猶强坐授訓諸生疾革祭酒李敬問所欲言崧曰

天子遣崧教國子將責以成功而遽死乎無一語及家事卒年六十一

上重惜之親爲文以祭之曰惟爾有學有行發譽儒林朕嘉爾能僂常擢用邇者遣使召司業成均簡在朕心期于成效夫何不數日間遽然而逝朕甚悼焉已令有司備禮殯殮靈車歸葬特以牲醴致祭崧博學有志行家素貧及貴未嘗增置產業居官十歲不以妻子相隨清苦如布衣時其爲北平按察副使携一童往至則遣還每夜孤燈一榻讀書不輟至五鼓則衣冠起坐待旦値北平兵革之後招徠逋逃慰安反側惟務寬厚以存大體尤愼威刑之用遇小人險狡輒

先事防制溫顏巽詞而見者凜然及致仕歸益自謙下學問之功老而彌篤與人言未嘗及官政歲歉其姻族之人不能以自養者輒周給之崧敭歷中外尤以文學受知於

上其爲文雅粹爲詩有唐人風韻所著有北平八府志東遊錄嶺南錄及詩文十八卷藏于家有職方集行于世

王嘉會字原禮浙江嘉興人少博洽負俊聲元末累舉不第乃客授松江爲人溫淳和緩後進樂就講論擔來者修脡户恒滿上海令康伯愚

見其詩辭敦雅敬禮之引爲上賓使以文章飾已吏事會詔舉明經嘉會應聘至京

高皇帝命賦詩應制稱

旨復試其文賞異之除授翰林院檢討洪武十五年九月陞國子右司業時宋訥爲祭酒太學生常數千人嘉會與訥及左司業龔斅嚴立楷範三人者春秋已高鬚鬢皤如正其衣冠旦夕端坐諸生雲集階下肅然望而畏之以是士類率教多所造就吏部取擢輒能其官

上知其勞眷待殊厚十六年冬以老疾乞歸優詔調

治十七年七月特賜致仕未啓行嘉會卒于官舍年八十餘上深嗟悼命禮部移文應天府給舟車還其喪及發引又詔命所在官司備禮祭之

張智字玄略延平順昌人元末父昇元以神童薦補太學授秘書郎五遷至江西儒學提舉智生而聰穎讀書過目成誦羣兒爲嬉戲之事必正色端謹如老成人侍父學於南昌長益勵志問學嘗慨然嘆曰采玉必於崑山探珠必於滄

海爲學豈可不出戶庭哉卽日挾策入元都交當世名士用薦入國學四方兵興以才出叅閩省機務省臣承制授智同知新喻州事已而知事勢不可爲浩然退歸徙居建陽崇化里洒埽一室置古今書籍其中窮搜博覽沛然有得未嘗窺門鄉黨爭企慕之洪武戊午以明經應薦爲湖廣夷陵州學正凡九載以內艱歸辛未服闋入朝尚書趙勉言其學行

高皇帝亦訪知其才可用遂超拜禮部試左侍郎卽首言宜以書籍頒布北方學校議者以費財不

便智正色曰使賢才彙征利益生民何惜此費衆大慙未幾實授右侍郎秉禮不遷綱紀秩然人皆敬服是時諸儒多有不稱任使者至嬰顯僇

上勅智等曰古之儒者務學以明體適用窮則忠信篤敬以淑諸人達則忠君愛國而澤被天下朕自御宇以來擢用儒士布列百司思得其人以稱其任而卒少見其效何也良由師道不立故成材罕聞爾禮部宜以朕言諭天下俾凡爲儒者必恪遵古先聖賢之道以修已教人毋徒尚

文藝云智請首行于太學從之智尋奏言歲貢生員舊制中式者送國子監不中者罪有司停學官俸生員罰爲吏今不中者遣還讀書有司教官罰如故是生員不率教者無所勸懲也

上迺命更定其制不中者有司官任及三年論如例二年者停俸半年一年者停俸三月學官無分久近罰如例生員廩食五年者爲吏不及者遣讀書次年復不中者雖未及五年亦罰爲吏壬申三月丙子

懿文太子薨命禮部議喪禮智上議曰喪禮父爲

長子服齊衰期年又云期之喪達乎大夫今斟
酌其宜

皇帝當以日易月服齊衰十二日祭畢釋之在内文
武百官自卽日於公署齊宿素服入臨文華殿給
衰麻越三日成服詣奉和門會哭明日素服行
奉慰禮其當祭祀及送葬者仍衰絰以行在京
停大小祀事及樂至服闋日而止停嫁娶六十
日在外文武百官聞喪易服於公署擧哀次日
成服行禮停大小祀事及樂十三日停嫁娶三
十日其内外文武百官行祭禮者自備儀物

上曰朝廷府庫百官俸祿皆出於民今祭祀儀物令光祿寺供具百官惟致哀行禮餘如智議辞以時享在邇令智與翰林院參考古制智等奏曰王制三年不祭惟祭天地社稷不敢以卑廢尊也今定議天地社稷先師歷代帝王須用樂外惟太廟乃祖先神靈所在國既有喪而時享仍用樂恐神不樂聽宜備而不作詔從之其所建白多此類也居二歲以事左遷爲國子學錄尋陞博士建文中陞司業嘗奉

命代祀孔子於闕里博士王紳送張司業代祀宣聖詩

聖皇嗣丕祚舉禮秩

秩無文幽明既肸蠁小大齊駿奔況茲曲阜宅巍巍闕里尊神靈儼斯萃於焉致明禋肅將豈無人顧屬耆德臣精誠冀有托達此皇意惇軺車戒遠道宴餞及良辰雲山渺東魯歸途春正殷永樂初

文皇帝幸學智講周易賜賚甚厚智爲人儀容儼肅多識典故教人以規矩開導獎勸老而弗倦丙戌七月卒年七十有二士大夫莫不悼惜之

吳溥字德潤撫州崇仁人少從渭南令鄧伯恭游作恭奇之謂其父思清曰此子器宇不凡異日必能大公之門矣弱冠舉孝廉不就洪武丙寅充縣學生受春秋於前進士李原成文藻大

見稱賞家雖貧窘而祁寒盛暑不少厭學同輩
侮之恒不與校領庚午鄉薦以疾弗果上春官
尋罹思清憂哀毁骨立幾至不起服闋教書以
自給永豐羅師程時分教縣學折節與交毎稱
溥曰篤學古君子也乙亥入爲太學生嘗奉
詔宣諭武臣使雲南總兵官贈以文綺不受尋闋
士伍使福建一無所私人稱其廉介比還太學
時太常丞張顯宗攝祭酒事嚴毅方正於諸生
中獨器重溥爲延譽薦紳間建文庚辰試禮部
第一廷對賜進士出身以溥爲冠擢翰林編修

永樂初與脩
高皇帝實錄書成陞脩撰尋纂修永樂大典充副總
裁戊子用祭酒胡儼薦陞國子司業爲人清愼
嚴重造次必以禮其教學者必使致力本原曰
事口耳之學以取近利非士也每晨五鼓坐堂
上視諸生所習爲之講說懇懇不倦而革其涉
獵蹈襲之獘授受終日危坐無怠容學者皆心
服之前後監學之師以實心古道爲教如溥者
少矣
仁宗皇帝在東宮特監國南京眷遇殊厚欲擢用之

竟不果宣德改元通政使陳璉奉命掌國子監事九月甲午設宴公堂濟從容笑語如平時酒闌忽得風疾舁歸私第以是夕卒享年六十有四臨終無一語及身後事但囑治喪不用浮屠所著述有古崖集

祭酒胡儼序故國子司業吳先生德潤者撫之崇仁人自少至老勤學好問攻苦食淡持志堅如金石不妄交不苟取寡言笑居貧晏然終日端坐如對大賓可謂篤實君子也然遇事物交接或有忤其意者亦輒忿疾見諸辭色不可假借雖嘗拂人不堪亦或喜其直耳每自反日大賢於人多容吾寧茹之於是含忍巽順處亦多以此人尤敬焉初以春秋會試禮部遂魁多士入翰林爲編修歷修撰亦既有年聲聞益彰余特承乏胄監奉命充史官遂薦先生爲司業攝監事上下以爲得人而六館之士咸安之至于今人無

間言先生既與江西按察僉事王孟堅過其家得先生平日所爲詩若干篇既已板行求爲之序噫先生余故人又同僚也義不得辭乃爲之序曰詩言志也先生之志不事浮藻故其言質質而不浮於所謂布帛菽粟而溫厚和平之意藹然見於辭氣之表其視世之纖媚工巧者不侔矣蓋其爲人無表襮是以其言亦如之凡誦先生之詩者可以知其志知其志亦可知其人矣夫余故并其平生以爲之序九原有知抑將以余言爲不妄也而孟堅師友之義忠厚之意存焉

溥在翰林及國學二十餘年操守如一日未嘗一涉足權貴人之門權貴人亦若莫之知或念溥久待次不遷勸其少貶以徇俗者答曰遇不遇命也吾知安命而已安能枉己哉天下之爲士者皆高之家素貧然篤於義故人有遺孤

貧無依者輒賑給不吝及卒無以爲斂云子與弼以道學聞于時亦古朴有父風天順中以隱士徵授左春坊諭德不拜學者稱爲康齋先生

穆孔暉字伯潛山東堂邑人少端慤寡言博觀經史有深潭之思弘治甲子有

詔用洪武舊制以京職兼主各藩試事主事王守仁校文山東置孔暉舉首時論稱得人焉乙丑連取進士改翰林庶吉士除授檢討每玩索有得輒輯成編同館崔銑見之嘆曰横渠妙契疾書今復見矣正德己巳逆瑾用事惡翰林儒臣

不附已因纂修後以擴充政務爲名調南京禮部主事庚午召復檢討同考辛未會試所得多知名之士壬申陞本監司業旣至以身率諸生惟令靜默窮究義理毋瑣瑣口耳記誦中人以上類多從之癸酉改北監罹艱歸然後被敎之徒思模範如孔暉不易得也服闋改翰林侍講在

經筵進講經書多所規諫嘉靖壬午主考順天鄉試簡拔尤精尋歷春坊庶子兼侍講學士太常寺卿仍兼學士卒贈禮部右侍郎謚文簡孔暉

天性好學雖王守仁所取士未嘗宗其説而非薄宋儒晚年乃篤信之深造禪學頓宗臨没作偈有到此方爲了事人之句論者以此少之其所作詩文精確不苟在南監將宅中多竹吟諷有得輒題其上後郭維藩爲司業南行贈之以詩有句云書聲山下月詩思竹邊秋崔銑謂玄庵一聯摸寫臻妙境矣毎舉以爲詩家三昧云玄庵蓋孔暉别號也

南廱志卷第二十一終

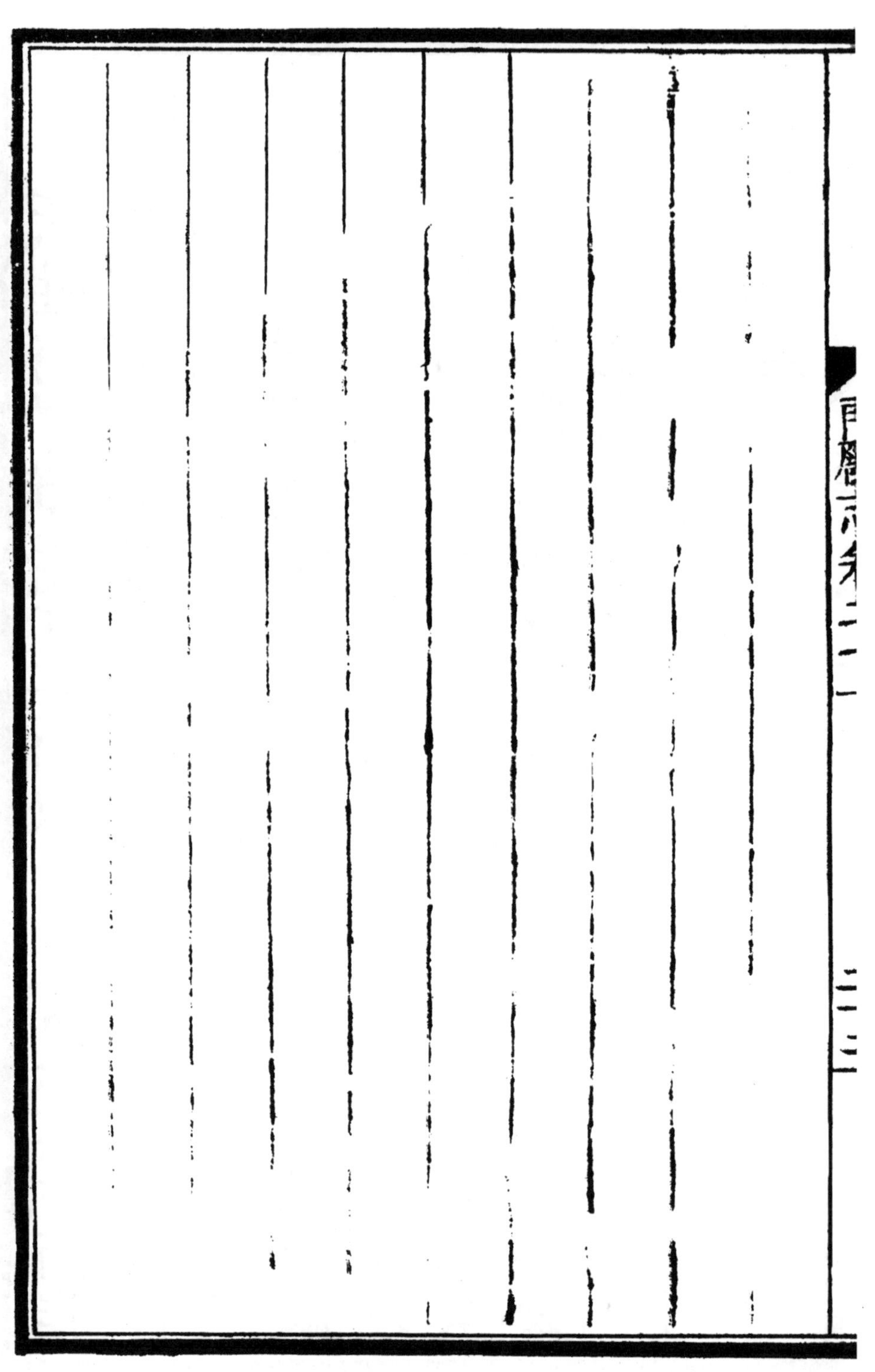

南廱志卷第二十二

列傳四

詹同

吳琳吳彤附

李叔正

杜環

蘇伯衡

朱夢炎

貝瓊

趙俶

蕭執

曾旦初

張美和

吴伯宗

聶鉉

詹同名書字同文後以字行徽州婺源人四世祖青始以武弁起家扈從宋高宗南渡官至武德大夫殿前統制其後籍與編氓伍曰安知吾子孫不有以文學興者乎至鼎生同文年十二三從鄉先生學有俊聲時元學士虞集弟

槃爲蒼梧尹見而奇之妻之以子授易於甘楚材學春秋於劉彭壽二人皆當世名儒以經術名世而同文天資俊爽見趣卓絕能盡造其閫奥至正中舉茂才異等爲郴州學正遇亂寓黃州仕陳氏因占籍武昌甲辰王師下武昌遂來歸

上厚待之暇則與之講論經史同文占對不窮

上益加禮重及還京師除博士屬中書省已而集功

臣冑子於

內府命同文教之更其官爲國子博士其僚友治

一經者猶不能盡通同文乃能淹貫羣籍隨叩而鳴每講易與春秋尤獨超詣聽者豁然賦性爽敏涵揉濬發爲文操筆立就水湧山立可喜可愕時與

上同遊每應制有作大駕幸鍾山同應制詩大駕春晴臨寶地鍾山老翠擁金仙瑤花如雨三千界紫氣成龍五百年風送香煙浮袞服池涵樹影拂青天詞臣侍從何多幸安得詩才似湧泉他作類此不盡錄

上未嘗不稱善也歷遷考功郎中起居注翰林待制

洪武元年轉直學士始

賜名同更以同文爲字嘗訂正音樂進所訂釋奠

樂章下太常用之二年遷侍讀學士四年陞吏部尚書六年爲學士承旨仍兼吏部尚書甄別人倫鋪張神藻爲朝野所推服後致仕卒同操行耿介始終清白所著有海天集天衢吟嘯集其子徽仕至左都御史兼吏部尚書父子世爲冢宰亦薦紳盛事也

吳琳黄州黄岡人世爲詩禮名家父應澍勤儉好施教於其鄉號西山先生琳性資純篤力於問學通毛詩小戴記王師平陳友諒

上方徵用荆楚名儒詹同薦琳通經學古且能文章

遂
召爲國子助教與同竝教冑子才藻瓌麗琳固讓同至於商確經義亹亹不倦則琳所長也每遇
上聽政之暇有所咨詢輒進嘉言天下陰受其賜後遷浙江按察司僉事克振風紀及貳鹾臺國課以辦已而入爲起居注獻納益勤進兵部尚書方試京闈髦士有司以主文請
上思琳優於經學遂命琳與同業宋濂柄其事及撤棘衆謂得人洪武六年改吏部尚書錫之誥命有學術既醇踐履尤正之褒與詹同迭視部

事琳尋以老致仕既家居
朝廷嘗遣使察之使者潛至其旁舍見一農人孤
坐小几起而拔稻秧徐布於田貌甚端謹使者
乃問曰此有吳尚書者在家否乎農人斂手對
曰琳是也使者還以其狀聞
上益重之時又有吳彤文明者臨川人元至正丁亥
進士亦以文學聞乙巳秋七月拜國子博士成
均初設其建立規制及銓選祠祭之事彤皆與
焉丙午正月轉同知嚴州府事後終北平按察
副使

李叔正初名宗頤字克正南昌靖安人其先唐宗室世家四會至殿中侍御史翰林學士積中始家南昌叔正生而聰穎善記年十二以能詩聞人以神童呼之既長博通諸子百家之言江西十才子叔正其一也方陳友諒陷南昌時妻夏氏投井死叔正終身不再娶歲丙午初設國子學有以宗頤名薦者擢爲學正洪武三年告歸田里許之既退自齒於齊民已而廷臣以太學舊僚文行兼備無若叔正者登名薦剡誤以克正爲叔正四年徵至京師仍除國子學正遷

渭南縣丞時同州人與蒲城人爭地連年不決行省以是事委之叔正即單騎至其處召二家至前立談而決縣歲輸糧二萬而田無定額乃責里社丈量立法密而用刑嚴奸歷讋服畢獻其誠於是豪右失計公私交便遷興化知縣尋召爲禮部員外郎年老乞骸骨不許除國子學助教叔正凡三至太學至是日與諸生講解立課程而督勉之雖貴胄待之愈嚴旦夕端坐聽察誦習無倦容暇輒會計廩餼毫髮無敢欺者

朝論推讓其賢能遂遷監察御史嘗奉

命巡嶺表因適瓊州府吏訐告其守進表公座僉名鞫之抵吏罪而守之誣得直上聞而大悅獎諭之曰人言老御史懦乃明斷如是邪連擢湖廣參政陞布政使召還爲禮部侍郎十四年陞本部尚書卒年六十四

杜環字叔循金陵人其先本廬陵人侍父一元遊宦江東遂家焉一元好交四方名士多哀其詞翰以教環以是環博通經史長於翰墨其書法端妍至於行草亦各臻妙歲丙午太學初建

環以儒士被薦除學錄以其書法示六館之士皆倣而式之尋入侍春坊大為
皇太子所眷時天下以工書名者皆被徵而至然流輩中罕見其比馬故環之書名騰京師學士大夫有所述作借其書以取重洪武改元遷太常贊禮郎後為
晉王府録事終太常寺丞為人謹飭重然諾好周人急父友兵部主事常允恭死於九江其母張氏年六十餘哭九江城下無所歸有識允恭者憐其老告之曰安慶守譚敬先非允恭友乎盍

往依之母如其言附舟詣譚譚謝不納母大困念允恭嘗仕金陵親戚交友或有存者庶萬一可冀復哀泣隨人至金陵因訪一元家所在道上人對以一元已死惟子環存其家直鷺洲坊中門外有雙橘可辨識母服破衣雨行至環家環方對客坐見母大驚頗若嘗見其面者因問曰母非常夫人乎何為而至於此母泣告以故環亦泣扶就坐拜之復呼妻子出拜妻馬氏解衣更母濕衣奉糜食母抱衾寢母母問其平生所親厚故人及幼子伯章環知故無在者不足

又不知伯章存亡姑慰之曰天方雨雨止爲母
訪之苟無人事母環雖貧獨不能奉母乎且環
父與允恭交好如兄弟令母貧困不歸他人而
歸環家此二父導之也願母無他思時兵後歲
饑民骨肉不相保母見環家貧雨止堅欲出問
他故人環令媵女從其行至無所遇而返坐乃
定環購布帛令妻爲製衣衾自環以下皆以母
事之母性褊急少不愜意輒詬怒環私戒家人
順其所爲勿以困故輕慢與較母有疢疾環親
爲烹藥進匕筯以母故不敢大聲語越十年環

以贊禮郎奉

詔祠會稽還道嘉興逢其子伯章泣謂之曰太夫人在環家日夜念少子成疾不可不早往見伯章若無所聞第曰吾亦知之但道遠不能至耳環歸半歲伯章來是日環初度母見少子相持大哭環家人以爲不祥止之環曰此人情也何不祥之有既而伯章見母老恐不能行竟紿以他事辭去不復顧環奉母彌謹然母愈念伯章疾頓加後三年遂卒將死舉手向環曰吾累杜君吾累杜君願杜君子孫咸如杜君言終而絶

環殯而葬之歲時常祭其墓學士宋濂爲環傳其事云

蘇伯衡字平仲浙江金華人其先本眉州九世祖宋尚書僕射文定公轍轍長子徽猷閣待制工部侍郎遲守金華因家焉伯衡少警敏絶倫誦説不勞而習中歲大肆力於文詞精博敷腴人謂有祖風致元末舉鄉貢進士入

國朝歲丙午選爲國子學録尋陞學正屹然以師道自任凡公侯卿大夫之子弟無不恭肅奉教莫之敢後嘗因公試發策試士皆天下國家大

務國學公試策題八首其一問爲人君者莫貴於勤莫大於斷莫難於信其臣周文之日昃漢宣之勵精秦皇之程書隋文之傳餐同爲能勤也而或治或亂不同焉晉武之平吳憲宗之取蔡符堅之南伐宋文之北討同爲能斷也而或興或亡不同焉秦穆之於孟明漢昭之於霍光燕噲之於子之德宗之於盧杞同爲能信其臣也而或安或危不同焉學者之論事推其未至之理難爲說而抵其已往之迹易爲言請陳此十二君者其始何得何失而其後效相反以備請問之及襲其所以成而敗其所以敗庶有取也其二問能稼而能穡斯之謂良農能獲而有能烹斯之謂善獵能開邊而能安邊斯謂之優於爲國故漢收河北兵不再興唐收河隴未嘗出師今西蕃猶漢之地秦漢唐宋之所不能有者我 國家談笑而悉取之矣伊欲使戎狄賓服不敢南向而牧馬洮隴幽薊之民目不覩旗旐耳不聞鉦鼓而安於耕鑿必有良策二三子其悉陳之其三問井田也學校也禮樂也此王政之大者也爲法雖不同而先後常相資顏淵

問爲邦而孔子則以四代之禮樂語之滕文問爲國而孟子則以三代之力田學校告之然則此數者果可偏廢歟夫爲治未有不本於古而可行於今者也孔孟之所言布在方册其施設之次第願推言之以聞于　上　其四問義和之典曆后夔之典樂皐陶之典刑益之典鳥獸棄之典稼穡皆守一職終其身焉近世仕者一人之身而兼數官者有之一歲之內而歷諸司者有之豈其人皆賢於古人而措諸事業者無施不可歟將徒知計班資之崇卑而恥於效一官歟抑拘於數易之制而材有不得盡歟夫唐虞之時洪水方大天下可謂多事而嘗其時事無不治今四方大定非有難治之政而當世之務往往廢滯夫安其分而專其智能於一職與夫急於進取而無常職其得失亦可見矣居今之世而欲復古之道如之何其可也其五問常衮之居相位也選舉不自專一命以上皆付之定法可謂盡公無私矣而賢愚有同滯之譏崔貽孫之居相位也未一年除吏八百多其親舊可謂出乎法制之外矣而當時有得人之稱後

世宰相以常爲法乎則涉于避嫌以崔爲法乎則近于專權專權致威福下移之謗避嫌失竭誠殉國之義而謂賢相爲之乎夫古之賢相孰有加於伊尹傅說周公召公者乎伊尹則數求哲人傅說則旁招俊乂周召則明揚俊民旣不自以爲嫌而其君亦不以爲疑是果何道歟爲相不師伊傅周召顧自處於常崔之間抑果可不可歟請爲之說其六問在朝言朝在野言野在學校言學校可乎有虞胄子之教專之於后夔成周國子之教總之于樂正則樂豈非尤學士之所當重歟後世何以希闊而弗講古者與師其出也受成于學其返也獻俘獻馘于學則兵豈非亦學士之所當知歟後世何以忌諱而弗談與所言者無非天人性命之理而指六藝爲器之末所習者無過記誦詞章之間而視六德六行爲空言後世之學校果三代之學校歟夫何佻健城闕則其習至于今而尚存成材就實則其人質諸古而有愧豈非學校僅以著令而存其教養之法已疎歟然六館三學之士或叩閽上書而挽留先生或倡明大義而不沂

僭僞或指斥權臣而竄責不恤亦嘗見之而君子以爲盛事果何以致之歟其豈所謂不待文王而興者歟　國家建首善之地於京師二三子游焉息焉豈惟稽往行以自鑒擇善者以自從而已凡古法之當施于今與今日之所當務者極陳之以修舉闕陋使教道興而人材盛亦有司之望也其七問穀爲六府之一農居八政之首是故爲國先務未有先於訓農者也今天子每歲仲春躬耕籍田以率天下之民郡縣之長吏皆兼勸農之職重農亦云至矣是宜事本業之徒多于逐末作之輩也而田里之間地有遺力而徒多遊手何歟將盡驅之緣南畝歟則井地之法未易復　限田之制不可行何以給之不爲之禁歟則　國家之調度一切取贍於有田之家不能無脧削之病而操奇贏者顧安享厚利之將見背本而趨末者滋衆品調消息之使農民無所傷而遊民無所利其道何由可得而聞之乎其八問尚書曰事不師古匪說攸聞周書曰不于古訓于何其訓是以夏商周之有天下其損益者有之而所因者猶一日董仲舒以

謂質文有改制之名而無變道之實者是也自秦人廢古而先王維持天下之大經大法蕩然無復存焉者矣漢興掇拾於煨燼之餘其豈無一二爲先王之舊然自秦迄于五六百年時君世主初未嘗諄諄然取法之爲務也而不害其爲有天下有天下而最盛者莫過漢唐漢之法大抵襲秦唐之政一切因隋而其制則皆幾乎三王乃若新莽之復井田宇文周之復六官可謂篤于師古者矣而無救于其昏亂敗亡何秦隋之制可以傳遠而先王之法度顧不可以垂憲歟夫豈高帝之大度文帝之仁厚宣帝之勵精太宗之英武乃致治之資而莽之惡宇文之庸固自有取亡之道歟將善復古者貴求其實而不貴慕其名在得其意而不在泥其迹歟不然豈所謂世殊事異不相沿襲者不誣而商周之書乃虛言歟幸推明其故

品第精

衆多士翕服由是駸駸向學成均多博古通今之士矣嘗著蠡說四十首學者皆傳誦之其論

教與學尤有卓見贅說二首其一空同子曰君子不以卑賤而耻教人亦不以尊貴而耻教於人故君子能成已而成人也人由教而成德猶器以模範而成器也吾之德誠足以成乎人也則吾之位雖卑且賤固教人者也吾之德誠待乎人而後成也則吾之位雖尊且貴固教於人者也是故教人者存心於成人也夫庸計其位之尊貴於吾乎唐堯也虞舜也夏禹也商湯也文王也武王也齊桓也魏文也可謂尊貴矣而教於君疇務成昭西王國成子伯時子思號叔管仲卜商曾無難色君疇也務成昭也西王國也成子伯也時子思也虢叔也管仲也卜商也可謂卑賤矣而教唐堯虞舜夏禹商湯周文武齊桓魏文曾無赧容豈非存心於成已成人也哉之八君者不耻教於人故不賢者而賢賢者以聖之八士者不耻教人故能聖其賢而賢其不賢是故教人者其重已守道必若古之爲教者然後能成人教於人者其心下禮恭必若古之受教者然後能成已今也在下位而爲教則慊然不安而人且以爲倨在

上位而受教則闇然不屑而人且以爲辱不中者終於不中不材者終於不材不賢者不至於賢賢者不至於聖不知卑賤者恥教人之過邪不知尊貴者恥教於人之過也其二中居生問

空同子曰學何務曰治心曰心何以治曰養之曰有道乎曰有曰道何如曰少思寡欲主敬少思則靜寡欲則明主敬則一靜其本也明其體也一其要也今夫水其一人撓之而其一人不之撓若苟一撓一不撓則鍼遺芥墮而可指取也必於其不撓者焉苟自不撓者可指取則是以靜爲本矣今夫鏡其一塵翳之而其一塵不之翳若苟一翳一不翳則妍醜並見而無遁形也必於其不翳者焉苟自其不翳者無遁形則是以明爲體矣今夫路其東多岐而其西無岐則牧豎過之而已其爭也必於其岐多者焉苟自其岐多者已爭則是以一爲要矣一故靜靜故明靜明一學之務畢矣是故少思未遽靜也少思則欲不動而無思可至焉寡欲未遽明也寡欲則情不勝而無欲可至焉主敬未遽一也主敬則有主而無貳可至焉無思則靜矣無欲

則明矣無貳則一矣而學之務畢矣故曰其道在少思寡欲主敬此非余言也先民之訓也力行則存乎人 教胄子者五年近臣有薦其才於

上者卽日召見親擢爲翰林國史院編修伯衡詣丞相府辭曰禁林地望親切日侍

天子左右備顧問至華要也伯衡不幸幼有贖疾雖纔通文史然大懼奏對失措將速刑僇誠不足以堪之敢辭丞相以聞

上亦弗之强已而吏部將別奏官之伯衡念去親日久願歸省覲復走白丞相許之於是司業宋濂率六館之士祖餞於龍江謂曰文定公古史一

書至今傳之資治通鑑尚闕宋元平仲歸矣其尚續諸他日使人稱曰蘇氏一門世濟其美將不在兹乎伯衡謝曰方抱疾未能也歸治一室常靜坐其中或終月不出與人少所傾接人亦罕得而識之所與遊者皆四方名士非其人雖未嘗拒絕然自不敢見也洪武十年宋濂以學士承旨請老歸既入謝

上問曰今在外文學復有如卿者乎其舉以自代濂曰伯衡臣鄉人也博學飾行爲文辭蔚贍有法要不可以微疾廢

上許而亟徵之於是承
召至京師甫就舍館自宰執以下咸躬禮往候詢
及輒以疾對其語如辭編修時明日入見
奉天門
上屬目久之既退問羣臣皆述其所對以聞
上然之賜官叚表裏各一寶鈔十錠乃遣歸二十一
年會試復徵聘伯衡爲考試官事竣復辭歸竟
以壽終伯衡爲人恬靜寡欲年四十始娶容貌
不逾中人而學問可以兼天下平居正襟凝思
淵止山立雖寒暑風雨利欲紛華亦皆不之知

故能覃精於義理名物典故事爲之要發爲文詞俄頃數千言所著有文集六卷宋濂劉基序之以傳於世

朱夢炎字仲雅南昌進賢人其先本袁氏以妹之子繼兄後祖粹中宋末漕貢進士夢炎少孤粹中訓之學成登元至正辛卯進士爲撫州金谿丞歲丙午以故官入京延居上賓館

命與儒士熊鼎等集古之忠良奸邪事實以恒辭直解之爲公子書及務農技藝商賈書使貴賤之家講誦通知大義書既成有白金及衣帽鞾

䞇之賜俄除國子博士俾領冑子教之夢炎曰
以所爲書訓迪諸生兼使讀誦經書無有弗率
教者
上時召問夢炎奏對詳雅應制作爲文章皆典則有
據
上益重之吳元年遷翰林修撰坐小誤出爲浙江按
察司經歷洪武二年轉山西行省員外郎是年
入爲禮部員外郎尋陞侍郎十一年四月陞本
部尚書夢炎博學彊記通歷代文獻之學如指
諸掌

朝廷稽古議禮審樂皆有力焉

貝瓊字廷臣嘉興崇德人性坦率不事邊幅而篤志好學博通經史百家之言善爲文年四十八始領鄉薦張士誠據姑蘇累徵不就洪武三年被薦修元史既成編受賞而歸六年以儒士舉至京師除國子助教嘗慨古樂不作所謂成均徒有其名廼作大韶賦以見志賦曰有東吳公子北走齊魯之疆觀于嶧山而見孔林主人焉主人曰公子之遊亦將有所覩乎曰然也生于震澤三泖之僻陋寡聞竊慕禮樂之事而六律七均之制嘗究心久矣願有請于大人先生焉大人曰嘻吳會東南之天府而天下之善音萃焉而公子猶有所未足者豈將厭淡薄而說鏗鏘乎必將

按陳娀攜趙女摩鵾絃考鼉鼓若是以爲樂乎公子戃然不悅曰霓裳之曲唐之所以播越也廣陵之散晉之所以分裂也故不足言矣若此者又夷狄之樂無異紂之靡靡以亡其國者豈若之所樂乎願聞其他主人曰七德之歌七德之舞太宗之肇王業也亦嘗聞之曰伯者之事子孫無所法焉曰漢祖蹴嬴龍飛沛中置酒曾臺悲歌大風造基西伯光啓西東若是何如公子曰倫有伯心之存也駁而未純然猶一世之雄乎請言其上主人曰抑聞武之六成乎武之齊河而西也馬散弗乘牛散弗服倒載干戈包以虎皮天下知其寢兵不用也爰作武以象功焉鼓以戒衆久然後戰也長歌連延趣其慕也發揚蹈厲特不可失也故一成北出再成滅商三成自北而南四成南國是疆五成分左右以居周召六成復始而爲天下王振鐸夾舞秉戈鷹揚若是何如公子曰其容美矣此武事也未盡善也請言其上主人曰其惟舜之大韶乎當夫六府治三事和叙九功形九歌嶧陽之桐可以琢琴瑟焉雲夢之篠可以竅管籥焉泗濱之

石可以磬而爲磬焉荆山之金可以範而爲鏞焉八音旣具而大體短脰之屬有力而不能走者以之爲鍾簴焉小體騫腹聲清而遠聞者以之爲磬簴焉其作也控以合之其終也揭以止之洪者鏗而充清者磬而介淒切而不流泛濫而可會當夫朝廷之讌享宗廟之祭祀於是而奏焉升歌在上匏竹在下代作間奏秩秩有序或擊或戛或拊或搏清亮而高遠象乎天之渾淪富厚而合容象乎地之磅礴一變一通兮四時之始終一散一潤兮風雨之回舍是時也熙熙然八荒一春皞皞乎洪荒大朴格三苗於洞庭丹朱賓而有恪僩而聆之純如辛甘之相濟皦如有倫而莫錯詘如斷玉之復續繹如驪珠之碎落飛流合而萬蟄雷轉清風生而天籟交作吟九囦之老龍唳九皐之玄鶴旣幺妙而悠揚亦和平而澹泊無隱微以感其憂無慢易以感其樂其動於物也客何爲而肅若神何爲而來思獸何爲而舞於上階鳳何爲而翔於茅茨明協乎太章博擬乎咸池所以保無窮之治以示安而不忘乎危也悼六龍之南巡歷蒼梧而

上九疑阿母之玉琯猶在湘靈之錦瑟空悲悵遺聲之寂寂叫有虞兮遠而然而齊之有韶陳亡而流於兹也海外之有韶聖人之化播於蠻夷也宜季札觀之而怨德仲尼學之而忘味彼武之六極於陰特著其武功此韶之九極於陽寔昭其文治也公子以爲何如公子乃避席而謝曰至矣盡矣不可以有加矣主人曰未也請授以九德之歌其一洪流橫日玄黃判風氣開共流横民乃災五行汨帝爲哀禹治之啓始孩决九川平九垓百穀生田毎毎其二洪流殺曰洪流殺兮民災既除山有鳥獸兮川有魚爰可食兮可居胥樂且歌兮毋忘厥初其三三苗格曰惟聖亶聰撫有九圍蠢蠢三苗險阻是依出師於南奮我帝威我師既還苗亦來歸其四四凶黜曰德與刑兮國之經四凶斥焉八元在庭帝無爲四海寧其五正德之歌曰惟天降命物必有則民之瞢瞢胡乃自賊五教不行禽獸夷狄聖人龍飛四方之極其六利用之歌曰水既平兮别九州下爲隰兮高爲丘徙則斬兮涉則舟以羡濟乏兮百貨流財孔阜樂且無憂其七

厚生之歌曰下民孔艱兮遭墊溺寒我衣兮饑
我食我母民違兮父母職其八鳳凰來儀曰堯
不德兮舜不辭授以天下萬物治兮寒暑無易風
雨時蕭韶九奏朱鳳儀其九萬世賴曰天覆地
載高廣莫測孰參贊是俾衣而食帝治天下如
埏如埴萬世賴之安知其力公子曰嗚呼禮廢
樂崩幾千秋矣而始聞主人之宏論乃復為之
歌曰雅南巳亡兮流濫曷止感栗雷怒兮空桑
無聲綠綺不陳兮薦檀槽與箜篌箏妖倡為妍兮
蕭鑾鶯而啼燕鶯孰究夫大韶之盡善盡美兮
寔媲夫六英六莖後千載之聖人兮集厥大初
成安得聞九奏於清都兮御天風而上征

宋濂之為司業也建議於
朝謂當立五學竝祀舜禹湯文為先聖
高皇帝不用其說且黜辱之然士大夫猶有韙濂者
瓊乃作釋負解解曰三皇何人也曰古聖人也曰其為聖人也柰何曰庖羲氏

闡天下之文神農氏與天下之利黃帝制器尚象以通天下之變此爲治者莫過於三皇也何如曰孔子不得如三皇修君師之職於是刪詩書正禮樂贊周易修春秋以明綱常於萬世德雖同而事則殊矣然則祀三皇於學以孔子配之可乎曰不可以三皇爲先聖以孔子爲先師奚爲不可也曰又各有所當也按周禮有道有德者使敎焉死則以爲樂祖祭於瞽宗故文王世子篇曰凡學春官釋奠於其先師秋冬亦如之若禮有高堂生樂有制氏詩有毛公書有伏生皆先師之類也又凡始立學者皆釋奠於先聖先師釋者曰先聖若周公孔子其下云凡釋奠者必有合也有國故則否蓋謂國無先聖先師則所釋奠者當與鄰國合若唐虞有夔伯益周有周公魯有孔子則各自奠之不同也是唐虞與周周所主先聖先師固無定名未有及於三皇也再稽之史漢魏之王取舍各異周孔迭爲先聖孔顏互爲先師若周公制禮作樂宜享王者之祀於是罷周公升孔子配以顏子高宗永徽中又復武德舊制顯慶二年以長孫無忌言正

孔子爲先聖仍以周公配武王歷宋迄今釋奠孔子定爲不易之典是唐宋所主先聖先師已有定名未有及於三王也嗚呼太古以來人若禽獸然寒無裘暑無葛饑無木食渴無谷飲無五穀以爲養也疾病相仇無醫藥以濟其夭死所處或巢或穴無上棟下宇之禦風雨川游陸走無舟車之安也其事簡其俗淳結繩而治無文字之可紀也三皇繼作而後人之爲道始備此衆人疑其不祀三皇者夫三皇宜祀而不得祀之於學也惟孔子當周之不振憂道之失也與諸子講於洙泗之間以述三皇之所傳故宰我曰以予觀於夫子賢於堯舜遠矣冉有曰自有生民以來未有盛於孔子者也孟子曰孔子之所謂集大成也者金聲而玉振之也宜爲百王之宗主萬世之所法所以祀之於學也學始無孔子廟惟魯有廟然其教被於天下非一國所得專者故天下通祀之自唐已然虞世南韓柳諸記可考矣學之有廟由孔子而建則宜以孔子爲先聖顏子爲先師而三皇不預也盛矣哉孔子之道中國尊之夷狄尊之爵以文宣王

門列二十四戟冕十二旒服十二章執鎮圭巍然南面而坐祭則牲太牢樂大成舞八佾于庭其所以尊孔子者又豈以是爲加歟不如是不能稱其德周太祖以萬乘過闕里拜其像又拜其墓視漢之高帝明帝尤重其禮論者亦不以爲過是貞觀之制出於天下之公而非一人之私見閱萬世不可易者今欲崇三皇爲先聖使居孔子之上不足以褒其功降孔子爲先師使混於高堂生之列適所以貶其德故吾的然以爲不可也或又曰古者祀舜於虞庠祀禹於夏學祀湯於殷學祀文王於周學舜禹湯文得以祀于學而不得祀三皇何拘於貞觀之制耶曰王天下立四代故祀舜湯文而三皇將祀之於何學歟或進曰先生之言詳三皇孔子其道一也崇孔子之祀當崇三皇之祀焉以佛氏之苦空寂滅老氏之荒唐怪誕無益於人與國且崇臺廣殿儗於王宮法亦弗之禁矧三皇之功及於人者如此而領之於醫不亦褻乎曰領之於醫特主神農嘗藥之一事理固有未盡者宜定其制設官主之以豐其祀可也祀之於學則非

義矣時余爲國子助教適聞有以邪說言於
朝破貞觀之制者旣斥而不用矣余懼其惑人也故辯之其特正論類此九年遷中都國子助教教勳臣子弟瓊爲人文行超越素有名譽雖將校武夫皆知禮重十一年九月致仕明年卒於家有清江文集二十卷行於世

趙俶字本初紹興山陰人博通經史爲文遒健名重當時尤明於毛詩洪武六年春被薦至京
高皇帝召與講論經史俶援據傳說貫穿古今每奏
對
上輒稱善除國子博士旣教胄子隨扣輒應莫不樂

得經師

上一日御奉天殿俶偕諸儒侍側召至前諭之曰經學必宗孔子毋以儀秦縱横語示諸生也俶頓首謝歸而告誡士子屏去戰國策諸書勿讀自是傳經者文日益醇明年

詔擇諸生之聰悟能文者三十五人命俶領而顓教之且令修詞以漢司馬遷班固唐韓愈宋歐陽修蘇軾爲法尋於諸生中擢李擴黄義等入文華武英二堂說書多至大用俶自專師席旦夕誨迪不倦士多成業丙辰十一月乙未陳情

乞骸骨丙申

上御奉天門御史臺左大夫汪廣洋右大夫陳寧奏曰博士趙俶以詩經施教成均者四年其弟子爲方岳重臣及持節各部者往往有之是不爲無功但今年逾七十筋力寖衰精神不完願

陛下放歸山中以盡其餘齡

上可其奏加俶官爲翰林院待制勑吏部給以誥命致仕戊戌俶詣闕謝

上召之使前問曰卿何郡 對曰會稽

上曰向爲兵部侍郎出知 卿之子邪對曰是也

上因締視之曰卿誠耄矣歸養於家爲宜俶頓首而退初俶子圭玉官法從時俶作訓忠之書教之圭玉由是服政有盛名世以俶爲愛而能誨越七日甲辰詔出内藏庫錢二十五緡以賜俶拜謝遂行廣洋及寧皆賦詩贈俶和者成什司業樂韶鳳授簡學士宋濂爲序率同官暨諸生千餘人送之都門聚觀莫不羡其榮遇云俶後考終於家年八十一

蕭執字子所一名雅言吉安泰和人世爲儒家

祖夢得有文行嘗廬墓三年以毛詩訓其鄉人執博學强識結廬讀書於武山以家學領洪武辛亥鄉薦上第選爲國子學録令分教公侯卿大夫子弟每因其材質與之講解多所造就執蓄學日富尤長於詩洪武五年五月戊午夏至

上將有事於北郊前期丁巳大雨初止

駕詣齋宫中宫奉

旨召兵部尚書吳琳禮部主事宋濂率文學能賦之士從焉於是執偕禮部尚書陶凱工部尚書黄肅翰林應奉張籌等十二人趨出所居齋廬遵

輦道傍逕趨入齋殿以見時
上新服綱常紗巾神慮閒適顧謂曰今兹祀事是將
天宇澄霽克厭朕心爾等以文職陪祀宜即時
物所有賦詠以來因命賦殿下柳檜併荷露退
而詩成以次呈獻
上親覽評之品第有差焉既而復命中官傳
旨令賦詩者往殿後觀梔子花人給紙一俾各賦詩
詩既成序進如初執最在後
上閱其詩喜動於色因命起居注劉季道出諸詩令
在侍者徧觀之執班列最遠則又召使前焉其

爲
上所寵睠如此贊教既三年念其親且老慨然力丐
歸侍凡三四上乃得請

學士宋濂送蕭學錄省親歸泰和序天下之道惟孝與忠是謂秉彞萬古攸同刱惟成均首善之地風動四方罔不從化其居是職者其有不善惕然日省者乎昔陽城之爲司業也立諸生館下而誨之曰人之爲學忠與孝耳諸生有久不省親者乎明日謁城還養者二十人諸生且爾況爲其師者乎況爲其師者苟鶴髮之親在堂其心又將何如乎此余於西昌蕭君之事不能忘言也蕭君名執字子所居武山之西山形抜起如旌旗浩翠淋漓積自古初土沃而泉腴蕭君朝樵於白雲之岑暮而言旋買鮮於溪過濁醪於東鄰婆娑起舞親側奉觴上壽親既醉蕭君亦微酡抃手歌曰武山崔崔有雲英英止武山如藍川流不停止我奉我親其樂莫與京止樂兮樂兮我衣之翩我顏之頳止蕭君之樂無日不然若將終

身馬會科目之興有司强起江西秋闈名在前列已而上南宮選授國子錄所授經皆公侯家之子見蕭君能古文辭皆心服之業將成蕭君獨有不豫色然人問其故輒潸然墮淚曰吾親髮盡白矣臚氣下上不自寧矣武山夜鶴曉猿遲余歸久矣於是走白丞相府其辭甚切吏拘於文墨往來參稽閱一歲而始報可蕭君治行李將歸激者曰蕭君之所見一何果哉抱卓犖之才當用才之世何不一試而歸今蕭君之同官或拜御史或擢縣令矣使蕭君少忍須臾銅章青綬豈不足榮其親哉贊善大夫宋濂曰是惡足以知蕭君蕭君不忘孝於親豈有不忠於君者乎惟成均爲首善之地故不敢冒爵祿以失菽水之歡爾不然是有愧陽城之諸生矣尚何足以言蕭君乎銅章青綬之榮子謂蕭君他日不爲之乎激者無以對於是出酒飲蕭君幸同志賦詩一章成則蕭君爲之欣然引滿頹然就醉片帆西上抗手而別洪武六年六月二十四日

既歸鄉之子弟以其教太學有成也乃相率

闕門修贄從之遊來者日衆於是里士蕭鵬舉與蕭學文輩倡義爲建義塾且買汶溪之田以資館穀廬陵王伯衡聞而韙之競以山木穀粟助其役相與落成之其道義孚於人者如此執天性至孝旦夕不離親側親没廬墓三年免喪乃領邑教誘進後學孜孜不倦申國公鄧愈統兵勦龍泉草寇將蔓連泰和執詣軍門陳禍亂之由於是愈下令禁止玉石之焚有別邑人德之禮部侍郎劉崧序其詩集行於世序曰予友蕭雅言博學强識跌宕好遊而樂於取友遭世亂讀書甘肯山中凡時事之所存論議之所關遊覽之所

歷一寓於詩歌懷鉛挾槧行吟坐嘯終日屹屹不少休其用心亦勤矣余嘗得其所賦讀之蓋燦乎其有章鏗乎其有聲浩乎其有所本也豈非能賦之士哉自東南禍變世之作者往往有感於杜陵天寶以後之作而詩道一變矣竊嘗以爲世變萬萬情性一致其於詩也未嘗無所法而拘之則卑矣未嘗無所自而襲之則陋矣毋汎汎以爲易毋棘棘以爲奇也充之以學養之以氣約之於所守達之於所施則天下之事可從而理矣況於詩乎余方有志斯道思求能賦之士以相長發焉若雅言者固余之所願也輒因其詩而爲之一言

曾旦初名旭以字行撫州臨川人洪武初以薦爲國子助教旦初雅性溫克素以文行知名諸生受教者多樂就之

朝廷以旦初老成知太常故實事多咨訪已而

召見問郊祀之禮凡所應對
高皇帝無不稱善者由是數承顧問擢禮部主事卒
其文集學士宋濂序之以傳於時
爲文凡若干篇其門人某類編成書而以首簡
請余序序曰天地之間萬物有條理而弗紊者
莫非文而三綱九法尤爲文之著者何也君臣
父子之倫禮樂刑政之施大而開物成務小而
緝身繕性本末之相涵終始之交貫皆文之章
章者也所以唐虞之時其文寫於欽天勤民明
物察倫之具三代之際其文見於子丑寅之異
建貢助徹之殊賦藏之於籍行之於當世其大
本既備而節文森然可觀傳有之三代無文人
六經無文法無文人者動作威儀人皆成文無
文法者物理即文而非法之可拘也秦漢以下
則大異於斯求文於竹帛之間而文之功用隱
矣雖然此以文之至者言之爾文之爲用其亦
溥博矣乎何以見之施之於朝廷則有詔誥冊

祝之文行之軍旅則有露布符檄之文託之國史則有記表志傳之文他如序記銘箴贊頌歌吟之屬發之於性情接之於事物隨其洪纖稱其美惡察其倫品之詳盡其彌綸之變如此者夏不可一日無也然亦豈易致哉必也本之於至靜之中參之於欲動之際有弗養焉養之無弗充也有弗審焉審之無弗精也然後嚴體裁之正調律呂之和合陰陽之化橅古今之事類人已之情著之篇翰辭旨皆無所畔背雖未造於至文之域而不愧於適用之文矣嗚呼文乎其可易言矣乎今吾先生淹貫群經所謂三綱九法其文理之粲然者加體索而擴充焉嘗以春秋連貢於鄉科目既廢益寓意於古文辭用功於動靜者久聲光燁然起士林中子取而讀之藻火黼黻之交輝金聲玉振之迭奏魚龍波濤之驚迅一一可以適於世用信夫萬物各有條理者於先生之文亦可以見之余在詞林方助教成均朝夕相與論文甚驩故因其門人所請推原文之至者而爲之序者源委之眞欲體用之兼舉也

張美和名九韶以字行江西清江人幼穎異年十三即能詩詞博通經史元末累舉不第洪武三年用薦爲縣學教諭十年

召陞國子助教爲人篤實每教諸生必端坐不言有所請問徐徐應答不過一二語然義理明暢人深服之十一年遷翰林編修十三年四月戊子致仕

高皇帝親爲文賜之曰朕聞古之賢士莫不修己行仁爲時君之用否則獨善其身以終天年或著書立言傳之永久雖不顯於當時而有功於後

世以其德重而行純學博而言信也今老成宿
儒凋落無幾獨爾以衰暮之年日侍朕左右正
欲詢問古今典禮以沃朕心柰爾不任周旋所
以命卿歸老卿之去矣朕將誰從於戱千載一
遇古今之通言然全其始終者罕矣今卿善始
善終不亦美乎美和博學精擇善於著書故
宸翰及之所著有理學類編八卷群書備數十二
卷及元史節要行於世
吳伯宗名祏以字行撫州金谿人父儀元鄉貢
進士遭亂隱居教子伯宗十歲通舉子業先達

見其文嘆曰此兒玉光劒氣終不可掩洪武庚戌鄉薦舉首辛亥中書省會試名在前列及

廷對

高皇帝親製策問畧曰古者敷奏以言明試以功漢之賢良宋之制科得人爲盛今特延子大夫於廷不知古帝王敬天勤民其道何由歟伯宗條對稱

旨擢進士第一人時初開科取士得伯宗

高皇帝甚喜賜袍笏冠服擢禮部員外郎命與學士宋訥等同修日曆胡惟庸方用事欲人附已伯

宗性剛直不肯降屈惟庸每銜之八年惟庸中
傷以事謫居鳳陽伯宗上書論時政因言惟庸
專恣不法不宜獨任以事恐滋久爲
國大蠹辭甚剴切
上得其奏即召還賜襲衣鈔錠奉使安南得馴象方
物以歸
獻之除國子助教十二年命進講
東宮首陳正心誠意之說
皇太子嘉納明年改爲翰林典籍
御製十題命賦之伯宗援筆立就詞語俊潔

上嘉其才敏大加稱賞賜織錦衣十四年以爲太常
寺丞辭不拜十五年又以爲國子司業掌監事
又固辭不拜由是忤
旨貶陝西金縣教諭至淮安
召還以爲翰林檢討未幾拜武英殿大學士十六
年冬弟仲寔爲三河知縣薦舉不以實伯宗爲
所累復降爲翰林檢討十七年四月乙未坐文
字進不以時謫雲南卒伯宗爲人溫厚詳雅博
學能文然不苟媕阿故屢獲罪咎所著有南宮
集使交集成均玉堂集

聶鉉字器之江西清江人洪武庚戌舉於鄉辛亥二月壬申會試中式是時

車駕將幸臨濠癸酉即親策於廷甲戌臚傳進士名午門外鉉在三甲即日謝恩趨

東宮聽注授寫職名爲九耦進而分拈之鉉得廣宗縣縣丞到官問父老曰民之疾苦何者爲劇對曰適歲旱蝗食之役繁此爲劇鉉嘆曰民病而不上聞非所以事君也即奏之於朝

上遣使視災傷悉蠲其稅民大悅秩滿入

覲上洪武聖德詩南京賦授翰林院待制以老疾

辭不許改國子助教時功臣子弟多在班列鉉雍容誘導使就繩檢尋遷翰林典籍十三年四月以老疾賜歸十八年召考會試得國學知名之士甚衆

上大悅將復用之鉉固辭召問所欲以年齡益高求便地乃授廬陵縣學教諭終其身有文集行世

祭酒胡儼撰先生文集序孔子曰有德者必有言文者言之精也發於中暢於外達之天下後世而不泯者必有其本也故國子助教清江聶器之先生以和順之德孝友之行潔廉之操既修之身而淑諸人矣又能推其底蘊發爲文章以道志傳後非有本者能如是哉且其言優游醇雅如雲行水流曠然悠然不爲怪奇而理趣深遠讀者可以想見其人信乎有德者之言也

學士大夫昔從先生游者至今稱道之不絕口此豈有要譽於人哉先公與先生交最善儼自幼聞先公言先生嘗以春秋就堂試而虞文靖公實較藝一時投業多場屋宿學之士文靖公得先生之文獨寘首選儼固識之則知先生之文已焜燿於前輩者非一日也洪武初舉進士授廣宗丞未幾入爲翰林待制助教國子日被顧問寵遇甚至既而告老得賜歸十八年復起校藝春官遂授廬陵教諭優老鄉邑今先生殁已久其子季順集錄平昔所爲詩文若干卷將鋟版以傳屬儼爲序儼嘗獲親於先生間聞緒論每竊自嘆録録無聞有媿先生尚敢序其文乎雖然先生之流風餘韻在人者百歲如一日雖欲不言烏得忘情耶故謹序之欲知先生者庶有考焉

南廱志卷第二十二

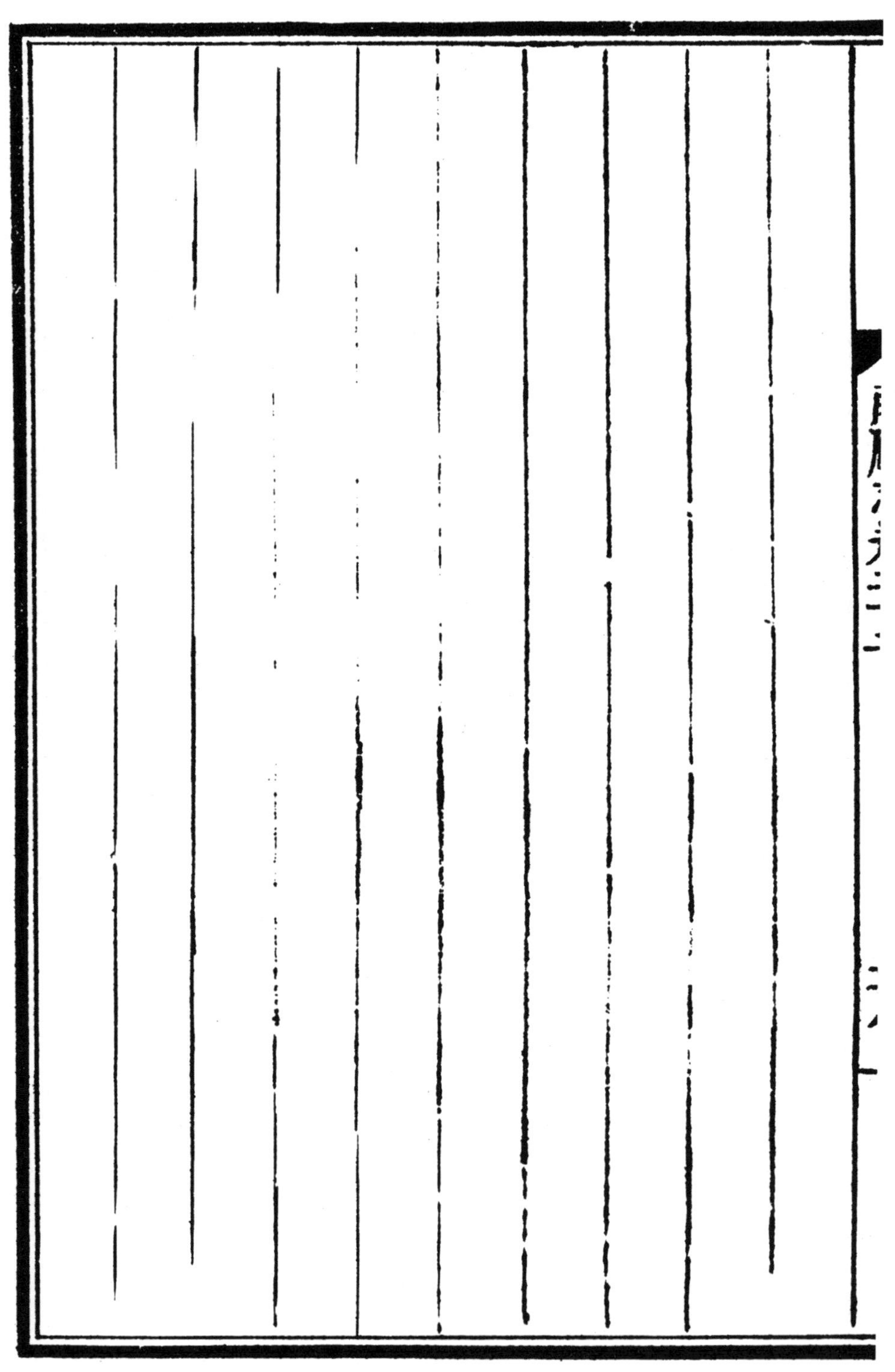

南廱志卷第二十三

列傳四

王達

鄒緝

蕭邦現

金礪 吳錫附

嚴祿

吳沉字濬仲金華蘭谿人父師道元禮部郎中博涉羣書其爲文多尊信朱呂何王金許之學沉嗜學有文克世其家累辟爲縣學訓導不就洪武十二年十月郡以博學儒士舉至京師謁

上其名曰信仲既除翰林國史院待制謂修撰

王釐曰名既誤矣冒昧而不更是欺罔也釐以國法方嚴恐觸犯天威固止沉沉不從毅然往吏部告請改正部以上聞高皇帝喜曰是誠愨人也遂眷遇之十一月甲午朔上觀漢紀顧謂沉曰人君理財之道視國如家可也一家之內父子不異貲其父經營儲蓄未有不爲子計者父子而異貲家必隳矣君民猶父子也若損民以益君民衣食不給而君獨富豈有是理哉丁酉

上論持身保業之道又謂沉曰人當無所不謹事雖微而必慮行雖小而必防不慮於微終貽大患不防於小終虧大德謹小行而無已者則可以成大善忽細事而不戒者則必至於成大惡常人且然況人君乎沉對曰聖慮及此誠社稷求安之道

上曰安生於危危生於安安不克慮則能致危危而克慮則能致安在於能謹與否爾

上御奉天門視朝畢又謂沉曰人君治天下進賢納諫二者眞切事也沉曰求之於古克行者鮮矣

是故亂日常多治日常少

上曰使其眞知賢者能興其國何有不好眞知諫者在於忠己何有不納惟其知之不眞是以於己難入若誠能好賢則不待招來而賢者自至誠能納諫則不待旌賞而諫者畢來沉曰

陛下之言及此國家興治之要也未幾奏對錯誤降爲編修十三年六月乙亥復以爲待制甲申復降編修沉爲教授董眞儒士吳愼遣使徵之十四年冬十月辛酉給事中鄭相同奏言尊無二上稱臣於東宮是竝所尊矣沉駁之曰

東宮國之大本所以繼
聖體承天位者也臣子尊敬之禮安得有異請凡啓
事
東宮如舊制
上從之十五年三月復坐奏對失旨降渭源縣學教
諭未行留爲翰林典籍十一月戊午以爲東閣
大學士十六年二月己丑沉進精誠録先是
上將享
太廟致齋于武英殿召沉等謂之曰朕閱古昔聖賢
書其垂訓立教大要有三曰敬天曰忠君曰孝

親君能敬天臣能忠君子能孝親則人道立矣然其言散在經傳未易會其要領爾等宜類編三事爲書至是書成

上覽而善之命沉撰序六月

上御謹身殿沉進講周書至國則罔有立政用憸人

上曰甚矣國家不可有小人有小人必敗君子故唐虞任禹稷必去四凶魯用仲尼必誅正卯沉進曰書言去邪勿疑所以深致其戒

上曰國家不幸有小人如人蓄毒藥不急去之必爲身患小人巧於悅上忍於賊下人君若喜其順

已而恣其所爲將無所不至矣況曰小人中懷奸邪而其言甚似忠信不可不察

上曰然小人善於逢迎彼知人主所樂爲者不顧非義乃牽合附會曰是不可不爲人主不樂爲者不顧有益於國家亦牽合附會曰是不必爲此誠國之賊也自古知人固難而知言亦不易也

八月丙戌以進講後期考功監劾其怠於職事降侍書尋改爲國子博士是時文治大興況獨謂兵不可廢因言武經七書多依托之言惟司馬法與孫吳爲可信昔者齊威王使其大夫追

論古司馬兵法附以田穰苴之說今所傳者非齊之全書矣宜孫吳之盛行也聖人之兵昭文德而威不軌者也所以生人也非殺人也禦亂也非爲亂也尚義也非尚詐也孫子曰兵詭道也吾恐非聖人意也間嘗以易詩書禮論孟諸經詞義有涉於師征者輯而類之定爲五篇一曰兵象二曰兵用三曰兵禮四曰兵詩五曰兵訓總而題之曰六經師律其論兵禮尤爲確言

愚讀周官之書未嘗不嘆夫聖人之於兵政何其詳也蓋兵之設久矣唐虞之前不見於經而唐虞之際則士師之官實掌之士刑官也兵者刑之大者也古人所謂大刑用甲兵是也蠻夷

猾夏寇賊奸宄此豈象刑之所能盡服哉兵藏於田賦徒衆主於司徒軍師之禮領於秩宗虞則馬政之司而共工則軍械之所出也故兵雖無專官而事例未嘗廢焉盱九官之兵刑合爲一而六典之兵刑分爲二亦可以觀世道之變矣且六官之制周官之所定也九伐之法旣專委大司馬矣而五官之屬亦互相參領太宰統衆職卽百揆之無不總也宗伯則秩宗而司空卽共工也司寇雖不主兵而軍刑莅戮則其任焉平居則各司其司以聽上之命有事則各職其職以趨上之令官非虛設而法非文具聖人之經制纖悉如此哉且兵者將使之以殺人者也聖人不取之於浮閑凶暴之徒而必取之於勤苦稼穡之農夫使其爲農之日不知有兵之害而爲兵之日不敢忘農之勞用之則驅之於戎行不用則歸之於田里豈有後世招聚之害供饋之費乎此則立法之最善者也然天下之士不習則廢不祥之器豈可以常施於日用之間乎無故而習兵是習殺人也故聖人又爲之蒐狩之制因祭而田因田而閱申之以戰陳部

曲之法詔之以坐作進退之節以天子之尊而逐取禽獸於草莽之野不以爲煩也不特此也干戈之舞射御之方蓋自成童以及於壯其教未嘗一日而廢也至於弓劍之獻矛戟之進亦必謹其儀焉聖人之慮以爲平時授受之不謹則當夫倉卒必有不善於用者矣王朝邦國之中朝祭賓享之日上以射而擇士下以射而貢士以考德行以觀威武是以當是之時公卿大夫以及士庶其所以爲禦侮克敵之備無不能焉他日用之民皆良兵而吏皆良將也嗚呼弓矢斧鉞人情之所畏也田狩宴享人情之所悅也先王以飾怒之具而爲飾喜之儀寓至險於順動而伏天下之所畏於君臣之所共悅此則其微意之所在也使夫天下之人而皆從容於禮讓之域焉固聖人之所大願也不幸而用之將以除殘去暴而聖人之心亦必欲行之以道殺人之中而有禮焉非古之聰明神武者何足以與此乎惜夫有虞之禮不可得見而成周之制度可考者僅若是而已先王之禮廢不能講宜天下後世之爭馳於變詐之末而不自覺也

豈不可哀也哉初沉家食時已草創是編及官成均乃與諸生訂正以傳焉十九年七月丁丑以老疾乞致仕許之遂卒沉富蓄遠覽志負經濟三進三黜而無喜慍人以此多之

錢宰字子予紹興會稽人吳越武肅王鏐之後博學能文洪武二年以儒士舉爲國子助教時郡邑弟子員貢入太學者設爲教條限以歲月責其成效助教與博士程其課業而升降之既升舍乃得選登仕籍然士方畏懼爲法所繩惴惴莫有樂學者宰爲人莊重和易諸生毎就之

請益輒戀戀不能舍以是爲時明師十年三月
己卯朔以年老陳情乞休
上許之勑授文林郎國子博士致仕
勑曰朕昔戡定四方即開學校延師儒俾勛賢之
子弟凡民之俊秀莫不從學教之以經史六藝
明體適用布列中外以共保太平於無窮國子
學助教錢宰學問老成訓導有方在學數年緝
有成效朕方嘉諸生有所矜式而年滿七十懇
辭還鄉特授文林郎國子博士致仕爾尚師表
一鄉訓誘後進以裨治政庶幾不愧鄉大夫之

教則朕猶有望焉宰旣歸精力猶壯宜
上德意有從之遊者輒開迪不倦遠近宗之二十七
年四月
上覩蔡氏書傳象緯運行與朱子詩傳相悖其他註
說與鄱陽鄒季友所論間有未安者遂
詔徵天下儒臣定正之於是太子太保兵部尚書
唐鐸等舉宰及致仕編修張美和致仕助教靳
觀等茲遣行人馳傳徵之是年四月至京師入
見
上語以正定書傳之意命翰林學士劉三吾總其事

禮遇甚厚時建酒樓初成
賜宰等鈔宴其上人各霑醉獻詩以謝
上覽之大悅復遣禮部尚書任亨泰
諭旨諸儒有年老願歸者先遣之宰齒最高與衆
皆請留亨泰以聞
上喜曰朕知諸耆宿終能成朕志其善視之九月己
酉書成賜名書傳會選命亨泰梓行之
賜宰等宴及鈔令馳傳歸其鄉又三年宰乃卒壽
九十六初宰嘗病近代新聲太繁刻意古調擬
漢魏而下諸作及古詩十九首且各補其未純

者詞林稱之所著有臨安集
石光霽字仲濂揚之泰州人少穎異讀書五行
俱下元末翰林侍讀學士張以寧留滯江淮光
霽從之遊以寧博學善摛詞尤長於春秋嘗與
大梁張氏訂定春秋經說而序之其畧曰春秋
者聖人之心也生殺萬物天地之心無心也至
仁焉耳矣賞罰萬世聖人之心無情也至公焉
耳矣天地也聖人也惟聖人能知之能言之游
夏且不能與而謂後之人若左氏若公穀氏能
盡知且言之乎後之學焉者弗據經以說經顧

任傳以疑經噫其亦惑矣故以寧談經通融三
傳兼用啖趙光霽諦聽講解至忘寢食嘗書其
後聖經化工也傳之粹駁猶剪物雖有美惡皆
元氣所鍾也自非物之美惡則化工不可得
而見是故因傳說之粹駁然後聖經可得而推
也夫春秋以錯舉四時而名其義莫大乎春王
正月左氏曰春王周正月王周王也以見其爲
建子也春固周之時而謂夏時冠周月者非也
故公羊氏曰春者何歲之始也穀梁氏曰雖無
事必舉正月謹始也凡改正朔以爲歲始皆可
以爲春春者歲始之定名也正月者王朔之虛
位也又奚建寅之拘哉微三傳則曲說行矣此
其所以爲得也乃若因正月書王而曰夫子之
作春秋將以黜周王魯變周之文從先代之質
則是義緣從先進行夏時而失之大子之言一
則曰吾從周二則曰吾從周今而黜周王魯其
何以罪諸侯之僭亂者乎杜預矯其失乃曰春
秋者周公之志也周公之志仲尼從而明之然

周禮未泯化人足矣明爲而作春秋啖氏則曰救周之弊革禮之薄也夫子蓋傷主威不行下同列國故首王正以大一統先王人以黜諸侯不書戰以示莫敵稱天王以表無二尊是知雖因舊史酌以聖心撥亂反正歸諸王道苟有過惡用王法以正之故斷自平王之末托始隱公所以拯薄俗勉善行救周之弊革禮之失也趙氏則又以爲春秋因史制經以明王道其指大要二端而已興常典也著權制也故凡違禮則譏之是與常典也非常之事典禮所不及則裁之聖心以定褒貶非權無以及之故曰可與適道未可與立可與立未可與權是以游夏之徒不能贊一辭然則聖人當機發斷以定厥中一辨或質疑爲後王法何必從夏乎自啖趙之說一出而三家之指歸互明故曰因萬物以見化工甚矣傳說之不可盡廢也然而率文則違事泥事則滯理曲生條例曉駁不倫其不能體聖人大公之心亦已多矣是在夫人精擇之而已也嗟乎小知不及大知小年不及大年而豈以蠡物而能盡測化工之神哉此經說所以會通而

成一家之言也以寧見而大嗟賞之洪武十三年光霽以明經舉爲國子學正自常敎外四方髦士多從之遊戶外屨恒滿十七年陞授春秋博士作春秋鈎玄二十卷以闡明聖經之旨學者競傳習之光霽感以寧授受恩義旦夕不忘時以寧没已久遺藁散落光霽遣其子往維揚購得其詩百餘篇捐俸梓行之後以寧子炬貢入國學以其文藁示光霽光霽一見悲喜交集復捐俸梓行焉論者謂弟子篤誼如光霽者世所罕見也光霽亦工爲詩每一篇出學者輒詠諷若膾

炙不厭云光霽太學夜宿詩蠟炬燒殘夜二更高齋蕭爽客懷清山林只在虛簷外錯把風聲作雨聲

李謐字叔方陝西藍田人元鄉貢進士世亂不仕洪武十八年應山林隱逸之召入覲時年七十矣

高皇帝見其言動甚重之授國子學錄教

親王駙馬誘掖啓迪之功居多三十一年以疾辭歸田里雅性嗜吟詠秦愍王嘗造其廬云謐嘗自贊曰壯歲端居暮年見舉應詔明光敬對天語所著有王山樵隱詩藁

陳南賓名光裕以字行長沙茶陵人少讀書負儁名而特行慤雅元末授全州學正因家焉洪武二年六月應賢士聘至京師一時名儒如學士張以寧輩皆折節與交除無棣縣丞轉膠州同知所至以教化爲先南賓老成有文學以經術飾吏事時稱醇儒十八年拜國子助教入見

高皇帝命之講洪範九疇反覆辨析意甚詳明

上大喜曰此天下善講書者也御書其姓名于殿柱以褒之其敎國子尤善訓迪窮日授受無惰容

二十二年擢蜀府長史時

蜀獻王好學禮士於玉牒中最號賢王然南賓猶隨事規諫王甚敬禮之造安車以賜復爲構第名安老堂學士劉三吾記之二十九年四川鄉試應聘與漢中府學教授方希直同爲主考官所取皆名士論者稱明及卒年八十南賓作詩清勁有法在蜀題詠最多蜀人傳誦之南賓詠少陵草堂詩西出秦關道路長岷峨東望鬱蒼蒼蓬萊三賦舊無敵同谷七歌今可傷茆屋秋高風瑟瑟布衾鐵冷雨淋淋浣花溪上應回首千載令人憶草堂

王紳字仲縉金華義烏人父禕國初文行重海内與宋濂齊名以翰林待制使雲南伏節死時

紳南十三聰敏過人落筆爲文沛然不可禦鞠于伯氏綬事母何盡孝及卒哀毁踰禮未幾綬亦歿紳獨綜理生業煢煢憂患中而傑然負奇志暇日益取經史百氏言覈其旨歸縱横磅礴出入上下宋濂一見即器之曰王華川其有後乎一時俊傑多自服不逮洪武二十五年

蜀獻王聞其賢馳書聘幣致之待以客禮俾教授蜀郡紳痛父遺骼未返丘壠白其情事王憫之給道里費以行至雲南訪求不獲遂即死所奠祭仰天號慟幾絕過者爲之泣下沾襟述滇南

慟哭記以著其志雲南布政使張紞尤重之作
弔王翰林文以紓其情旣還王慰勞備至蜀人
無貴賤咸知敬愛歲己卯
召爲國子博士遂入詞垣編摩
太祖實錄與侯城方希直交遊嘗尊希直爲百代儒
宗勸之著書以淑來世希直不以爲然紳自是
益嚮道德略文藝是歲夏四月紳以其父死節
聞于
朝特贈翰林院學士奉議大夫謚文節開國以來
文臣有謚者寔自禕始時吏部侍郎蹇義與時

浮沉紳上書責之曰執事方負天下重望治否安危固係於進退去取之是非也而所任非其所長所職非其所事位高於器則有覆餗之患才過於職則有積薪之譏非其才而强委之至於僨事則是執事欲爲尋常無聞之人而不可得況敢望其逸樂優游而與時俗上下乎義得書極憾之庚辰十二月丙午紳卒年四十有一有繼志齋集三十卷行于世子稌性至孝初紳痛念父没每食必斥兼味稌一遵其志子孫相承閲數十年不變紳之教於家者其厚於彝倫

如此

徐善述字好古浙江天台人邃於經學且工爲詩以薦授桂陽州學正持身廉慎士子欽之秩滿陞國子監助教立簿籍以稽課業因鑒别其人之高下有犯小過而素行不疚者輒進言得免于罰以是諸生多競勸同官侯復性剛急善述婉曲諭之復自是忿戾消沮每遇善述曰我見公心輒懽如陶飲然何也自非賦性冲和何以至此因目爲今之叔度云

仁宗爲皇太子時簡入宫寮爲左春坊左司直郎每

作詩使善述指摘數過乃已多自書睿製以賜
之善述亦盡心不懈於文事多所啓沃
仁宗每見聽納陞右贊善以疾卒于官爲人淳厚質
實學識端正耿介恬靜不爲阿附
仁宗卽位追念輔導之良贈太子少師謚文肅命有
司立祠墓側歲以春秋祭之
鄒濟字汝舟杭州錢塘人蚤喪父事母以孝稱
天資穎敏好學彊記稍長遊縣庠材識爲同輩
所服先達亦多重之餘杭令聘佐教縣學遂奉
母徙家焉毅然以師道自任振起諸生皆趨於

學乃捐金一新學舍自令丞以下皆嚴敬之秩
滿陞中都國子學錄又陞國子助教一時爲師
者皆樂與交爲弟子者多樂就其講下濟亦力
學自輔太學稱明師焉無幾坐事自陳左遷西
安府學教授未赴改河間府學用薦者言陞平
度知州廉簡寬厚吏民安之丁母憂服闋用翰
林修撰李貫舉修實錄所司者官事摭要井井
有章書成
賜紗衣一襲表裏各四白金五十兩陞禮部儀制
司郎中時

朝廷祭祀冊拜慶賚及儀物制度徵舊章參古典

一資於濟

詔修永樂大典以五人總裁而濟預焉安南拒命

詔大將軍成國公朱能帥師征之擇朝臣有文學

者往司奏記濟承命以行軍事多所裨益安南

平踰年餘黨復貳王師再出濟亦繼往及還陞

廣東布政司右參政務持大體而簡重寬平以

率郡邑嶺海之區政化行焉坐累左遷吏部郎

中數月擢左春坊左庶子在輔導之職善伺

上意言無不從寵遇特厚本

令旨授皇孫經音亮氣和明於啓迪滿秩陞詹事府少詹事爲人和易坦夷不見崖岸於物無所忤自公卿下至武人庸隸皆樂親之其學長於春秋教國子時受業者多傳其學爲文章不煩思索舉筆率就嘗爲國子生劉瑛記孝友堂世傳誦之記曰　皇明繼天出治肇修人紀建國紀元之初卽建國子學大選儒臣以典敎事既而　詔天下設學立師育材興化於今五十年矣化育之所陶甄一道德同風俗文明之盛比隆成周凡在涵煦之內莫不有乎顯若絅蒙豐芑之澤有不興起而丕應者乎國子生劉瑛光薦全之淸湘人先世廬陵望族其祖游宦於全因占籍焉世以詩禮相承光薦由州庠弟子員以書經領辛卯鄉薦禮闈不偶卒業成均比選直春坊從事一日介寅友司諫張伯源

氏來見請曰瑛父母俱存兄弟無故深自慶幸父復庵年踰耳順讀書尚志尤精軒岐之術弟珣亦業儒好脩自惟早蒙樂育秀出常流家庭之內融融怡怡囿乎平之化遂倫理之樂嘗顏其奉親之堂曰孝友將以為家規且以示後也願先生為文敎之辭不可乃為之言曰詩有之民之秉彝好是懿德此天地之大經生民之常性也氣稟之偏物欲之蔽於是鮮能全其固有之性者必待夫君師之敎而後有以復其本然之善自世降風移五典必勑而後惇六行必書而始備其再降也比屋鮮封於是舉彰善癉惡之典而防範之又其甚也借擾鋤而德色取箕帚而誶語彝倫攸斁風靡波蕩自是厥後上有願治之主時舉孝弟行義之士下有賢師帥能以教化為先務凡所以扶植綱常計也今光薦生逢昭代蒙被神化知懿德之首莫先孝友以是名其堂可謂知本也已書言君陳惟孝友於兄弟詩言張仲孝友是皆當時之大臣然皆不美其事功而以孝友稱之蓋以修身齊家為治國平天下之本也故曰其為父子兄弟足法

而後民法之也光薦方將釋褐並仕學日益進德日益懋以身爲教下之人寧有不樂從者哉吾知其施於有政不難矣不但其後有所則效也吾既嘉光薦之敦本而有關朝廷之治化故喜談而樂道之光薦尚躬行力踐毋徒美其稱則吾言爲有徵也所居號頤庵客至必具酒相與傾洽遇朋徒之會山水之游輒欣然從之不以事廢兼嗜老釋之學旁通深造雖其徒尊信者鮮或過之年六十有八卒于官之日家無餘貲惟藏書數千卷而已

仁宗卽位追念舊寮贈太子少保謚文敏命有司立祠墓旁春秋致祭其子穎登進士官至禮部尚書當給誥言于

朝加贈濟榮祿大夫太子太保

王達字達善常州無錫人世編氓至達始業儒家素貧嗜學不倦聰敏博聞考索精到爲文辭援筆立就不喜浮靡惟務篤實事親能盡子道閭里則之嘗受經於鄉先生張籌甚見器重後籌拜禮部尚書復往卒業京師學士宋濂見達端重簡默而丰儀卓偉嘆異其才折輩行以相交及歸而縣令辟爲鄉校師達訓迪有方學者多所造就改除大同府學訓導教如鄉校時革除年間以薦入爲國子助教六館諸生多趨其

門朝夕請益達誘掖開誨講說論議終日不懈成德達材之士彬彬然出達門下

國學策題五道

其一問三代聖人所行之道一也所治一也何以有忠質文之異歟豈夏之時獨有忠而不貴夫質與文殷之時獨有質而不貴夫忠與文耶豈周之時獨有文而不貴夫忠與質也何三代所尚之不同也至孔子答顏淵爲邦之問而又舉四代之禮樂孟子答滕文公爲國之問乃舉三代井田學校告之又何聖賢所取不同若是也夫明經將以致用也諸君子豈無致用之才者乎請陳之以俟有司之采

其二問孟子曰仁者無敵又曰王不待大夫諸葛孔明之純一劉先主之仁厚又何不得天下而亡歟先儒曰脩德以仁則天命在我是豈孔明後主脩德行仁之未至歟諸君子博學多聞必有的然於胷中者請敷其說

其三問論語以學之一字爲二十篇之首大學亦然獨中庸以性道教爲說孟子以仁義爲言聖賢相授心法一也何記事者之不同歟或別

有說歟抑不知所謂學者何學歟諸君子講明日久必有明於此者請聞其畧其四問蘇氏謂漢高祖漢光武及唐太宗皆以不嗜殺人致天下夫高祖起於亭長光武中興之主也太宗兆於晉陽太祖起於陳橋而爲君也四君者得天下實不同矣何蘇氏例而言歟亦不知四君者其心同歟異歟君子格物之功必有明於得失治亂之源者請陳以對其五問古者伏羲氏之王天下也始畫八卦造書契以代結繩之政由是文籍生焉以此觀之則先正稱爲繼天立極之君當矣何孔子刪書而獨以堯舜始攸抑堯舜與伏羲有不同歟何孔子求之而有異耶諸君子博學日久請商確焉初

成祖居燕藩聞達名及即位召與語稱

旨太子少師姚廣孝復薦之遂入翰林爲編脩時

方治革除年間奸惡

上聞問建文君過失達對曰可與為善但輔導非人故誤之耳上不以為忤與脩高皇帝實録尋陞侍讀學士編纂永樂大典為總裁兩知貢舉得士尤多嘗獻視學頌

聖主視學頌

臣聞聖人作而禮樂興大道明而子孫守作於前者所以傳諸後也武王奉行天伐一戎衣而天下定南面拱手可以無事矣然武王以為辟廱者禮樂之地也禮樂之地大本所由出也道統所由紹也人心所由正也賢才所由生也萬世所由傳也於是從事於辟廱而講學行禮焉逮至成康上帝是皇風俗益厚治化益盛尊賢重德基命宥密其故何耶誠以祖宗之法傳諸萬世而無斁也然俾武王不立法以傳後昆無以守無以守則祖述無以彰臨御天下者必若武王而後可

人子孫者必若成康而後可三代以下道學樂不著禮樂不著民志罔定逮漢高祖發迹于攘中而能以太牢祀孔子詎非禮樂之萃為萬世開太平者乎高祖知其然一祀之而天下大義顯遂致光武中興先隆太學明帝紹作辟廱拜老漢家四百餘年天下皆本於茲所以作於前傳於後者如此鴻惟 太祖聖神文武欽明啓運俊德成功統天大孝高皇帝即位之初大興辟廱尊禮孔子躬行釋菜崇化勵賢翕然大治爰至 皇上繼述前志振起斯文用昭人紀誕顯天爵內撫諸夏外綏百蠻殊方別區罔不臣服大大雅宏達而禮樂彬彬矣乃永樂丙戌三月初吉躬蒞太學釋菜先師備法物之駕盛清道之儀坐彝倫堂行養老之禮縉紳森列陳經析道禮樂明盛遠邇成周乾壓坤符奠定四隩當斯辰也五曜呈祥萬象增煥斤斤其明以介繁祉豈但環橋門而望者一哉於戲隆大本尊道統正人心興賢才傳萬世一視學而五義存焉臣達備職詞垣獲瞻明治曷敢默默俾 聖天子宏謨丕烈弗昭著於億

萬年也哉謹敷五頌式歌 聖化載拜稽首
以聞隆大本頌維木有柢維流有源赫赫大本
萬化基焉皇猷是闡人文以宣大昕鼓徵萃此
多賢重熙累洽王道平平 聖子神孫億萬斯
年尊道統頌煌煌奥言曰精曰一湯武相傳建
中建極大哉尼父玉振金聲道統斯繼集厥大
成稽首 聖皇親臨辟廱師道用明萬世欽
崇正人心頌 聖謨洋洋具在六經世遠言支人
心以疑我 皇繼作芟繁去蠹所趨既一大道
斯昭光被四國 萬乘親臨增輝 聖德興鑄
賢才頌於昭太學爲賢士關鼓舞有方咸能
顔諤諤翹英雍雍茂才文明一照地闢天開
皇儀穆穆瑞日祥雲俊乂宅心以事一人傳萬
世頌三光宣精我安我成禮樂用彰萬邦以徵
崇禮斯道致治之源膺運會昌天地清焉佑我
聖祚翼翼我 聖躬萬世相傳永樂無窮
達謙和恭慎爲文章有典則援引證據必本於
六藝作詩有唐人風韻晚號耐軒又號天遊道

著有耐軒集天遊集詩書心法易經選注尚友編桂林機要詩小序及梅花百詠詩藏于家達性不飲酒甘嗜薄味然常苦氣疾時遇寒暑輒發及卧疾篤

上命醫往視永樂五年六月卒年六十五

命有司歸其喪

鄒緝字仲熙江西吉水人自少力學博極羣書爲文不尚彫繪洪武中以明經舉筮仕星子縣學教諭革除年間用薦陞國子助教與博士王紳友善皆能敦行以率諸生

成祖初即位擢翰林侍講尋兼左春坊左中允國子
闕祭酒屢奉
命署監事永樂庚子北京行部鄉試偕侍講王英
爲考試官讐校精覈多得名士秩滿陞左庶子
仍兼侍講與修
太祖高皇帝實錄及永樂大典歲癸卯九月卒于京
邸緝居官勤慎小心北監初建緝署事多所建
明以文行受知于
成祖嘗患背疽
上特命中官督醫往療仍賜名藥每

朝廷有大事大疑緝務持正論與衆辯難不苟爲異同與朋友交必輔引於正或淪患難必極力濟之性澹泊自少不以貧窶累心祿食三十年儉素不改布衣時其嗜學如饑渴之於飲食見異書必露抄雪纂躭玩羣籍意裕如也及卒家無餘貲惟書數千卷自號素菴祭酒陳敬宗素菴先生哀辭有序左春坊左庶子兼翰林侍講素菴鄒先生仲熙抱道蓄德博學能文廉介剛方守正不阿初自星子學官入朝爲國子助教陞翰林侍講兼左春坊左中允而擢今職登華踐要餘二十年出入禁庭小心愼密朝廷纂修國史與永樂大典諸書先生筆削之功居多凡遇國家盛事先生必有述作以稱頌功德使之鏗鍧震耀偉大光明而登之虞夏商周之上四方縉紳

求爲銘文詩詞必以得先生一言爲快京闈禮部集試天下多士亦必得先生主司文衡爲慶先生學行卓然爲當世所重如此然猶好學不倦益勵以勤不造古人之域不止是以年方五十有八竟以疾終初先生患癱疾甚危　聖上憫焉遣醫療之而愈自後年就漸衰衆疾交攻而先生方有志於計論註述冀惠後學是以一室之內書藥雜陳參苓之餘不廢檢録焦心苦思養不濟勞遂用伏枕兼旬以成大故嗚呼其可哀也矣且先生爲士林之蓍龜後學之模範衆方屬望甚至而遽爾違之其爲可哀如何哉敬宗忝列門生自永樂甲申入翰林至于今未嘗與先生相離聽言論於左右觀道德之光華則所得於先生者多矣其爲可哀也尤甚是宜托諸文詞以泄其悲哀之思其詞曰嗟先生之碩學兮偉博古而通今擴高明之誠鑒兮蔚詞義之淮深觀洞庭與彭蠡兮歷廬阜之嶔崟飛千仞以覽德兮遂翺翔乎禁林委衿佩之申申兮儼翼翼其儀容詠菁莪以樂育兮揚道化于辟廱負正氣而不撓兮信側目之寡從幸直諒

其有合兮獲寵眷之愈隆既侍御於承明兮復進講乎青宮匪堯舜其莫陳兮惟姬孔之是崇勤夙夜以修職兮懷小心之溫恭感眷遇以圖報兮極頌爾之渢渢啓東觀之巍巍兮偉國史之煌煌諒直筆之有托兮又況擅乎三者之長揭正道之大端兮舉國法之宏綱聳 帝業於軒虞之上兮又何比數乎漢唐成一代之盛典兮揚萬世之休光春賜賚之孔厚兮金與繒之是將登金步玉逾廿年兮老冉冉其將至也周情孔思日光而玉絜兮志惓惓其猶未也窮披博覽僉勤以勵兮耄不知情力之憊也寒凝暑鑠乘虛以交襲兮致二豎之為厲也於是朝賦賈生之遭鵩兮夕夢孔氏之奠楹企曾參之易簣兮誦周詩之乾兢違人世之明明兮從九原之冥冥啓手足以全歸兮夫何懼乎此生嗟先生負文學之淳正兮持操履之端莊謂仁者之必有壽兮何造化之茫茫豈學篤而志苦兮乃薄植而厚戕抑脩短之有數兮夜與旦之云常辨籍籍其莫定兮緬彼蒼誰予訴也古今之當然兮又何必深求其故也

慨所作詩

清勁可法有素庵集藏于家緝九日登欽天臺詩高臺千尺出城頭佳節登臨散客愁六代江山餘勝跡萬家樓閣倚清秋石頭鴈斷西風急鍾阜雲寒落木稠黃菊欲開時已暮一杯未盡興相酬子循爲翰林待詔宣德八年
當受
勅命循乃上疏自陳臣父緝先在翰林事
文皇帝後兼官春坊事
昭皇帝於東宮歷二十餘年而卒欽惟
皇帝陛下以孝治天下恩同天地凡推恩羣臣必寵
及父母
賜之誥勅顧臣二親早沒不獲生受

誥命之榮今臣秩卑於例不應得封贈伏乞矜憫
愚誠而特賜之臣不勝存沒感恩之至
上諭行在吏部尚書郭璡曰求樂八年
皇祖往征胡虜命朕居守北京時緝恒在左右所言
皆正蓋良臣也其特與之勿爲例

蕭邦現者吉安廬陵人少讀書不盡通父母責之曰汝不勤苦書何由通顯親揚名無日矣邦現泣拜受教於是夜則誦書日則聽講聞曾子養志之說益思求所以養父母之志者惟在成儒名盡子職而已凡先達有學行者必摳趨求

教焉久之學成得舉明經爲邑學訓導每得俸給必製衣服備旨甘以奉父母扁其堂曰養志昭事親也革除年間晉國子監典簿時博士王紳以純孝聞邦現恒往聽其言論焉每得紳一言輒識之不忌見諸生有三年省祭及爲養親而行者必委曲成就之有不顧父母之養者邦現每呵責之其趨向類此祭酒張顯宗司業張智禮重之亟稱其孝云名公鉅卿詞翰爲養志而作者類爲卷冊　以勗其家族學者稱爲養志先生

金礪字汝用杭州仁和人洪武末以鄉薦高等登乙榜授教職九年秩滿當陞需此久之永樂庚辰始擢國子典籍時四方書版多送京師詔實諸太學無所於儲礪慮其敝乃聚米篔爲蓬屋中置架以庋焉旦夕謹視隨闕輒補有刷印者使人去其凝積毋致潰敗故梓刻得傳至于今者礪之功也大學士楊士奇雅重之礪爲典籍九年秩又滿乃書最以去士奇爲文以贈焉

大學士楊士奇送金典籍序天下之事有本末惟明達知務者有以識其輕重緩急而致力焉天地萬物之理往古成敗之故凡聖賢之所以爲訓具在經史百氏之書上而國家資之以出

治成化下而士君子資之以成德廣材皆不可一日闕焉者也我　太祖皇帝建太學以育賢才詔經史百氏之書咸聚焉時四方書版上京師者悉藏太學寔典籍司之司之有官而求之無禁蓋京師天下之會太學賢士之會經籍賢士之所資而賢士者治平之資也　聖明之意深遠矣余居京師二十年往還太學其典籍蓋獨見錢塘金礪汝用之敬於其職也旦暮謹視孜孜修壞補闕愈久而愈勤夫官無崇卑盡職爲賢汝用其賢乎士膺一命典一職則必盡其所當爲乘田委吏聖人猶盡心焉況經籍所係之重哉汝用發身科目累任教官於持身及人皆有賢譽庶其明達知務者矣今滿三考書最以去中書舍人張侗左春坊司諫王榮翰林庶吉士陳鏞重同鄉之誼求贈以言余言蓋非其鄉之私也

既歸省先墓及復任又久之乃得陞助教恬靜安職絕無外慕人以爲賢云同時吳錫字用庶撫州金谿人祖

毋周守節不二時以孝節稱學士劉三吾爲之立傳錫九歲不能行而警敏嗜學以爲授國子學錄時醴泉出神樂觀上孝感詩

賜乘傳還職所著有時雨集胄監長編礪爲錫序而行之

嚴祿字伯宜衢州開化人自少好學師事從兄好禮好禮官思恩臨汾建平不憚險遠率往從之學既成有司薦上銓部洪武中除太僕羣牧官三歲罷羣牧改國子監掌饌晨夕會饌祿執事惟謹簿正器皿分屬膳夫具有條緒應用弗

失以是雖千百人萃乞箸紀無譁者自祭酒至六館之士皆譽之故其才名以剸劇聞永樂初用薦陞閩縣知縣縣在會府臨其上者貴重且衆而

朝命之使及海南諸蕃國貢獻往來宿頓供億之繁應接趨走無寧斯須祿從容應辦如在掌饌時事集而民不擾閩賦舊十倍他邑民不克堪祿力言於府平其賦民至于今賴之歲庚寅改知黟縣愛民如閩尤篤意於興學民甚嚮服無幾卒於官祿天性孝友養孤姪如己子處族姻

閭里汲汲義舉及爲政益著賢聲焉子珊乙未
進士翰林庶吉士授刑部主事贈禄如其官云

南廱志卷第二十三

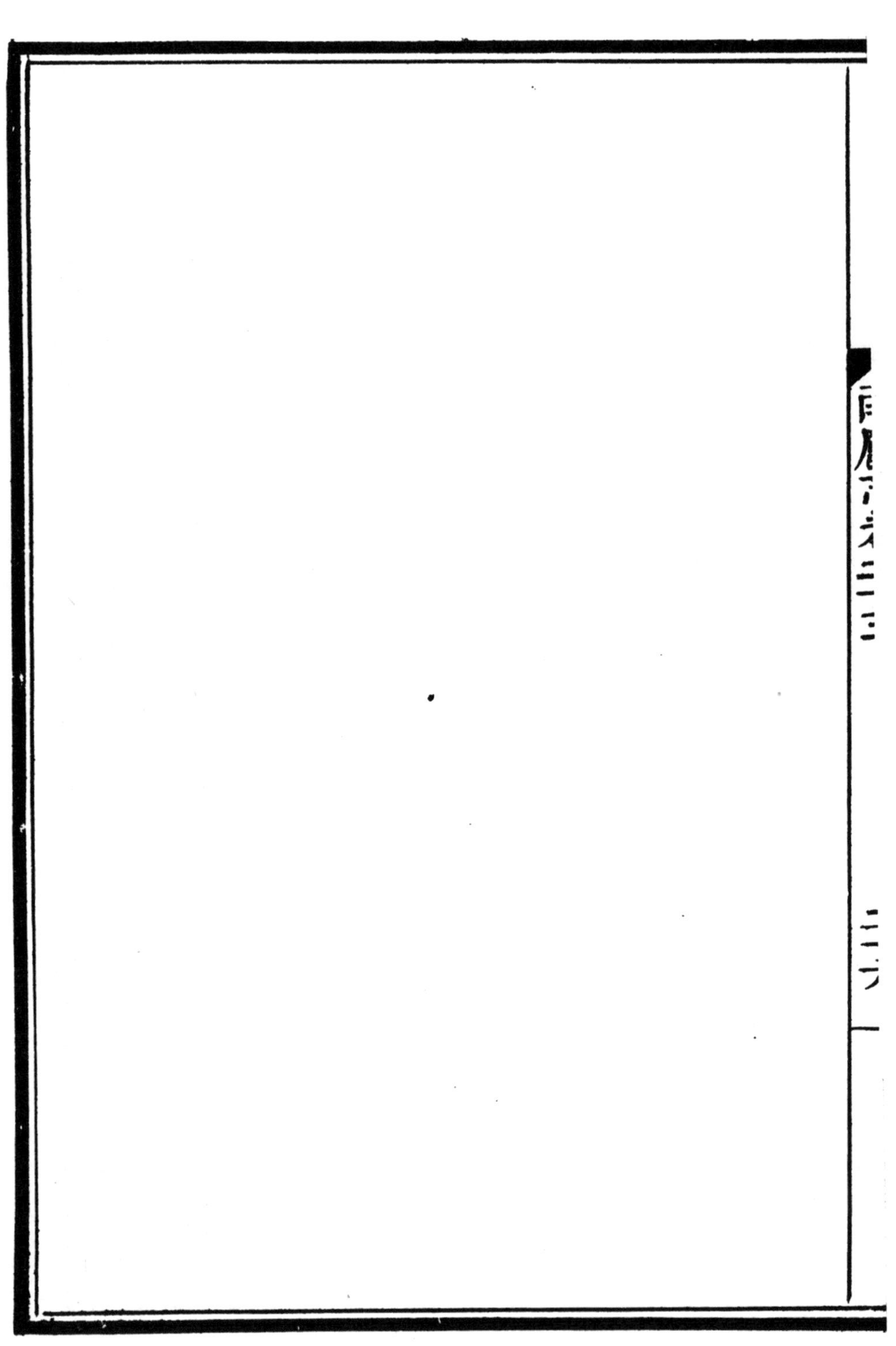

南廱志卷第二十四

列傳六

張顯

羅師程

宋琮

王讓

孫貞

周岐鳳

莊觀

李奎

趙會

陳旅

羅用俊

李崇光

張顯字緝熙江西奉新人自幼岐嶷不羣性識穎敏從教諭張克靜受尚書得其指歸才譽日振洪武中被薦除縣學訓導謁選于京師適有
詔選儒者教武臣子弟吏部乃舉顯等十人應
命未幾擢靖江王府教授尋以外艱去職歲壬午
內難平復選入中秘與修

高皇帝實録永樂初書成有白金文綺襲衣之賜陞
國子學正丙戌三月朔
上幸太學舍菜禮成
御筵命講宴賚師儒顯亦獲與焉辛卯秩滿陞國
子監丞蒞事公勤六館皆敬重之乃條陳百務
曲盡物情而成法益備時北監初建惟司業貝
泰署印教尼不行戊戌朝議以顯素諳典章乃
奏改北
詔報可遂兼程以往惓惓經理學舍勸懲淑慝百
廢畢興裨輔泰所不逮泰嘗為南監助教顯

降意下之且與六堂師儒協恭和衷嚴中學規激勵後進於是諸生數千人肅然敬服莫不以顯爲能盡職癸卯五月卒于官年六十兩京人士多追思其公正無不盡傷大學士楊士奇輩相與作詩哭之楊士奇詩三首其一八品儒官坐辟雍白頭心事幾人同至今鼓篋橋門者灑淚相思說至公其二兩京學省聚賢英試問何人不負丞官舍一氈清似水後來相繼屬誰能其三死去悲吟滿縉紳共嗟直道不憂貧不知駟馬高車客身後如公有幾人顯嘗自以行己直率別號戇叟故名其所爲詩文曰戇叟藁藏于家

羅師程名恢以字行吉安永豐人六世祖武岡

教授開禮宋季勤王死節世以儒業承家師程幼穎敏五歲失恃既壯力學居父喪哀毀骨立襄事惟謹事兄如父敬愛篤至鄉里化之洪武癸酉薦授撫州崇仁縣學訓導嚴師弟子禮勤於誘迪凡經造就者悉得爲聞人嘗上疏言孔子廟庭從祀當以道學論當時有若優於宰予論語記有若言行者四皆有裨於世教記宰予者亦四皆見責於聖人宜以有若居十哲位次而宰予居兩廡公伯寮沮壞聖門不宜從祀蘧伯玉孔子之故人行年六十而化今居兩廡六

十位次之下於義未當宜陛啓聖王廟疏奏不報其持論正大多類此秩滿膺薦入史館兼校
國學經籍兩與纂修
高皇帝實錄永樂初竣事賜白金文綺陞國子學錄師範端嚴前後受業者千餘人
成祖視太學賜襲衣預筵宴滿考遷博士又六載以年七十陳乞致事時
車駕廵幸北京
仁廟在東宮監國朝臣封事率未敢請特爲遣使上聞得旨俞允時論高之司業吳溥嘗遊其門率六

館師生數千人祖送之觀者填道時人莫不羡其榮師程德性忠厚儀矩端莊望者敬畏孝於奉先遇忌辰時祭輒感愴泣下誠於接物於人無疎戚長幼言談表裏如一既歸絶迹城府日與親朋登臨觴詠而詩書之訓考索之勤未嘗少廢掇拾先世遺文訂輯族譜梓刻以傳於家事澹然弗顧也一日忽召子孫語之曰吾覺神不守舍其將逝乎時天初曙啓户視之有填卒年八十二自號雪庵有寫心歸田諸藁藏于家

宋琮字萬鍾吉安泰和人天資純恪悟性不逾

中人而勤苦攻書以是學日充博爲邑學弟子
試必首列以周易魁鄉薦洪武丁丑中禮闈第
一賜進士出身又在高等人以爲顯庸可俯拾
矣琮明於易數謂其同進諸士曰旬月間翰林
多非儕琮其寘乎人初不之信也是科西北人
士無一登第者乃訐奏試官學士劉三吾等徇
私不公三月二十一日有
旨覆考會試下第文字三吾及贊善王俊華司憲
侍讀張信暨琮同年修撰陳郊編修劉諤皆寘
于法琮以三吾首舉連坐安置威虜衞其精驗

如此琮自竄後益窮經博覽動無怨尤人以樂天知命高之永樂初經赦還家久之被薦起爲刑部檢校時修撰梁潛文名擅一時於詞林最鮮許可獨謂琮詩文經義雄峻不羣每稱揚之乙未會試以琮充同考試官校閱所得皆名士或欲薦琮入翰林琮辭曰眩詞藻以躐華要此賈禍之端也竟不肯以名上時同鄉楊士奇輩方以侍從用事莫不重其恬退洪熙元年琮以秩滿擢國子助教其訓迪以敬爲主凡講誦有舉止傾欹者必呵責之諸生見者凜然畏服宣

德八年秩又滿乃陞翰林檢討仍管助教事居四載引年致仕去家居筋力漸衰晨必冠帶詣祠堂肅揖朔望必造先塋拜掃鄉黨宗族相過劇談竟日未嘗以耄疾辭其力行孝友如此琮自知死期人或以休咎叩之輒不應卒時年七十六

王讓字宗禮山東益都人幼勤敏端恪讀書日積寸馳聲庠序間事親有孝行嘗廬墓致涌泉之應洪武末由鄉薦授國子學錄施教以孝爲先文藝書翰皆在所畧諸生有以罹艱告者讓

一聞涕淚輒涔涔下以故多所感化永樂十年

八月癸酉

文皇帝特簡侍

皇太孫讀書謂侍臣曰孝者百行之源也君子之所當則也故詩曰有孝有德朕聞讓孝於其親故擢用之讓在講筵首陳堯舜之道惟任孝弟人主躬行孝弟則天下感化不勞而治每談經必端凝拱立敷宣明暢

皇太孫敬而愛之時同事之臣陳山張瑛以順旨被寵戴綸林長懋則强諫不少詭隨惟讓謙卑

自牧簡默寡言每進規諷亦委曲切中事情
皇太孫斂容聽之益加禮重及扈從北行常被
召見厚加賜予十八年九月甘泉縣學教諭張昱
東阿縣學教諭韓岫永年縣學教諭劉順皆被
簡擢爲國子博士侍
皇太孫讀書讓雖先進以官序折節下之意每恬
如也二十二年始陞北監助教洪熙初
皇太孫正位東宮讓進左春坊庶子未幾
東宮即位是爲
宣宗章皇帝宣德改元以輔導功首陞讓爲吏部右

侍郎山琰及綸等皆居其次時讓同官黃宗載負才學尚氣槩讓毎退遜宗載遂和衷交好日密居部二載辛于官時年七十四讓言若不出諸口而禔身素履人所不及荐歷榮顯恭儉若布衣時爲

上簡注未嘗矜耀忠亮清介始終如一日士林重之

孫貞字宗正南昌豐城人先世有嫡于毋姨夫李氏者遂冒李姓至貞始復爲貞穎異力學爲縣庠生時教諭劉子彥深器重之授以毛詩又從鄉先輩學士朱善進士黃德潤游益有造詣

洪武辛未貢充國子中癸酉鄉試甲戌登副榜

者百六十餘人

詔三等銓之貞得教授紹興

高皇帝進諸上等者近陛前諭以教郡之道且命吏

部録其名以俟擢用貞鋭然思副

上旨至官即振教規務行公正有施御史者按郡甚

嚴私於給傳徐氏子既令充增廣生又升而廩

膳之貞諍不可御史氣爲沮郡官皆從旁私語

使姑許之退可改行勿與面質貞曰君子與人

以信焉有今日許之而明日可改御史知不可

奪遂止其作育諸生旦夕講解不倦一日遇相者言貞將有憂至貞卽心動求歸省親行次南昌而父已訃聞矣居喪哀毁踰禮服闋調漢陽時科目久乏貞教之尤力後當賓興赴試者十二人惟一人下第及奏教績爲諸郡最府有張通判以廉介稱坐事繫獄都臺獄吏索賄不得多所挫抑事白復官人疑其必易所守而張廉介自若會

詔下教授得薦賢貞卽舉張遂擢按察僉事張貧甚無所於裝貞卽資之行永樂紀元貞秩滿陞

國子助教嘗謂學須以靜爲本因立家教以示法於是闢其燕居之所聞諸子其上親授以經諸生效之多成材者時博士黃彥清與貞連居因熟其從子金蘭後彥清以姦黨沒家壬午建文闔宫自焚彥清在駙馬梅殷軍中聞建文已沒私謚曰昭仁恭義孝愍是年詔討姦黨彥清坐罪伏誅後殷入朝力辯彥清初不在軍中其家乃釋金蘭爲貴池典史坐累至京失所歸貞館之三年有不足輒周之或傳言將罪彥清鄉佑又謂將罪金蘭宿主貞皆恬不爲動初逮彥清九族將誅及金蘭以梅殷力辯得免惟罪彥清子孫金蘭後遷貴池知縣事見劉忠愍文集及周功叙學士石溪藁同鄉楊伯震爲長蘆運

副得罪自獄中出病疫無復人色昇至貞門欲託寓焉旁舍懼其相染也唆家人固卻之伯震遂露卧祠下貞歸聞之嘆曰人各有命病豈能染邪亟命移入病卒以愈其好義多此類也助教考最轉博士陞從七品祿時太學官屬傑然著賢稱者不過四五人輿論推貞為之冠祭酒胡儼司業吳溥重其文行並遣子受業貞嘗署監事監生在歷有事故不在官者所司移文問狀六館紛然莫知至經旬不得報貞乃作類姓簿各錄姓名籍貫班次欲求其人索姓下即得

之監中稱便遂爲定法署事一年而解得
勑命授修職佐郎時子曰良爲御史同居毎夕歸
必問今日治何獄當則喜有不當輒切責之以
是竟能其官曰恭爲翰林編修分月俸致養卒
不入升斗爲己費嘗以欽賜銀幣不發封輒還
之而報以書曰我俸恒足爾宜自養爾廉勿復
致也曰儉曰讓亦爲敎職初欲五子各專一經
尋以長子曰溫有桑梓之托取外甥鄢在恭以
足之其後四子皆有成在恭亦第進士爲御史
當時稱善敎者必曰孫博士孫博士云宣德初

奏乞歸省其母時母年八十貞亦近耆矣始有
退休之志明年還任又明年秩滿詣行在請老
不允尋以日恭官封致仕歸養朝夕娛侍親側
不舍非
國慶及鄉飲酒足不至縣門諸省聘典鄉試文衡
皆辭不赴及丁母憂築館敷山之下鄉子弟多
從之遊後三年曰讓在祁門迎養又二年曰良
出守重慶復迎養貞皆樂赴之及歸自重慶嘗
謂人曰人生貴考終命耳壽雖期頤而苦疾篤
非福也願逝時恬如睡夢於我良快正統五年

五月果無疾而卒年七十有五貞存心端謹自奉儉約撰事必慮始終故歷官四十餘年夷坦如一初爲國子生時與郡人盧淵同舍及寫武臣誥與主事夏原吉同事教紹興時與郡守李慶相善後淵至侍郎原吉慶至尚書貞未嘗一至其門其自守如此先是卒前數月寄書曰恭言其得病近稍差而四體未寧曰恭亦心動懇乞歸省及俞允奉命行至南昌哭貞訃如貞昔哭其親焉人皆異之貞所著有竹齋文集

周岐鳳名鳴以字行江西吉水人其先應龍宋紹定進士爲時名儒其子京孫直寶謨閣以言詆賈似道棄官去曰聞孫元末以明經領鄉薦薦入史館修三史上書請以宋爲正統不合而去終鰲溪眞文書院山長卽岐鳳祖也故其家有世直堂焉岐鳳性敏嗜學才識高邁襟度弘達言論侃侃如也洪武甲戌以經明行修薦爲桐城縣學訓導嚴立教條勸勵有方登科入仕者踵相繼後以外艱去服闋擢卽墨主簿優於爲政藩司因遣之同御史僉事往登州讞强盜

獄盜七十人而稱屈者逾半御史執不與辯岐鳳廉知其爲宿怨誣指力言之御史感悟出其四十五人舉郡稱明會兵興賦民出鐵七十餘萬以資軍需岐鳳奏言鐵非所產請出庫中積鐵以抵用又令民輸豆軍前准其歲糧已而復徵糧俾以鈔償豆岐鳳復奏請從初令以信於民且連奏便民十餘事

朝廷皆納其言民甚德之坐累赦免民涕泣遠送而別永樂甲申徵授國子學正明年

成祖視學預筵宴襲衣之賜未幾擢漢府紀善時漢

王高煦自負靖難戰功私蓄壯士三千不由兵部籍發且據諸衞草塲所爲多不法岐鳳每諫面從而心忌之嘗開寳賢堂以延問群臣實欲招匪人爲異謀也岐鳳心知之作堂箴以諷箴畧曰鴻濛肇判三才是分生民之中惟君獨尊君法于天乾健而運春生秋殺履信思順王國事君奉承于內畏天安命罔有或悖伊昔有周封建惟庶時有仁賢法家拂士曰仁惟何行義與道曰賢惟何忠直是寳人君寳賢物阜民康爾賜時順天地儲祥王國寳賢安分樂職動止攸寧福履綏吉得賢則昌失賢則亡用舍進退惟否惟臧寳賢之實曷由而知君子小人薰蕕相隨忠言逆耳拯埋無違致之于行利澤當時斯實爲寳勿嫌勿疑好言悅耳豈盡作德一或聽信作我蟊賊遠之不亟投間而入比親而離彼疏乃戕毫髮不謹追悔曷益敬惟賢王兼資文

武愛親敬兄厥初所賦親賢好仁夙心所慕猶自謙讓求言如遺進臣左右教之誨之服古哲王秉志靡虧河間東平寤寐見而臣非古道則不敢陳知善當進進則主仁知德難矜矜無日新深養元化與道爲體息心止幾神完氣鋭動而有悔勿動爲貴靜而可嘉惟靜弗替動靜適道過曷由致安富尊榮與國咸休光昭史冊往哲同流寶賢之箴臣言之式作我坊範以昭明德

高煦益忌之會駕北巡高煦擁重兵出入岐鳳請守藩臣禮高煦大怒翌日令衛士詬之岐鳳訴焉惟令質於儀衛司已而獨送岐鳳于朝下錦衣獄欲寘諸重辟時

昭皇帝在東宮監國察知因諫忤王無他咎乃降長洲縣學教諭施教如桐城時三爲閩浙鄉試考

官秩滿赴行在陞國子博士及至南京
昭皇帝召見于文華殿慰諭甚至且期以大用尋丁
繼母憂服除用薦陞兵部職方員外郎時方清
理戎籍而職方事尤劇岐鳳剖析無滯僚寀服
其能三載考最
賜誥命授奉直大夫贈考妣如制宣德元年八月
高煦舉兵反尋就擒或謂岐鳳諫諍功如曲突
徙薪當首論賞然竟不之及也八年以引年致
仕正統三年四月卒年七十五岐鳳爲人孝友
婣睦急於濟人甫十歲喪母哀毀不自勝見者

稱嘆並仕桐城郎迎父就養及奉父柩歸至小孤風大作舟將覆仰天而號風隨以定合三從之親爲一爨人近千指服用皆有常度著家範十數條以示子孫嘗遇清江戈特春赴任寧海道爲寇所掠且被創傷重岐鳳求藥治療迄愈則貧贍其行其尚義類如此所著有尚書通春秋纂要及退齋藁六十卷藏于家子敘官至翰林侍講學士以文行世其家官三十年竟不顯庸人謂有父風致云

莊觀字居正徽州歙縣人自少英敏篤學制行

不苟永樂中領鄉薦高等授浙江義烏縣學訓導陞湖廣辰溪縣學教諭宣德五年以教績陞國子學正所至皆以身教不特經學而已正統改元

朝廷選學行老成之臣專董學政特拜陝西按察僉事奉璽書以行觀為人剛正陳臬詳慎提調有方學政修舉巡歷所至士類皆頌之遂進本司副使董學如故觀持廉秉公始終一致關中士風為之丕變考最

誥命褒顯後以老致仕卒于家所著有貞菴集觀

之在太學也祭酒陳敬宗性嚴峻於官屬罕所稱許獨器重觀曰文行兼備他日國家名臣也未幾果膺薦持憲有名都御史四明張楷亦稱其有明理屬詞之學成己成物之道爲行孝悌之德君子人也子歙登進士累官雲南按察使父子俱爲憲臣世有清德家風儒素始終一日其賢於人遠矣

李奎字文明廣信弋陽人自少端重淳粹博通經史永樂辛卯膺薦于鄉爲廣昌縣學教諭以考績奏最遷國子監學錄以溫學化導多士日

夕觀覽六經百氏之言作爲文章詩歌汪洋浩
瀚溫厚典則祭酒陳敬宗見之嘖嘖賞異曰一
代傑作也正統戊午被薦試都堂擢監察御史
慨然以澄清沙汰爲己任裁斷一切事情引經
援史高出世俗人咸遜以爲不可及嘗奉
命巡歷浙江時戶部侍郎王瀹在浙督運頗失紀
律奎即劾奏罷之已而巡歷蘇松諸郡奸贓官
吏莫不驚動曰此劾罷王侍郎者也皆望風求
解去尋陞太理寺丞巡撫河南時流民聚衆賴
之以安考績遷右少卿巡撫畿內諸郡所至奸

弊肅清未幾致仕卒奎居官廉潔優於文學屢上章疏切於時政一時士大夫咸推重焉有文集二十卷藏于家子玘登進士第亦繼武爲監察御史終陝西按察副使克振憲紀有父風烈

趙魯字尚確紹興山陰人明尚書宣德初膺鄉薦名在高等歷任教諭秩滿不調恬靜自如人服其不阿正統十二年乃陞國子典籍日端坐觀書詠詩校對梓刻訛缺或忘寢食倦則鳴琴自娛祭酒陳敬宗謂人曰趙尚確仕不近利學不近名對之坐談簡淡有味令人興起今之黃

叔度也敬宗寄趙魯詩充棟群書萬玉林縱觀窺見聖賢心每隨松影移瑤席時對海花奏綠琴但學古人敦素履不同時俗論浮沉公餘最是怡情處青鳥時時送好音久之遷典簿益勤敏盡職不以為卑及秩又滿引年致仕行李無一長物惟囊書數百卷而去

陳旅字正初台州臨海人父璲以詩經發解南省俱為首冠歷翰林檢討提學江西廣西終按察司僉事清節粹學師表一方旅承家學以明經舉為江西新淦縣訓導廉以律已公以率人鄉賢有死節為人所諱者首題其名于碑以示勸貂璫之子欲進學則力遏之暇則修治學宮

規益縣政上下交誦其賢滿考書最擢翰林孔目未上以憂歸服闋改國子學錄操履一如在新淦時雖無所事事而賢聲隱然出六館右乃遷監丞監丞職雖卑而權則重監之紀綱自祭酒而下得參預焉旅乃首黜公廨遺財力清曠所宿弊律已率人益嚴而厲甚至貴戚謝過監規爲之肅然未幾又以憂歸起復改南京國學六館之士素聞其清强望而畏之曰陳監丞來矣及署堂印遂奏請修理廟學當路惡其敢爲以疏有舛誤罪之然其事終不能寢旅於是盡

出羨餘以資公費一無所私輸粟監生與外夷遣子入學者例皆厚贄旅亦一無所取顧於寮友生徒之孤貧患難者則周給之不吝九載秩滿即乞休致諸生請于

朝願再借留旅不待報已翩然東歸歸十載乃卒年八十有一旅性峭厲剛直才氣英發議論慷慨視世之人若無當其意者然貞不絕俗惠能及物去任三年祭酒謝鐸涖監事諸生故吏猶稱道旅不絕口曰安得復有陳監丞云時繼旅者已非其人故也

羅用俊字舜臣吉安泰和人自少遜志力學明於尚書天順己卯領鄉薦高等人以甲科期之庚辰中副榜當就教官時年二十三於例得辭用俊輒受職遂除浙江青田縣學教諭九年秩滿以成績陞安慶府學教授九年秩滿又以績告成化乙巳乃陞南監學正又九年秩滿弘治乙卯陞北監助教爲人孝友嚴正重義輕利所至以身爲教士敬信之去則立主祀于名宦祠在南監日久模範端重公卿大夫咸加尊禮不獨諸生而已其庭訓以嚴濟慈致三子皆登進

士顯名天下人比之河東三鳳年六十致仕去

大學士李東陽送國子助教羅君致仕序泰和羅君舜臣舉天順己卯鄉貢有聲場屋間明年庚辰上禮部得乙榜乙榜之士例年二十五而上不得辭教官君時年甫二十三輒拜青田縣學教諭青田舊乏科目而教諭例必舉二人乃得陞秩君所教士連得舉九年以成績告擢安慶府學教授教授所舉例必得四人而安慶士亦不恒有君又以疾告乃內遷國監歷兩京冉命以至　今官時其子欽順進士及第為翰林編修同在　朝籍居京第不數月其次子欽德欽忠又同舉于鄉薦書至君曰吾可以休卽上疏乞致仕致仕例以七十為限君之年僅六十耳觀夫取之廉者其予必輕進之難者其退必易人之始可以知其終也今之仕者苟有所避或減年以幸其免苟有所覬或減年以幸其留充其念自少至老而不能變蓋患者未有不患失焉者也乃或矯情制欲有所飾而為之而日改月易消鑠委靡以終于不自振者亦多矣如君

之廉取易退愼始而保終者幾人哉且官之責任有小大輕重而人之才力亦不同彼汲汲於進者難其力有所不勝猶彊勉負荷至于顚躋僨敗終無益乎其身而後已其有謙抑歛括寧使吾之有餘而不使人以我爲不足竟以成其功而保其終如君者又孰得而孰失邪況君子之道將以成物物不能以必成必吾之時與地有所得爲而後可遂其所不得爲者弗與也君由邑及郡隨所得敎皆能竭心力著功效則其去也不可謂非成功而退亦豈忽於恒事以爲簡果於肥遯以爲高者可例論哉然則君之賢其可以觀矣予考禮部得欽順之文奇其才及在翰林之賢而未始見也君之行與其子同官者編修徐舜和送之國門而請予以辭故書之

後以子貴累封通議大夫南京吏部右侍郎杜門却掃好學不倦卒年八十七歸閒者蓋二十八年計聞

御賜祭葬

李宗光字宗顯陝西高陵人少爲邑學生貢入太學正德庚午授南京國子監典籍事父母能色養得其歡心父疾親嘗湯藥侍臥其側晝夜不解帶既殯猶寢苫容顏枯槁其事母疾猶事父也嘗作塋域築堵環之種樹百章羅列成行又嘗代諸兄葺屋及爲典籍又以其俸貲作服具畀諸兄

國朝典籍書板多在南監縉紳置籍者印千紙例輸白金五分於典籍以爲常宗光辭弗受祭酒

司業咸嘉之以疾卒於官

南廱志卷第二十四終

歐陸若英倫大學率閱數百年吾國南北都大學財數十年瞠乎後矣苐就南都論孫吳以来已有國學至隋始夷爲郡縣黌序積弛而朱明之國子監尤極養士之盛自成賢街抵欽天山遺址章灼今中央大學暨考試院皆在故明廟學界中風徽相續未邈也清人多薄明制又不詳究其史籍往予嘗爲五百年前南京之國立大學一文布之學衡雜志某公詫爲昔所未聞而學者乃稍〻知十四五紀時吾國辟雍造士之規模遠過于巴黎倫敦諸學校也明代學制故在明史選舉志中兩京太學亦均有專志然北雍

實仿南監成弘以降偏重科舉教澤陵遲衰微矣黄氏南雍志詳載洪武永樂興學事實言教育史者宜胝沫之乃有以見大易所謂教思無窮容保民無疆者明祖有焉其源則自虞夏商周成均東序西膠瞽宗明堂漢魏吳晉南北朝隋唐兩宋太學演蜕而来炳焉爲東亞文教宗主非夫皮傅耳食橅鄰裔而拾涬緒自㝵其國族文化者倫也黄書梗概見四庫提要及朱氏讀書志丁氏藏書志不具述〻吾印布是書之恉辛未穀雨柳詒徵